本書係「敦煌文獻系統性保護整理出版工程」項目成果

二〇二一——二〇三五年國家古籍工作規劃重點出版項目

「十四五」國家重點出版物出版規劃項目

國家古籍整理出版專項經費資助項目

法國國家圖書館藏

敦煌文獻

榮新江　主編

第 一 二 〇 册

P.3600 ~ P.3628

上海古籍出版社

MANUSCRITS DE DUNHUANG CONSERVÉS À LA BIBLIOTHÈQUE NATIONALE DE FRANCE

120

P.3600 ~ P.3628

Directeur

RONG Xinjiang

Les Éditions des Classiques Chinois, Shanghai

DUNHUANG MANUSCRIPTS IN THE BIBLIOTHÈQUE NATIONALE DE FRANCE

120

P.3600 ~ P.3628

Editor in Chief

RONG Xinjiang

Shanghai Chinese Classics Publishing House

主編　榮新江

編纂　史睿　王楠　馮婧　范晶晶　付馬　陳瑞翾
　　　沈琛　包曉悦　李昀　何亦凡　郝雪麗　毛秋瑾
　　　嚴世偉　宛盈　袁勇　李子涵　李韞卓　忻然
　　　路錦昱　徐偉喆　潘雪松　關子健
　　　府憲展　曾曉紅　盛潔

支持單位　北京大學敦煌學研究中心

責任編輯　張禕琛

美術編輯　王楠瑩　嚴克勤

目錄

·4·

Bibliothèque nationale de France

Pelliot chinois 3600

Bibliothèque nationale de France

如家諸妙讚見起為自域身難報恩柔紲提身詣仙仙眼仏欲聖解如聖一
來繹歡知妙為嗟悲迦中光中難倾婆婆仏寶心觀體袖時體
壽深知識不師悲見釋遠反中忍娑忍眼宣空元心元
量脸此思忠賢寶迦開演惡恙元寶隨隨
品裏名議曆
第智最此圖語身語
十朝稀名
六山
路
蓮
花

化城喻品一
帝子來入法王家墨書
弟子民芳

栗唐永載五年計二千七百廿二年後永載五年至
天寶四載又九十二載通計二千八百一十四載矢以上依
周青黑記及辯正論說如
少年間老
翁眼首額燕色集杖救已慈力
何不雙盾學春柳漂兩頰駐秋蓮
前刃北時開七路合嗽嗽言見且佳體瘦支蹲吾不扐
余日姓往西東陌上同行途一翁其
目看人兒不識是時余乃歎其翁雖交誼白面無虹
老翁若曰

·2·

維摩詰經十四品詩

無量諸佛國隨方現不同眾擔十念處速生向西花
中八難重開聞三千一蓋通從來取淨土東屋豈栽
空　　方便品第二　　　　　長者多方便牢籠庶築勤
浮雲將喻體眾沫亦同身寢疾肯指問治生以攝貪嗔
知煜含東雷化幾多迷人　　　弟子品第三　弟子承誓
令眠邪問淨名宣方金色日羸比火充螢七晚憐天對
㲴心披雲下妓容燒地前覽矜紅粉色將染碧池蓮長
魔女披雲下妓容燒地前覽矜　芳問疾品第四
者暉仏日波旬後夺天自慚為小智豈散詣青　　居士難酬對文殊往問三眾生既有
文殊問疾品第五
病井亦同疾扃鵲安能療祁婆不可治但當一切喻後
此逾無斷　　　　　　　　　　　不思議品第六　　　解脫神通力思議
亦復難擬玉里具廣長者似室覽劫火身中內陶輪
掌上安欲知諸仏刹毛孔卷志能觀　　觀眾生品第七
芳觀華品如池見月華為無量東師穀絕火中芽動
善須後改行慈務幺飛未鱗除結習難以荅天花
仏道品第八　　　　　　　　　　頻迮為種仏廿提法且平花從濁水出
苗向臺田生有埵如永洋無塵若鏡明噎戕三界肉
六道毎如行　　　　　　　　入不二法門品第九　　眾會如雲集更

誤不二門雉羚一味法靡向兩連論師利稱无說維摩舜
不言後來契真理昂老息諸誼　　香積佛品第十
日盱瞥思食清談各未休懸知下芳意遣化上方求一
鋳鈞無盡千花界真喉尚餘香積飯仍樑炊為女
芳行吳弟十一　　　　　　海上無舟攬天中作服肱紅蓮生濁水青
眼渾几侚救苦巡三惡慈悲發四弘眾生若廢盡僾道
自然登　　　　　　　　　見阿閦佛氏弟十二

3600

標名正

帝子委入法王家墨書

鞋

化城是

劫當思舊希逢且責愚懂家能貧易冨

劫數更有幾恒沙

發凡夫貪突道更殊醉中發闇室衣裏

弟子品苐

起慈悲

為師鑿緣泥仍遠勿救水更逞如來將入室先達

見寶塔兄弟十一

諸姊不思議此品最稀奇本身隆身塔後松法

所營歌知當果相山隣踏蓮花

法師品苐十

家緣漾脂裏晓頭重道仍瞇密行人難識多應仫

以橫擧无學人品記九

種善空王際同生釋氏

看閣驚領近王

法國國家圖書館藏敦煌文獻

起慈悲

見寶塔品第十一

城釋迦花此演真性六身化仏同心證多如来親

自聽光中遠照他方圓珞裏運閻過去聲故知一偈

息難報恒沙身命尚為輕

提婆達多品第十二

株綴勞千載求往捨七珠珠蛭龍女寶坐重國王

身詣仏空王急乘蓮海眾新敬知當陸重眾見是

仙養昔人

勸持品第十三

仏眼觀勸宣無三轍菽誓有三報淨斜傳燈焉

付囑報心重慈緣

娑娑忍惠難一開千菩記二班乃心安

安樂行品第十四

法走源當却傳往与行俱之

前三毒勝證後四魔輪離惡薰身語緣

欲抽心裏寶先取髻中珠

從地涌出品第十五

欲袖心裏寶先取髴中珠

聖體元无尋隨緣去迴逅且言從地涌　後地涌出品第十五

解時仍促觀空色自開法身常未盡生藏莫相催

如來壽量品第十六

緣尒影像傳體湛真常界畫空无尋塵沙劫更長往　一證唯莈妙三乘絕校量化

來心不洋牽用有何妨　不別切德品第十七

不別諸切德餘經更不過空聞一句偈福勝五波羅寶

塔重循少真身誼悟多不知芬位相去幾恆沙　仏國品第一

維摩詰經十四石詩

无量諸仏園随方現不同最楙十念處速生向四池

中八難重開開三千一盖通從來取淨土架屋竟枆　方便品第二

空　　長者多方便軍籠虜笨勒

浮雲將輸翰體眾沫亦同身覆疾畱拈問治生以攝貧

P.3600　　1.妙法蓮華經十七品詩　　2.維摩詰經十四品詩　　（8—3）

空　　方便品第二　　　　長者多方便牢籠虜筭勤

浮雲將喻體眾沫亦同身　浪疾苗指問治生以攝貧竄

知壍舍東曾化幾迷人　　弟子品第三　　　弟子承導

令眠邪問淨名豈方金色曰癩此火先螢上魏慚无對

怒心被未寧不知長者意行立欲銷形　苦問疾品第四

魔女被雲下娑容燒地前竟矜紅粉色將染碧池蓮長

者眡仏日彼旬復奪天自慚為小智豈敢詣者耶

文殊問疾品第五　　君士難酬對文殊往閻之眾生既有

病苦亦同疾扁鵲安能療耆婆不可治但當一切喻徒

此逐無斯　　　不思議品第六　　解脫神通力思議

亦復難燈玉坐其廣長者佃室寬劫火身中內陶輪

掌上安欲知諸仏刹毛孔志能觀　　觀眾生品第七

芥觀羣品如池見月華鳥无空裏跡穀艷火中芽勸

P.3600　　2.維摩詰經十四品詩　　　（8—4）

菩觀羣品如池見月華烏無空裏跡殼迯灭中芽勸

善須從政行慈矜去飛未厭除結習難以居天花

仏道品第八

頃地為種仏廾提法且平花從濁水出

苗向畫田生有情如永淋無塵若鏡明噫我三界内

六道每巡行　八不二法門品第九　眾會如雲集更

談不二門維於一味居靡向面達論師利辯无說維摩嘿

不言從來契真理昂屼息諸諠

香積佛品第十

日肝皆思食清談咎未休懸知下芳意達化上方承一

銚灼無盡千花界黃嗜尚餘香積飯衍幖焌為女

菩行吳弟十一　海上無舟樴天中作服胲紅蓮達生濁水香

眼渾凢情救苦巡三惡慈悲發四弘眾生若廢盡佛體道

自然登　見阿閦仏品弟十二　敬見如來去當須

自然燈　見阿閦仏品第十二　敬見如來去當須
泯想行而遠都不執方像視如雷性与虚空等心於
蠢動平煙霞堅翳日終不損其明　法供養品第十三
供養頂崇法涯依了義先頃除煩惱火柚宏汰泥蓮一
矩輝長夜三乗作肇率羣晨時成道考月盖眾稱賢
囑累品第十四　无量僧祇劫如來囑付誅蓮花發
惠眼貝葉洗塵心天帝常為衛魔王不敢很後身降
世日開此一乗音　　佛降摩耶夫
佛周昭王廿三年癸丑歳七月十五日夜子時降摩耶夫
人至昭王廿四年甲寅歳四月八日子時於藍毗尼園
而王至昭王卅二年壬申歳二月八日夜踰城出家時
年十九至昭王子癸未歳二月八日明星出
時无師自覧罗名為佛自成道後此九載随縁化

時先師自覽、另名為佛、自成道後、世充載隨緣化
物至魏王五十二年壬申歲二月十五日中夜於拘尸那
城力士生地阿利羅跋提河邊入無餘依大無五天竺
國代々相承書房戶上依如是說　自佛滅以來

少年問老
至唐永徽五年計一千七百廿一年從永徽五年至
天寶四載又九十二載通計一千八百一十四載矣以上依
周書異記及辯正論說也

余曰遊貴往西東陌上迴行逢一翁其
翁睹首額無色鬢杖錄々惡燕力側耳聽言聽不開驛
日著人竟不識是時余乃歎其翁誰交晏白面無紅
何不雙眉學春柳漂搖兩賴驅秋蓬　老翁答曰
翁乃其時聞此語含啖嘆言見且往體瘦次蹉吾不持

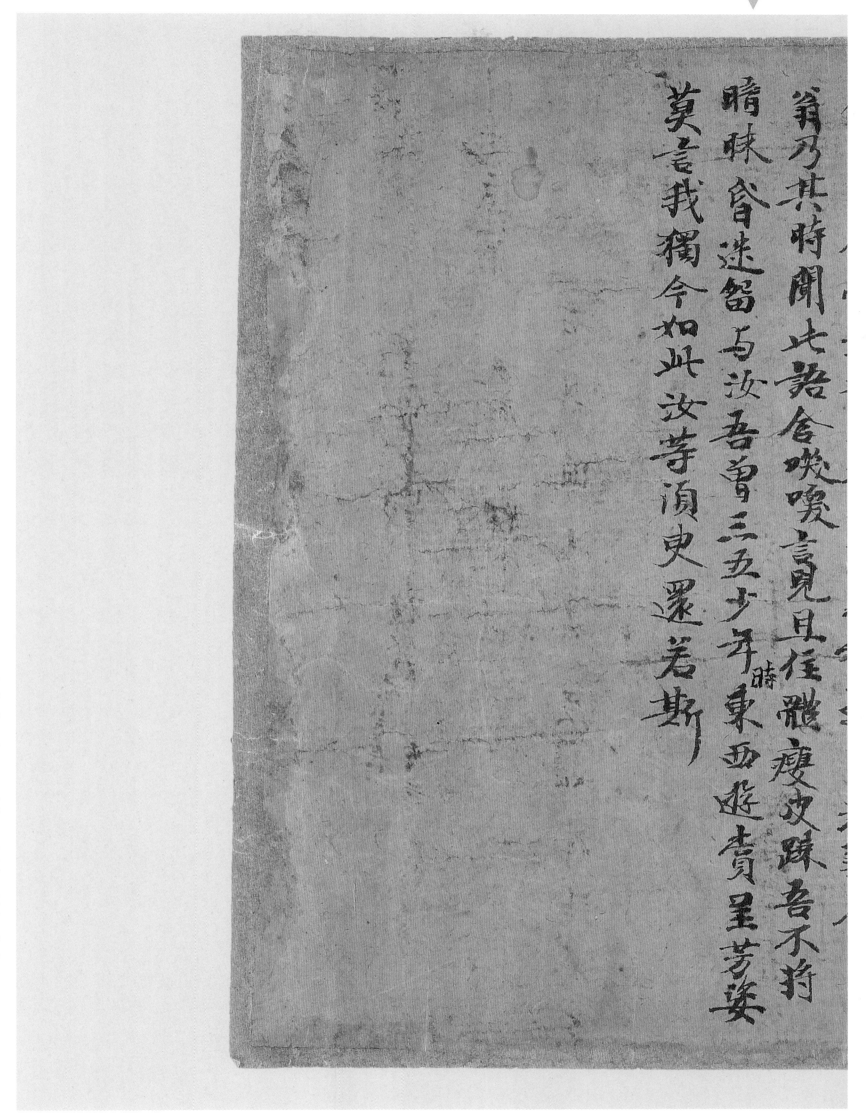

翁乃其時聞此語含咲嘆言見且任體瘦皮踈吾不將
暗昧昏迷留与汝吾曾三五少年時東西遊貴呈芳姿
莫言我獨今如此汝等須臾還若斯

P.3600　4. 老人相問嗟歎詩　（8—8）

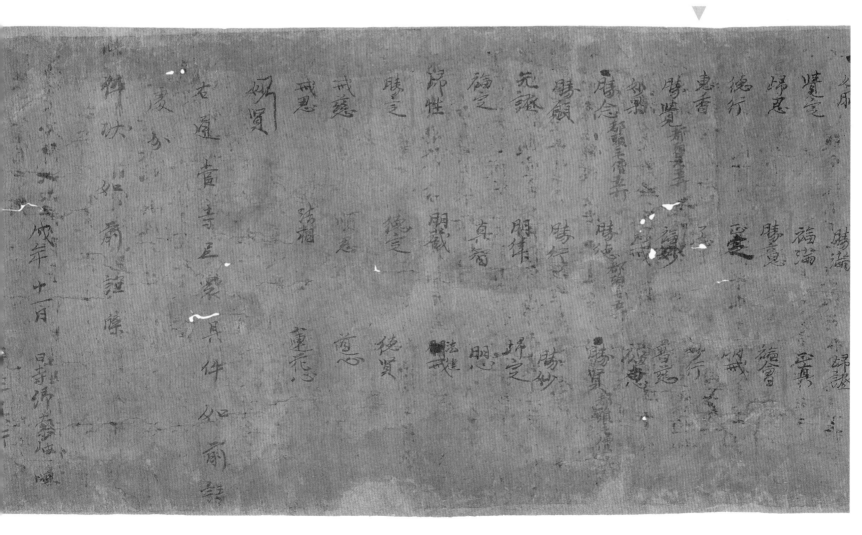

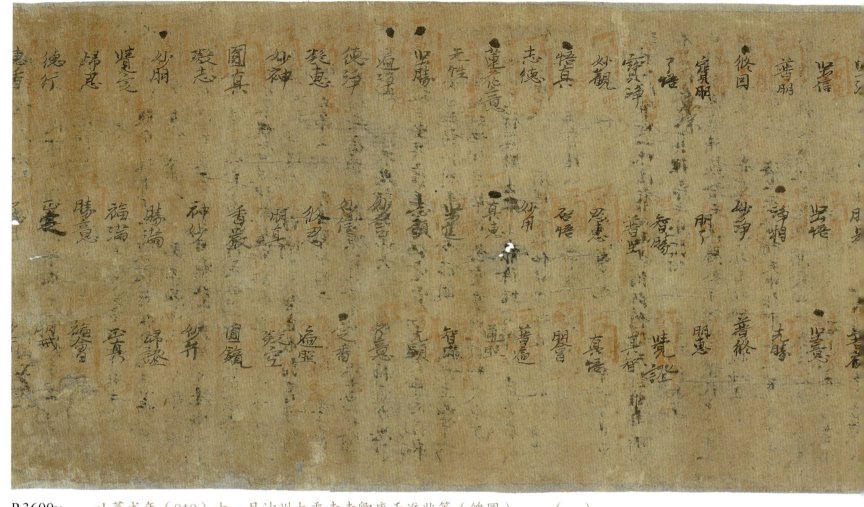

P.3600v　　吐蕃戌年（818）十一月沙州大乘寺寺卿唐千進狀等（總圖）　　　　（一）

P.3600v　　吐蕃戌年（818）十一月沙州大乘寺寺卿唐千進狀等（總圖）　　　　（二）

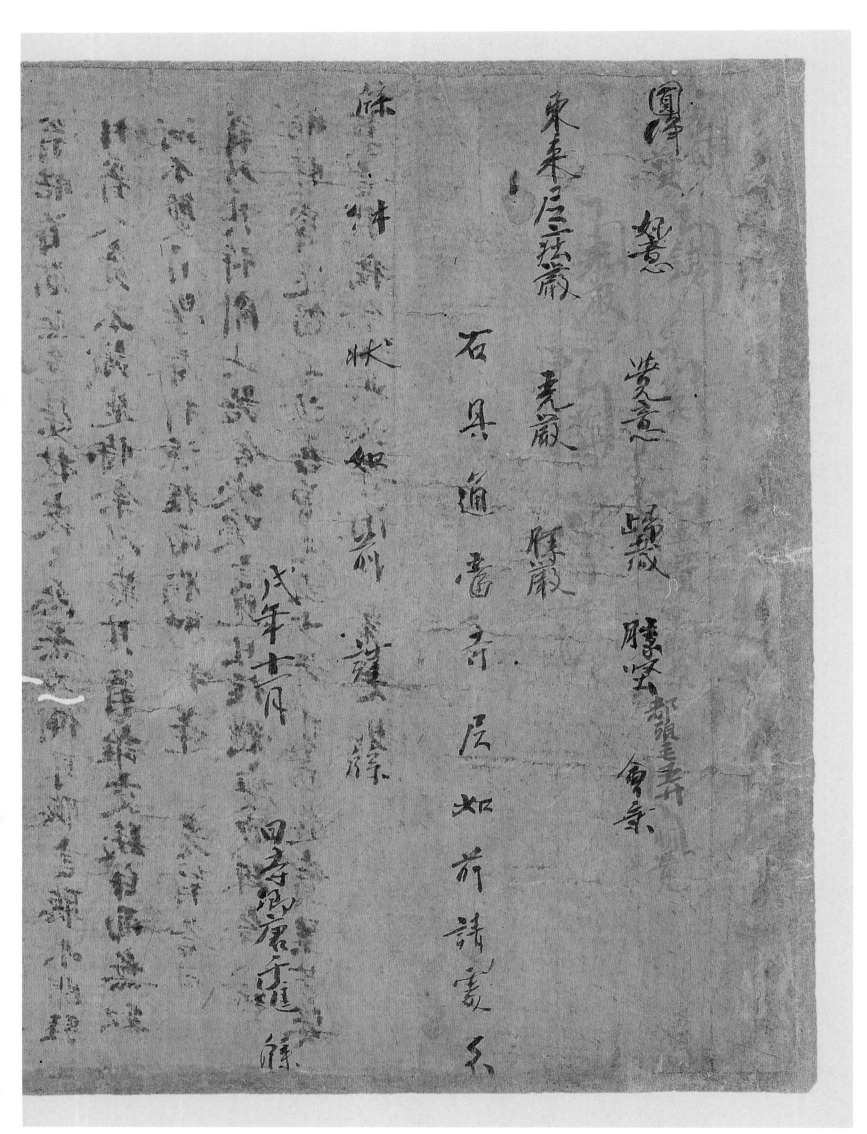

P.3600v　　　1. 吐蕃戌年（818）十一月沙州大乘寺寺卿唐千進狀　　　（8—1）

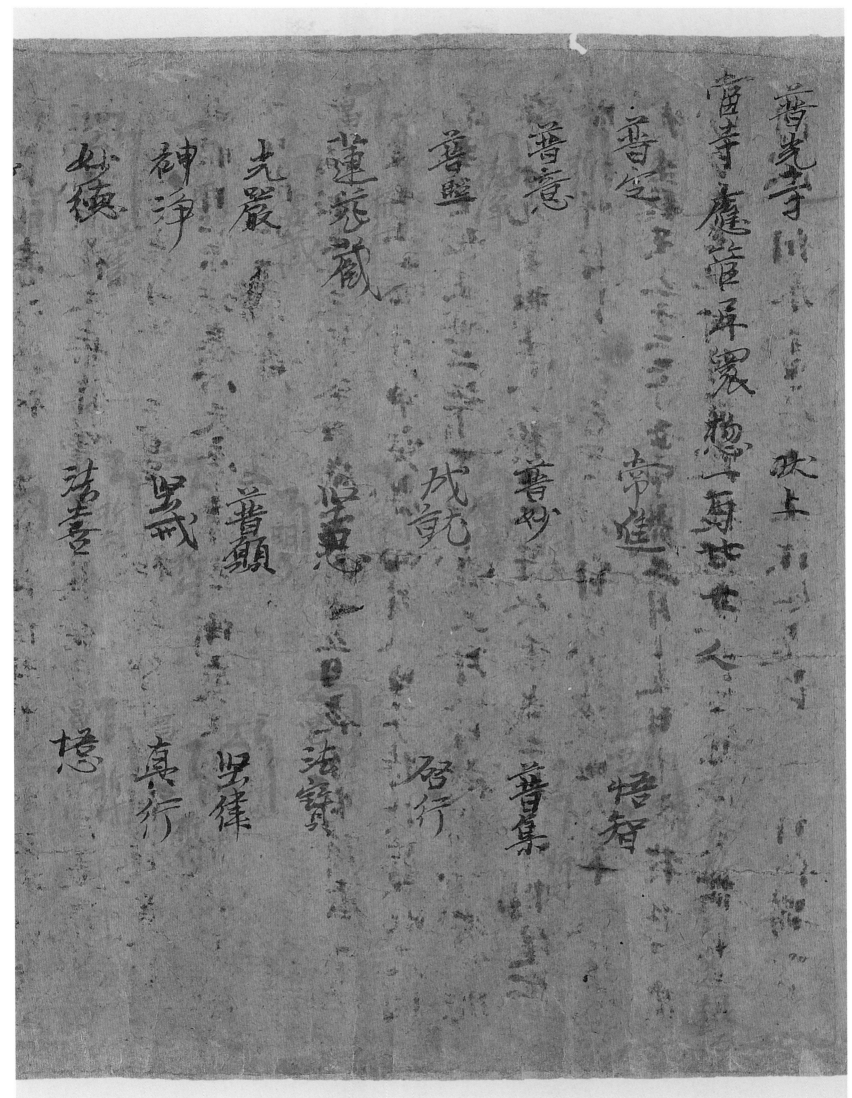

普光寺

當寺應管弭眾總一寺世世人

普定

普意

普鑒

吹上

普定 帝進

普妙

戌乾

普慧

常進

蓮花藏

光嚴

神淨

妙德

普顯

法寶

紹行

普集

悟智

眾

真行

吳傑

慈喜

愍

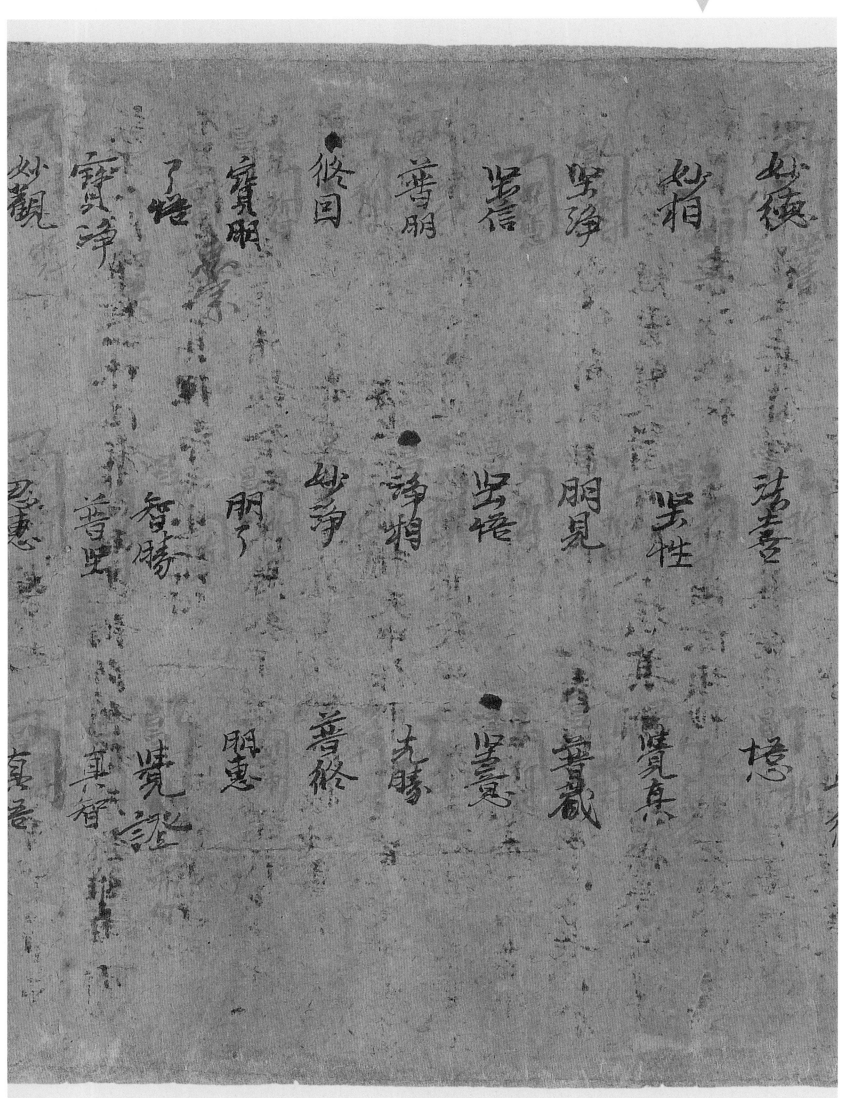

妙積　妙相　妙净　照信　普朋　從回　寶朋　了悟　寶净　妙觀

法喜　　　照性　明見　　照悟　净相　妙净　明了　智勝　普思　忍惠

悟　　　真实覺真　普藏　　　普覺　光勝　光勝　普惠　覺證　真智　真喜

P.3600v　　2. 吐蕃戌年（818）十一月沙州普光寺寺卿索岫狀　　（8—4）

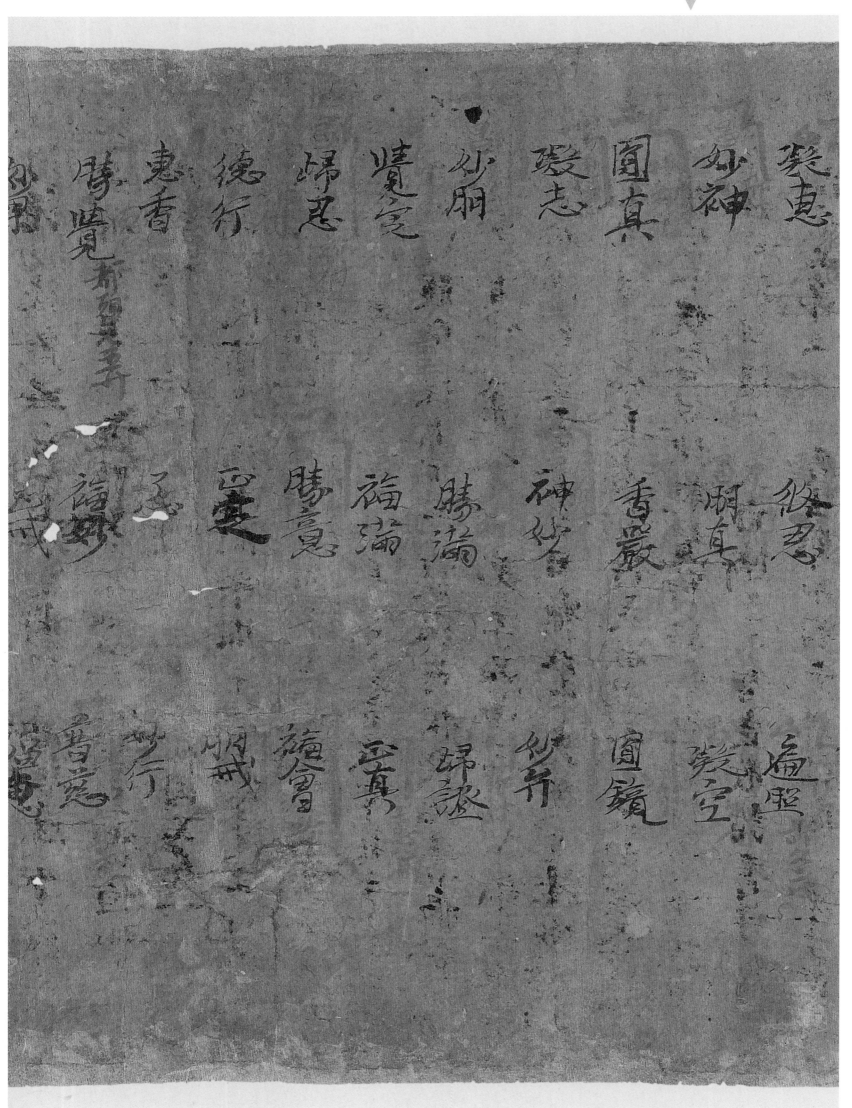

法國國家圖書館藏敦煌文獻

P.3600v　　2. 吐蕃戌年（818）十一月沙州普光寺寺卿索岫狀　　（8—5）

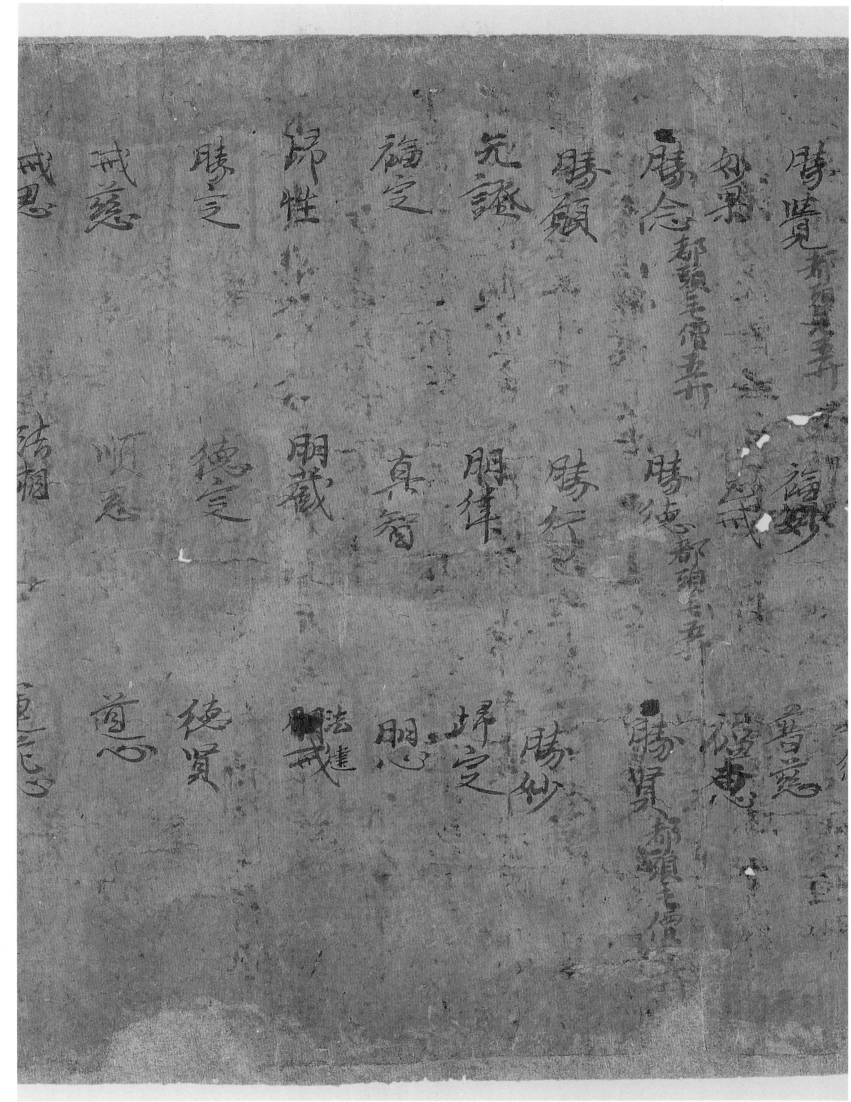

P.3600v 　　2.吐蕃戌年（818）十一月沙州普光寺寺卿索岫狀 　　　　（8—6）

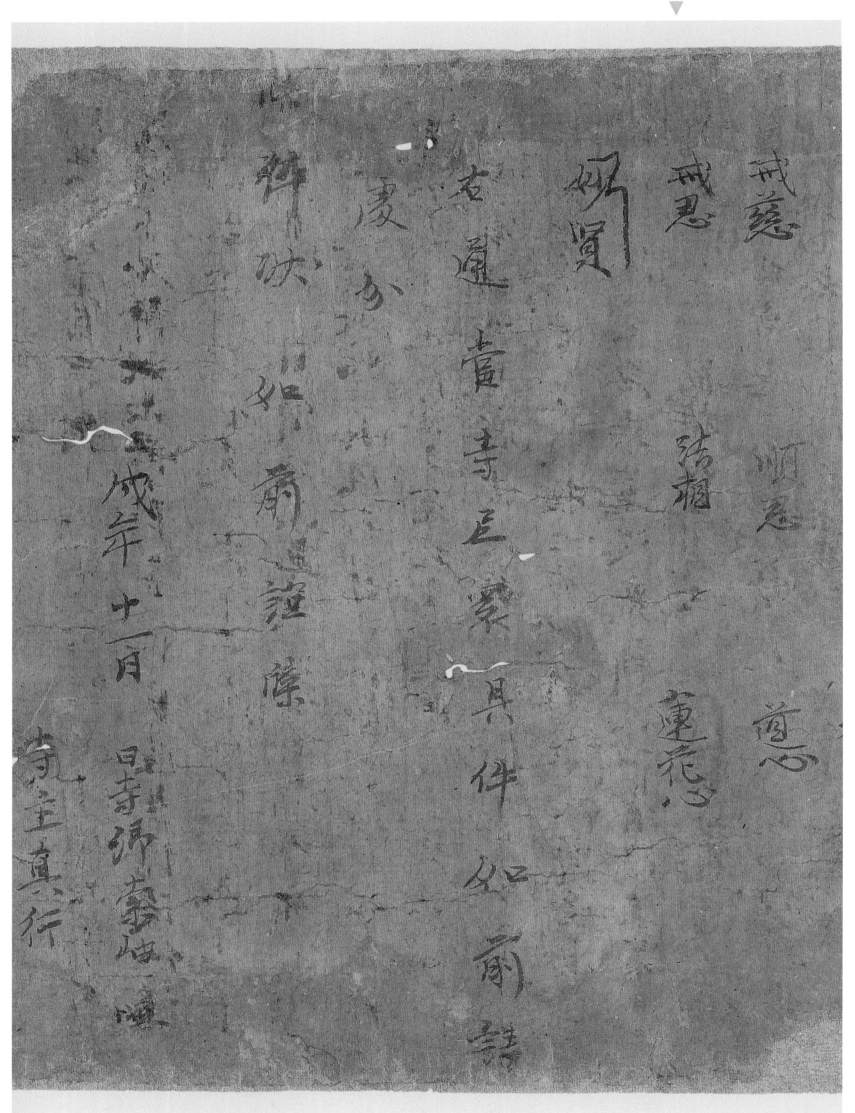

戒慈　戒忍　　順慈　　　　慈

　妍覺　　　　結棚　　　蓮花忍

　　　古遍賣寺三界一具件如前語

　　　凌女如前通證牒

料次如扇通證牒

戒年十一月　　旦寺師蒙岫一隄

　　　　　　　　寺主真行

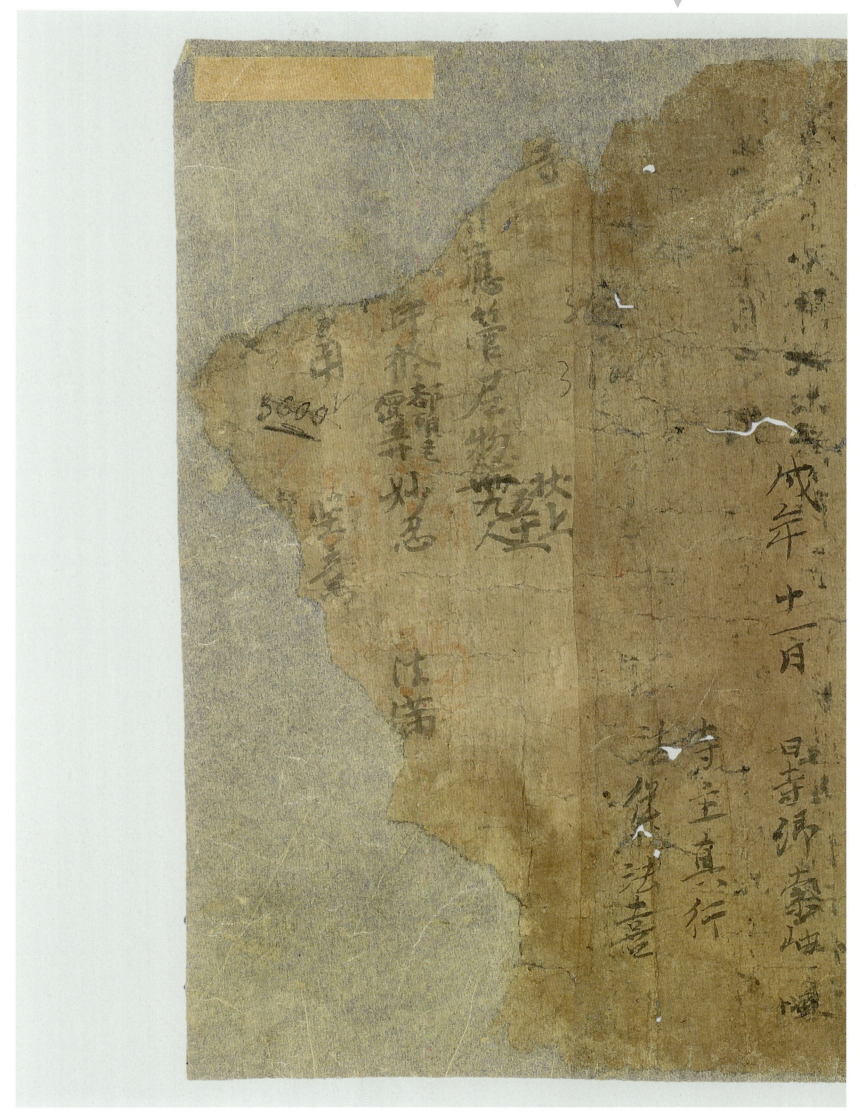

P.3600v　　2.吐蕃戌年（818）十一月沙州普光寺寺卿索岫狀　　3.吐蕃戌年（818）十一月沙州安國寺狀　　（8—8）

Pelliot chinois 3601

法國國家圖書館藏敦煌文獻

P.3601　雜齋儀（總圖）　（一）

P.3601　雜齋儀（總圖）　（二）

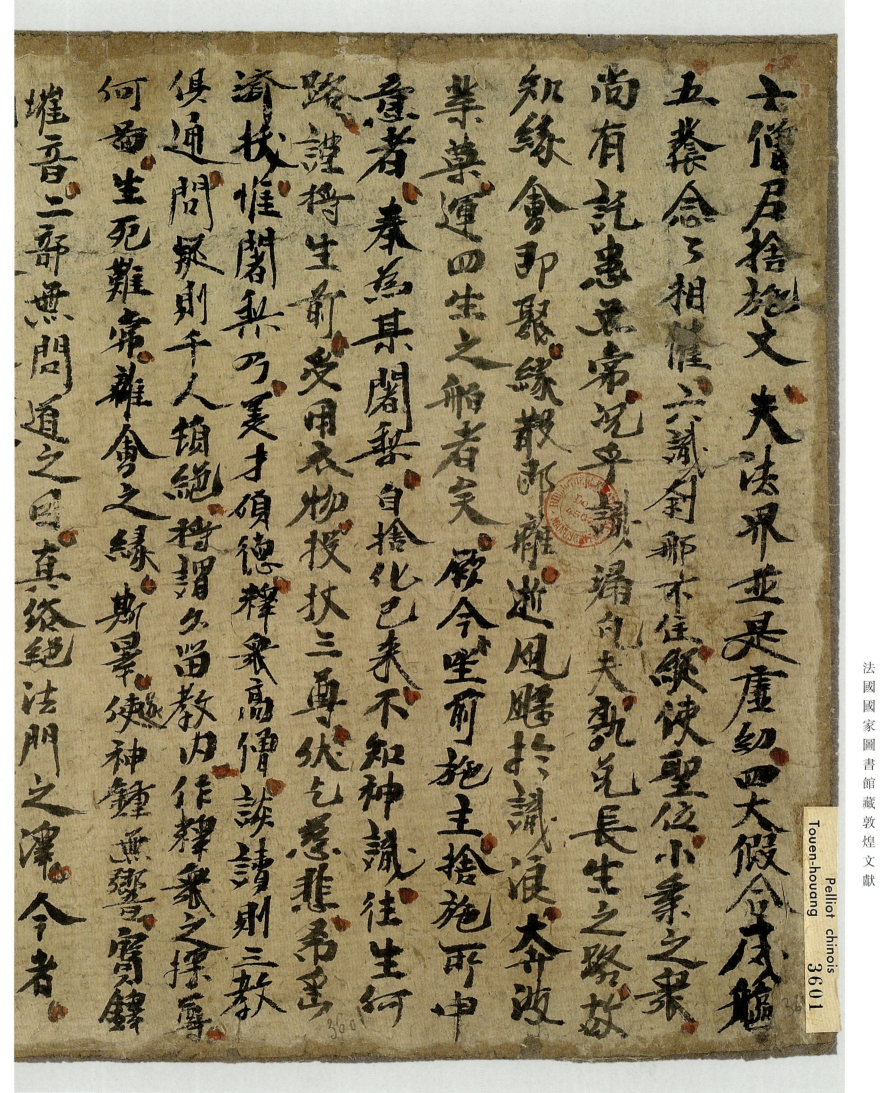

七僧君捨施文　夫法界並是虛幻四大假合成軀
五蘊念念相催六識人不住領使聖位小業之果
尚有託患男帝況乎凡人瑀自夫凱兒長生之路故
知緣會即聚緣報即離逝風瞩於識浪大奔波
業業運四生之船者矣啟今坐前施主捨施所申
意者奉為其閤梨自捨化已來不知識往生何
路謹將生前受用衣物捨三尊伏乞慈悲希生
綺林惟閤梨乃美才碩德禪眾高僧誦讀三教
俱通問疑則千人鎖絕禪習久留教内作禪眾之摟臂
何番生死難帝雜會之緣斯景俠神鍾無響聲寶鑼
墟音二哥無問道之日真絡絕法門之灘今者

堆音二郡無間道之國真絕絕法門之津今者
親羅門虜之恩養隨節感飛難助厭魂無處控告授
杖福門虜擢賓處無越白法惟鄰沙云捨施切德
過幻福曰先用資薰云割而生神遺惟鄰身騰六
牙之為長遊寇亭之宮成踏千花永棄綱浮之境迴
超沙眾高与金蓮長歸五濁之中能出六天之外式
有佰生臨像見世禁薰盈鄰子弗福刀解惡捨結霧
散蜜道世生三恒蔦春尾又扶賸福此図庄嚴施主
即躬惟兼祿伍日新发斑嚴淘作四海之廾戰為一人之眼
敝門叙尉昌嘉聲亷述室柯残苹挂穆堇花然後
功津有識逾洽無限莫不盈出薰鐘祖登弘緣
魂之緣節狠故聖人者無主見主帥切典咸朿咸丈
夫生者有為之始相續之氣由存疲者無帝之終齊

第一二〇册　伯三六〇〇至伯三六二八

P.3601　雜齋儀　（8—2）

·27·

夫生者有為之始相續之氣由存疾者無常之終之應
現之緣都浪故聖人者無生現生而利物無疾求滅以
同氣則湛居妙海之中高步真宗之際利樂之道
不可得而言哉　歘今歲月西辰金容儼如淨土
俠列天尉之饌為誰施之特則有生前至孝奉為
故父大祥追念之福會也　惟又乃生知異後別香奇
能三師甲搥於人倫六藝妙道而曉誡理應久居止
世止永復門風阿番大運有期掩歸弦夜至孝等
自立氣之慈父育我劬勞泣血終身莫射報合慈顏
一樣已屆三周堂宇威寮惟增嘘硬識汝禮章有恨
俗典難達服期已終除乃乾嘉今者空床頓遺已止
與迊之歡歡香房消散識　是日也辰齋莫本財等
家中列錦帳香河散慾水紀猶恍之華營遺余宅內建福

映迅之歊庭物無舜永紀猴眺之舋佟遊柔宅内建福
家中列饌愷香局資愍識是日也辰倚慕劃
惵憧溫名香請九聖咎光靈之德賫亡苦之暇惚用
莊嚴亡父所生神路惟薦駕列鶴汎四逰常居淨玄
此歊寶車而東遷上品住生開正法汎悟玄空體大道
帝歸樂當來之世汎作善姐莫若今生愛別離苦
又埒是福次用莊嚴執爐至孝山科親因等惟賀
福隨日長汖逐持迠煽障蠲除煩鬲永滅然後
窮界海盡生靈共苦負簽還道

三便　甯汎龍宮現生表無生於寶相鶴趺未滅擺不
風云　直藏是以無焦焦夾咎鎣上金烂紀

三便窅汎龍宮現生表無生於實相鸞林示滅操不

風於真儀是以無去無來始證三之鏡非色非相方

開七境之門引權實以成曰啟津梁利物春師頌

測顯昧難梁者矣　欣今唐邀四部大開福門燭

埃寶虔恭啓鄰者為誰施作特則有坐端施主奉

爲其關葉自捨花已來不如神識往生何蓮謹再生

前受因寬莫叩軄三尊休戚悲帯壽資祆惟三

僧乃幻身殊能長通此孤積開四亂動懷五濁開通至

合於法門淨亂雅扶於寶拍清而能政改赺味鈇鹿風市

叩巖大小咸歌君是后雍資祆賔天生章清淨之風

家護珠珠嚴亡教於有群理魔流光万頃作頌閣之

潀進威儀體性溫和之德澄心淨慮派万竟於莚花

燈沉薰第三河斷违津之逹宴謂弗塵世表永昇切德之

燈沉霧三河斷迷津之逕豈謂弗歷世表永升功德之
場眺履夢龍長居大乘之域智燈飛揚息水經惠日掩於門
棄庠無容掩從物化至孝等門人恭毒溪雙樹之悲
絡春華鄉長鵠林之痛處無空告惟狀福門為擢冥
靈無趣海法惟然乙為捨施功德焚香今誦勝因盡用
莊嚴亡制宗所生神路惟然足踐弘遵出三界遺逕獨步
極樂香無養世界親孫施智足天宮見彌勒當來代遲烏至
孝作菩提之春囑莫若今生愛別利者又持勝福以用莊嚴
持爐至孝及內外親因等惟然福德日新並崇歲漸仕四海之
冊識為一人之股肱門闌光昌壽歲之年遠靈椿松桂
馥蘭芳　然後切隸有識道俗見根與不並出蓋纏
三孝情將謂長居比壽金石齊年何圖毫兔烏來飛兔歸
白路日月不枯四七俄臨至孝等思劬勞之義重五內崩摧

P.3601　雜齋儀　（8—6）

白路日月不住 亡儀臨至孝等思幼勞之義重五內崩摧
念眛下之沫恩四大貴列无数淨吉唯狀福因歷諸聖凡
大業白業於來張君飛眾悲繪幡梵網音□空香煙遍一席
惣斯福善先用資惠云畫識惟能神將□□□□
貴花臺迴遠十地之階緻睿九仙之後宿鈥雖樹下長益
禪悅之林河揮遠池中永滌塵勞之場又持勝福此□在
嚴來王即躰惟筭龍神濟衛轉梵寶資可福盈家七珎帝
滿菩薩種子長精於身田知慮期芽芘芳於意樹下長益
亡夫人文 竊聞諸行无帝死生流煙而奔浪視生飛坭
六趣兩汎沉輪嘆有命諸難殞消无帝之易徃慧哉生
死野可誅言者哉 厥令仁其三世僧格廿方爐燭六珠
滾各百味者有 雖施作時則有坐蘇執施生奉為三母
□□□□□□ □□□□□催之帝惠陸月鏡而同回

淹各百味者有誰施作時則有坐前執施主奉荐三毋
大祥遲念之福會也惟三毋乃雖〻婦德將月鏡而同明
然〻共儀共春蘭而葉緑忽悟中間春年養通絶坐於
日鏡悟真宗希永驚路將謂長居仁〻永優〻後何當火欲
淨而風不停子欲養而親不待但以業風動性水有逝流
於電駛驅于臨之〻至孝〻自云李誠無感嚴訓早違
棠因樹以纏袰望寒泉而不慕頓使竟荄徊〻末孟〻
竟泣血紙身莫飾於塔枕於采日晝晝煙鄉中宗數自〻
於是清兒宅列真儀盧笑海山岸之香洪列天厨之饌
惣物殊勝無〻福司先風〻攘〻嚴所生竟路惟藜永
辭三界〻長歔四流乞寶殿而化生金蓮而悟道

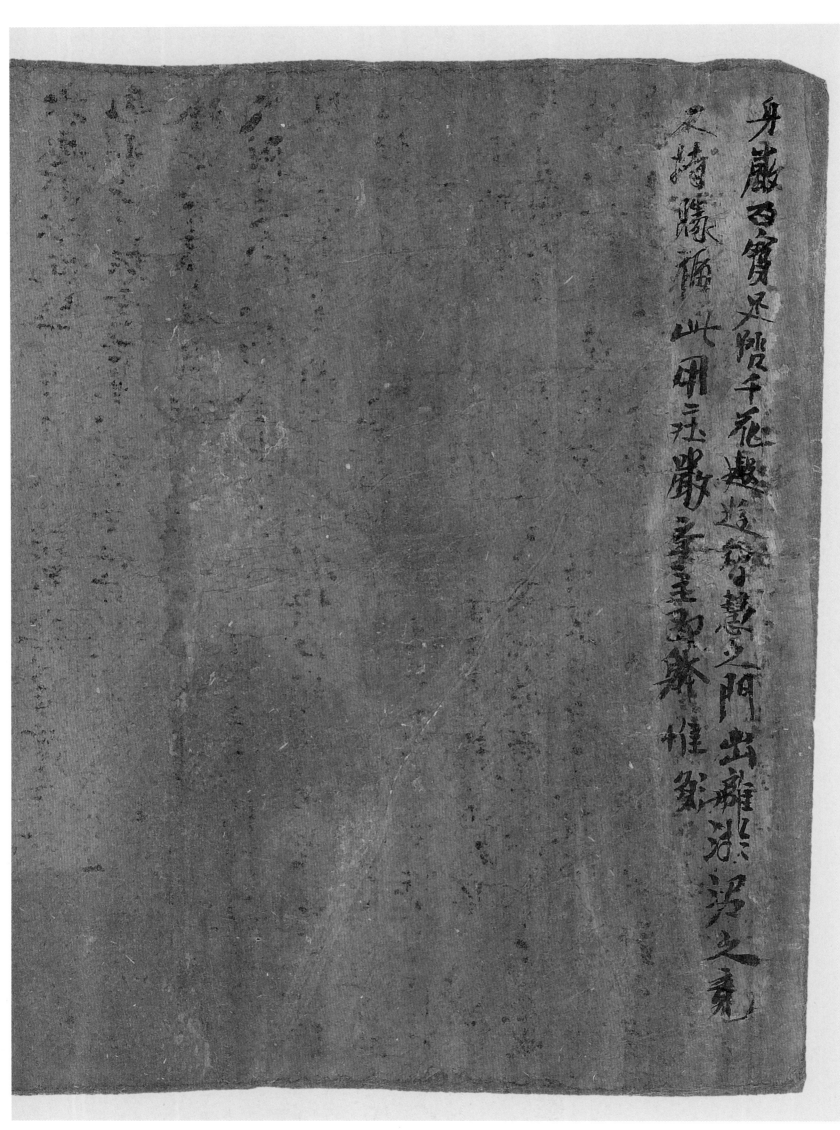

P.3601v　　雜齋儀

Pelliot chinois 3602

P.3602　　莊子集音（總圖）　　　（一）

P.3602　　莊子集音（總圖）　　　（二）

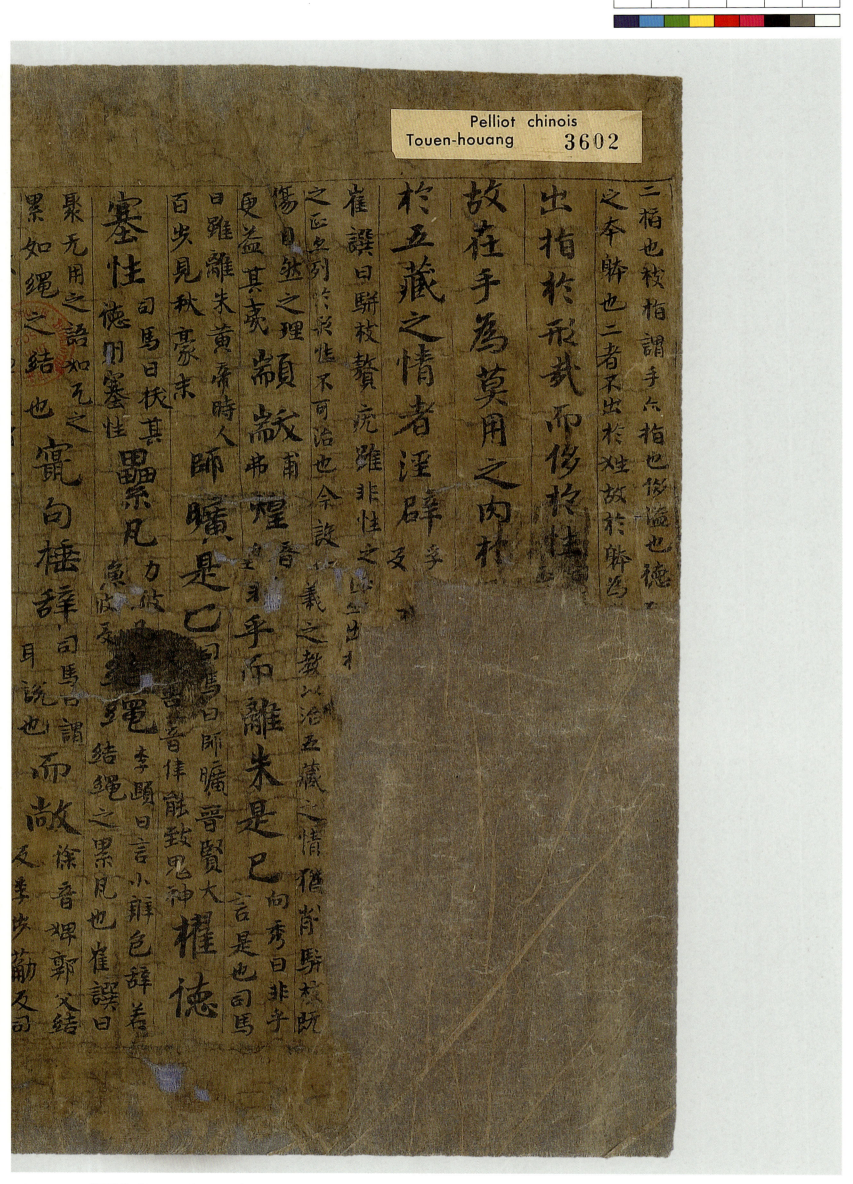

二栺也枝栺謂手之栺也俗謂也德
之本躰也二者不出於姓故於躰為

出栺於形武而侈於姓
故在乎為莫用之內枝
於五藏之情者淫辟
崔譔曰駢枝贅疣雖非姓之
之正垂列於姓不可治也今設
篤曰然之理義之教以洽五藏之情猶背騎枝防
更益其豪顗歆甫
日雖離朱黃齊時人師曠晉賢大
百步見秋豪末曠是已而離朱是已
司馬曰枚其司馬曰師曠晉賢大
塞姓德曰塞姓魚敁聸音佳能致思神權德
聚无用之語如无之繩結繩之累巳也崔譔曰
累如繩之結也寔曰橶辭李頤曰言小辨色辭若
竂白橶辭同馬曰謂結繩之累巳也崔譔曰
耳說也而敁秀曰非乎是也同馬
又芉步勸又司徐香稗郭文結

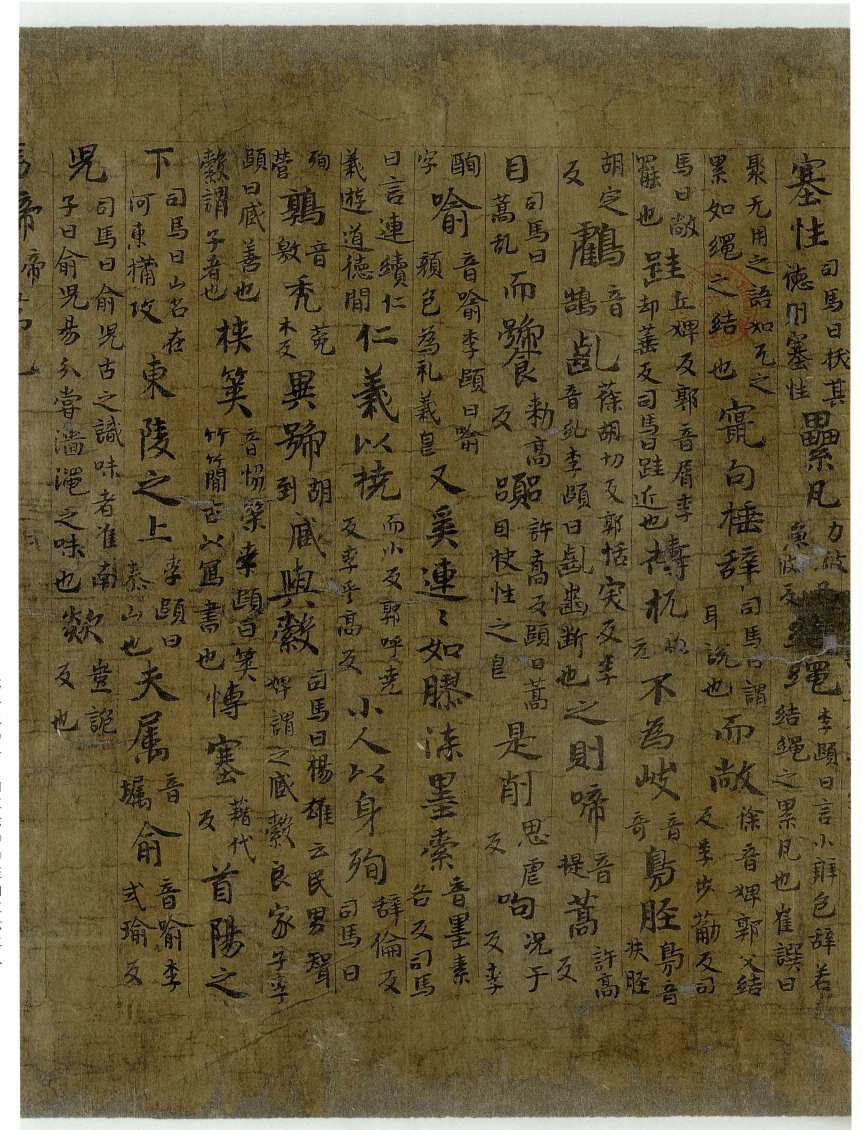

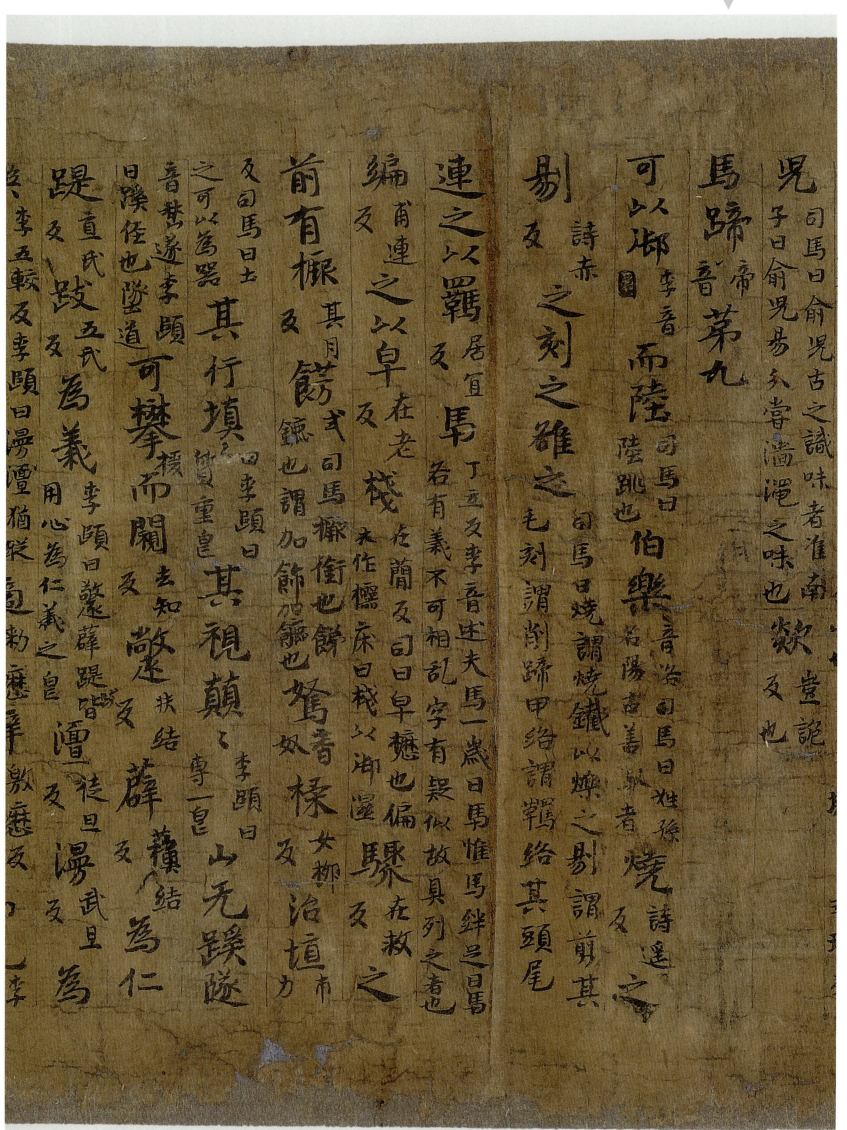

馬蹄音帝第九

蹎 直氏反 跂 五氏反 為義 李頤曰蹩躠皆城

用心為仁義之皃 澶 徒旦反 澶 武旦為

樂 逸也樂以蕩物常失敗逸也 澶猶縱也 勃 應廢反 李

衡 車轅也 乳樋耶辟 儀 義 樋 李父廢反 皆器

五佳反郭曰上顧如目 象飾樽也 珪璋 名半珪璋曰璋 交頸

音厄頤曰 齊之以月題 徒反郭 玄背相蹎 頤曰蹎�踚 加之以衡枙

五弟反 闉 枙 勃一反郭曰郭 而馬知智 李音 古穴反 倪

宊也司馬曰言曲頸 詭 詭也閨曲也 枙怪也 昪

起法反口㤢 詭衡竊竊 武旦郭武諫李頤曰介倪猶

柁枙以枙宊也 竊竊 僥倖也閨曲也 夫菰骨

余反司馬曰上 詭偽也 竊自縱睆也 思

聖帝王也 肢 李音秖業 第十

將為胠篋 朕 日胥操耳物為胠也 探 貪

日胥操旁閨為胠也 囊 雙郎 發遺

則必橛緘滕 固扃 鐍 沉李頤曰橛擔 位

緘繩約 其詞遂 扃開也 鐍鈕也 司馬日

緘繩約 登固扃 盜積李子曰闉

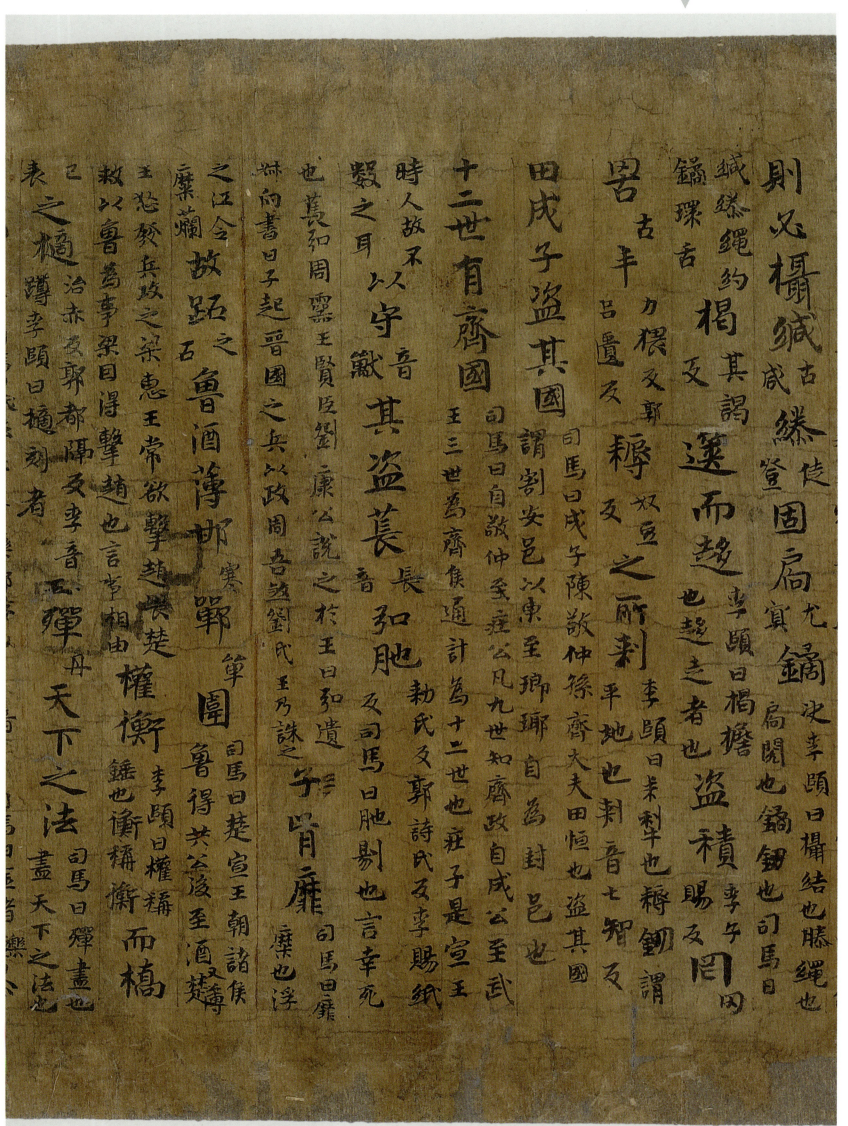

則必攦緘緘筥固扃
田成子盜其國
十二世有齊國
故跖之魯酒薄邯鄲
之江今

天下之法

救以曾參事梁目得擊趙也言革相由

已治赤及郭都隔及李音玉彈母　天下之法

表之樋蹲李頤曰樋司者

權乱六律之乱其音色　鑠詩灼反　玉彈天下之法

古　離朱之目攦　工倕倕倕　之指攦析　鉗其天

頤曰鉗鐵也李呂炎反李　天下不累　輪曰掄散　曬　音

嚴反李呂炎反李　　力倕反　　　音梨　富

也以滕裹裹　而越喻之畢七機寰　盈　糧　日耀

司馬曰以十二代　民祝融氏　　延頸　羸　良李頤

皆古之帝王也　　　　頭賁又　糧　日羸燦

苟魚尚也　削　格羅落　　　　日樣增　曾

智詐漸毒頡　結　胡　浮李頤曰削格所以施羅

乱李頤曰毎　解垚　苦進反又　　　　罔罟

南妹下燥　药郭李　　　　上愕郭李

又山川　曰馬曰憬薄食也燦崩竭也

中陳　規四時之施智端

亂猶昬ゝ 解□反 垢□反 同異或詭曲之辭也 上悖郭

甫妹反 下爍藥郭李詩灼反 山川司馬曰悖薄食也爍崩竭也 中隳許規 四時之施始智 惴

尺轉 耎耳之轉之虫司馬曰動搖之皃也 肖消 翹之物崔譔曰殖物也李頤曰謂翾飛之屬也 含

夫種ゝ之勇 役ゝ之佞李頤曰種ゝ謹愨皃役ゝ鬼黠皃也 釋夫恬啚廉反 惔徒敢反 无

為而說悅 夫啍ゝ之意許彭反郭音惇李之閏反崔譔曰啍ゝ莊健皃也司馬曰少智之人也向秀曰以智誨

人之皇也

在宥又第十一

天下瘁ゝ在遂反 不愉踰 耶眦於陽司馬曰眦助也 喬起驕反郭音嬌李嬌也 詰

起列反李去吉反 卓勅學郭都邈反 鷙勅二反郭豬立反崔譔曰喬詰意不平也卓鷙行不平 而且子余反

悅明耶是相於枝李音岐李頤曰相助 疵扁離反 乃始臠卷居阮反李居宛

反 囊而亂天下司馬曰臠卷不申舒狀也 跪其危郭音危 坐無解古蟹 五藏

炊音吹 累力僞反司馬曰炊累猶動升 崔催 女瞿音女劬 無攖於營反司馬曰攖引也 囚

P.3602　莊子集音　（8—7）

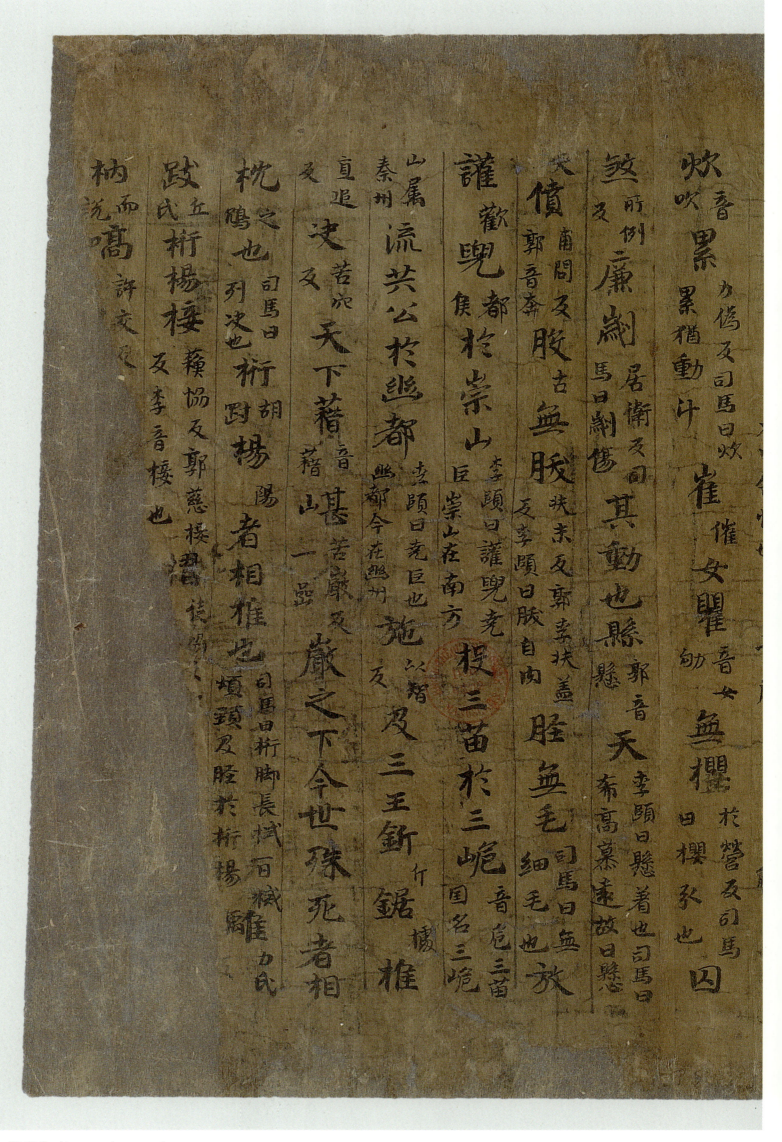

P.3602　莊子集音　（8—8）

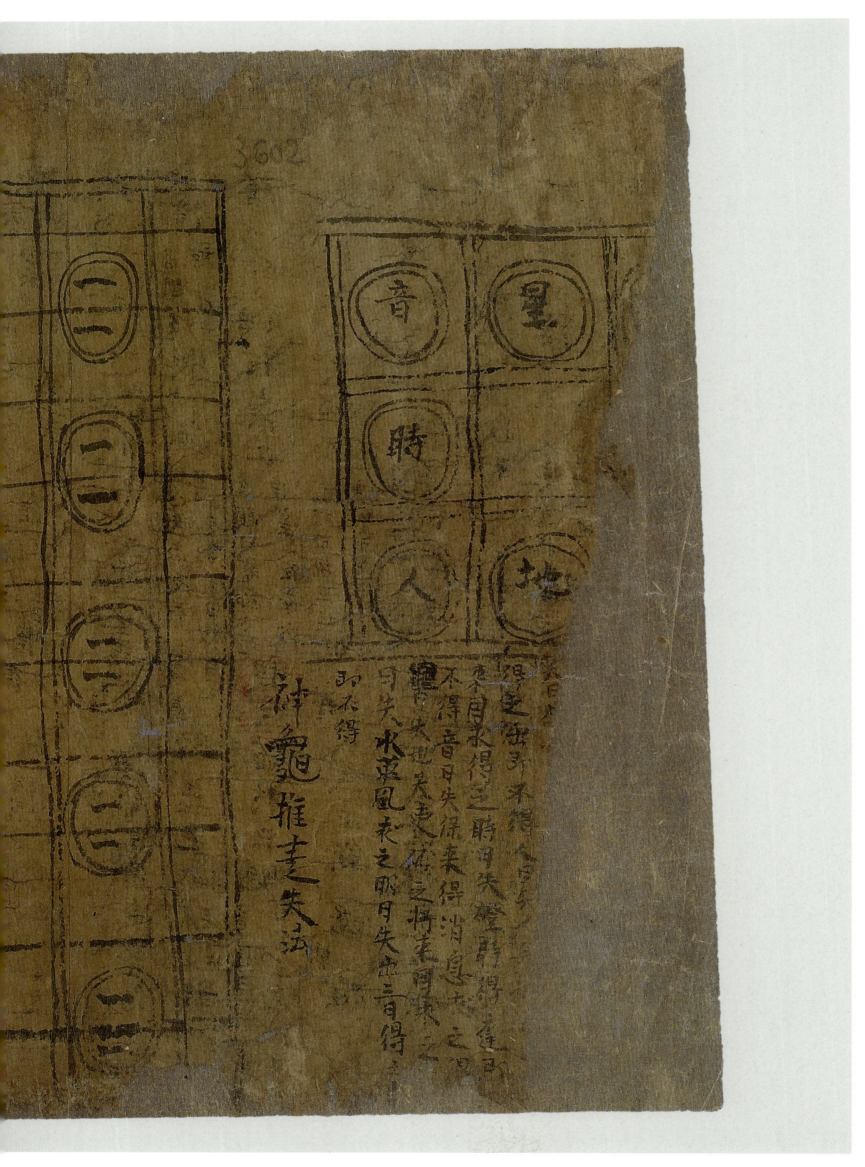

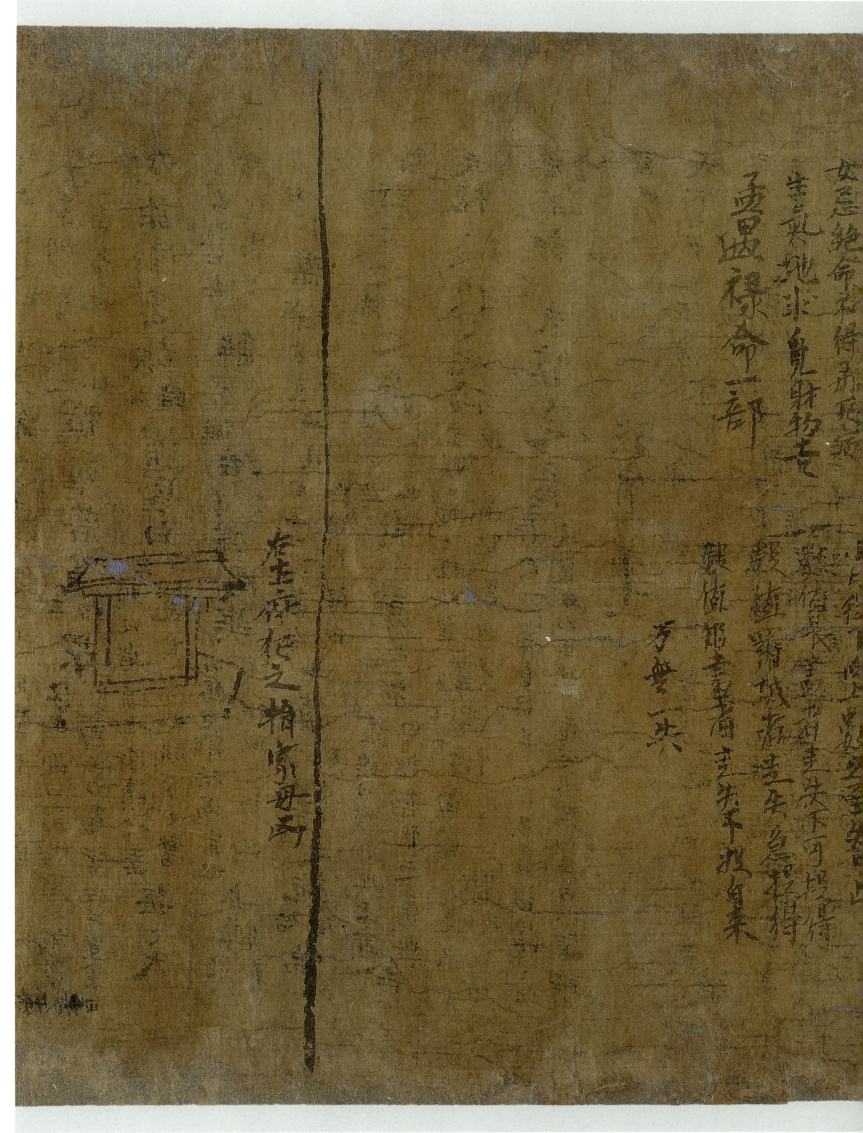

P.3602v 1.八日推走失法 2.神龜推走失法 3.禄命書 （4—1）

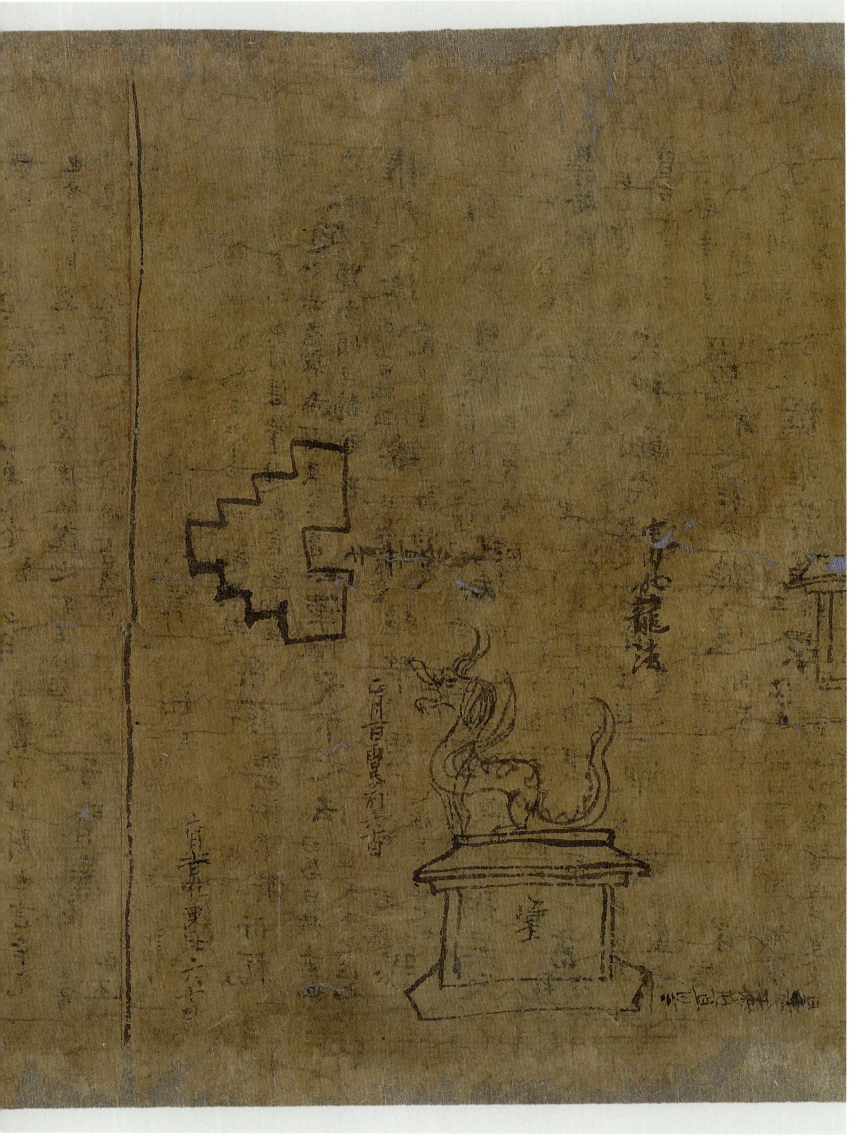

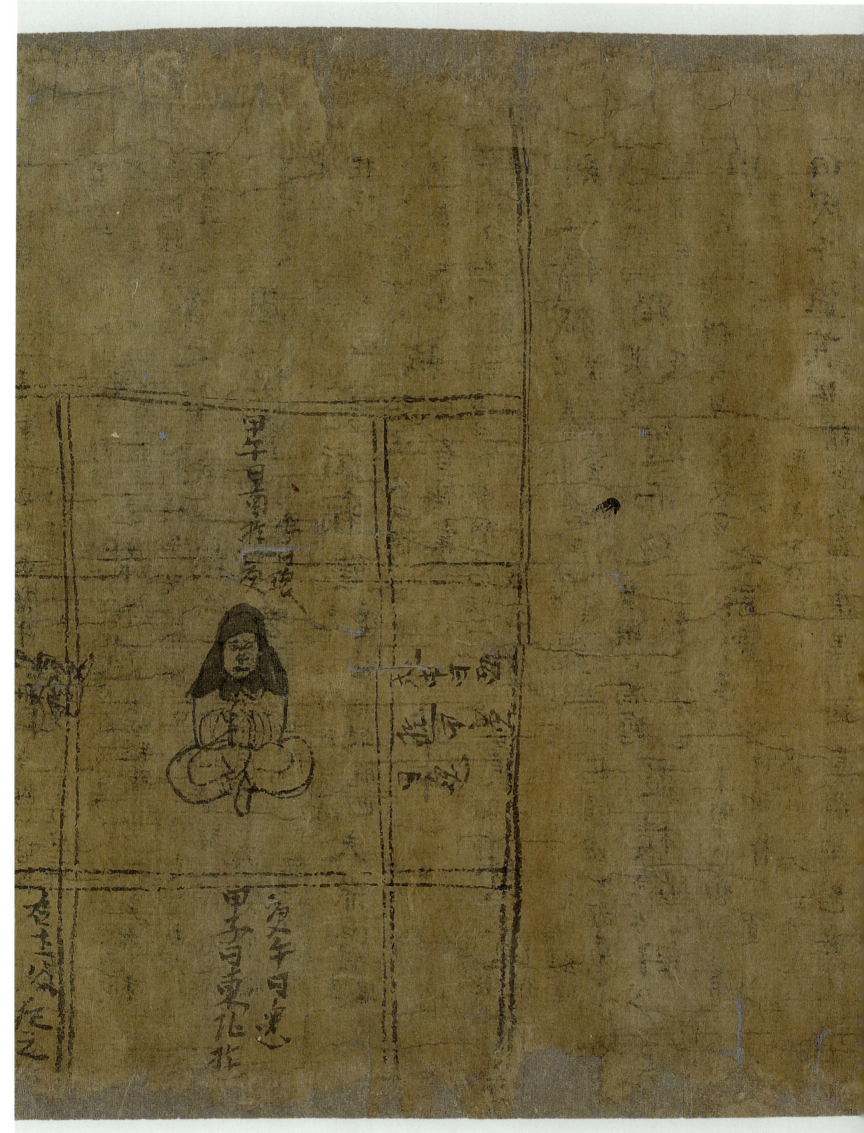

P.3602v　　4. 宅内伏龍法圖　　（4—2）

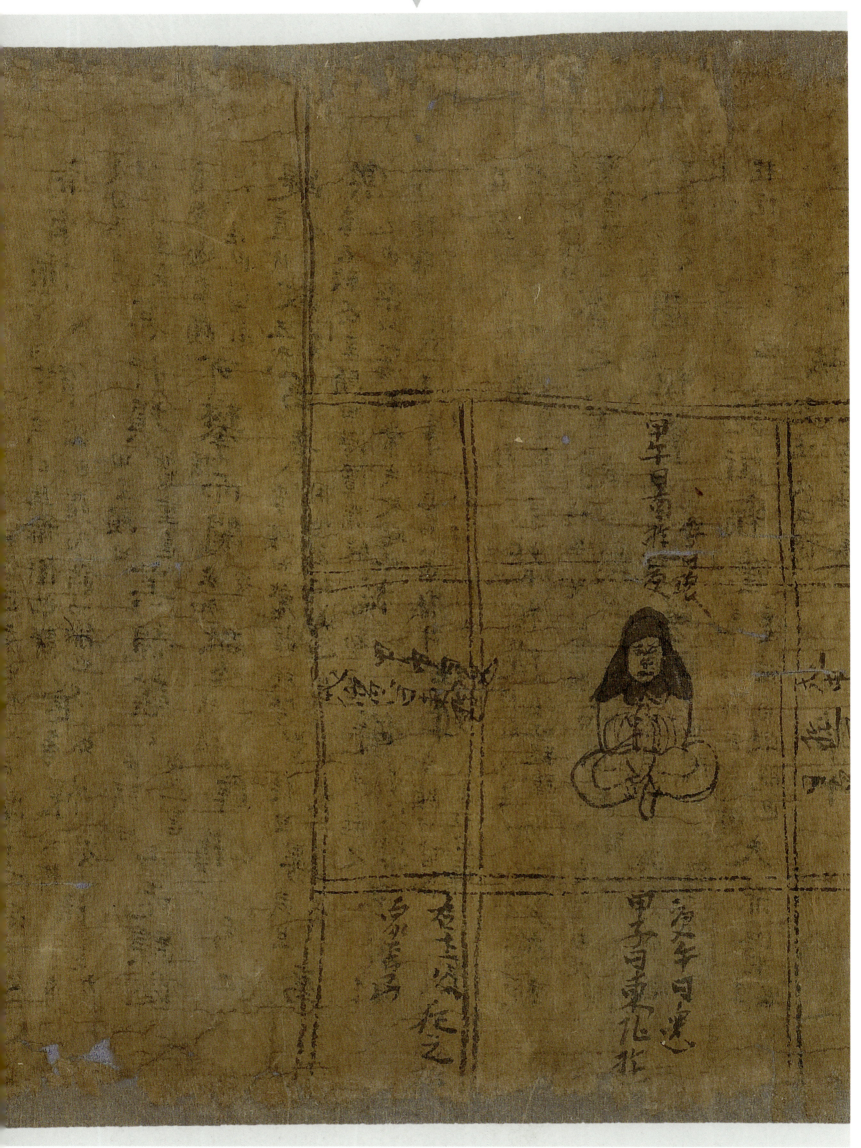

P.3602v　　5.土公出遊圖　　6.推移徙黃黑徒法圖　　（4—3）

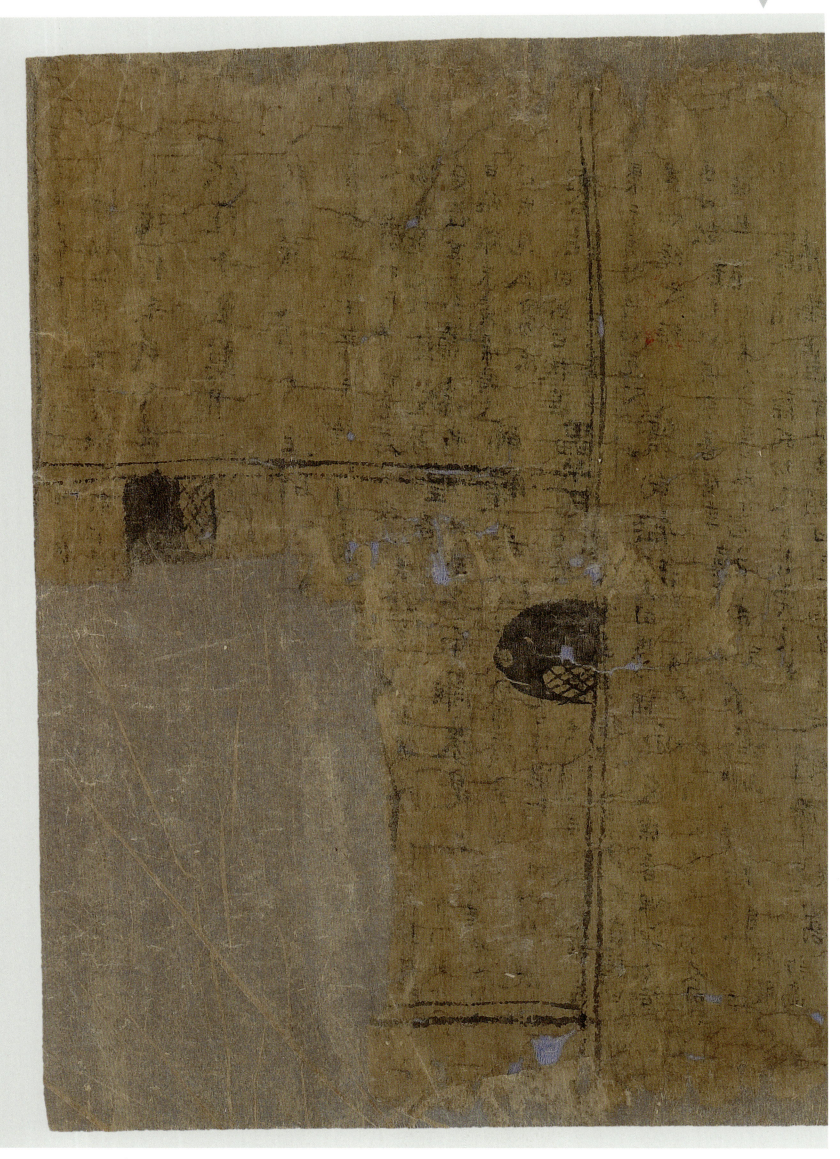

P.3602v　　7. 殘圖　　（4 — 4）

Bibliothèque nationale de France

Pelliot chinois 3603

後生愛味云何見上静慮云有一種自

師所或餘師所聞諸世間皆是常等如是

方便入初静慮乃至有頂能得清淨解脫

出離彼依此見勇猛精進由是因緣入初静

慮或所餘定如是入已能自憶念過去多劫

遂生是見我及世間皆是常等從定起已即

於此見堅執不捨復於後時審思審慮審諦

觀察謂由此故當得清淨解脫出離云何慮

上静慮者謂如有一聞如是名諸長者等入

初静慮乃至有頂聞是事已遂生慮或彼既

能入静慮等定我復何緣而不當入依止此

慮勇猛精進由是因緣入初静慮及所餘定

如是入已後生慮或入定已任是思惟唯我

能得如是静慮餘不能得彼依此慮復於後

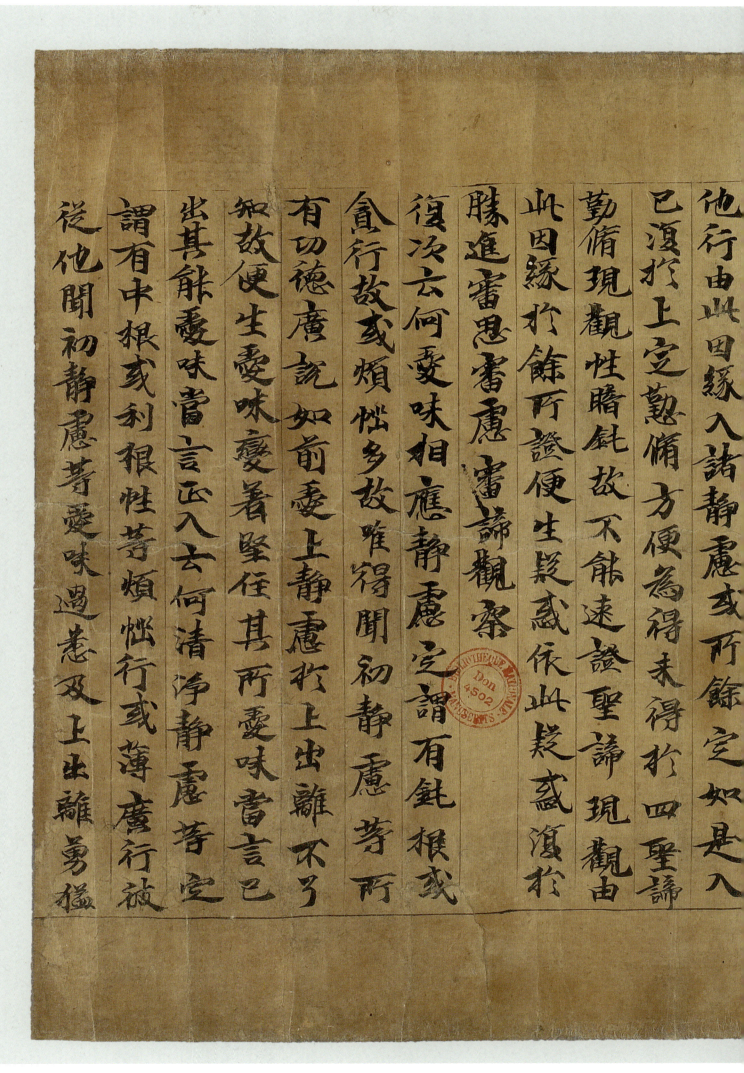

他行由此田緣入諸靜慮或所餘定如是入
已復於上定慇懃方便為得未得於四聖諦
勤脩現觀性遲鈍故不能速證聖諦現觀由
此田緣於餘所證便生疑惑依此疑惑復於
勝進審思審慮審諦觀察

復次云何愛味相應靜慮定謂有鈍根或
貪行故或煩惱多故唯得聞初靜慮等所
有功德廣說如前愛上靜慮於上出離不了
知故便生愛味愛著堅住其所愛味當言已
出其能愛味當言正入云何清淨靜慮等定
謂有中根或利根性等煩惱行或薄塵行彼
從他聞初靜慮等愛味過患及上出離勇猛

P.3603v 乙未年（935？）八月七日龍勒鄉百姓張定住貸絹契習書

Pelliot chinois 3604

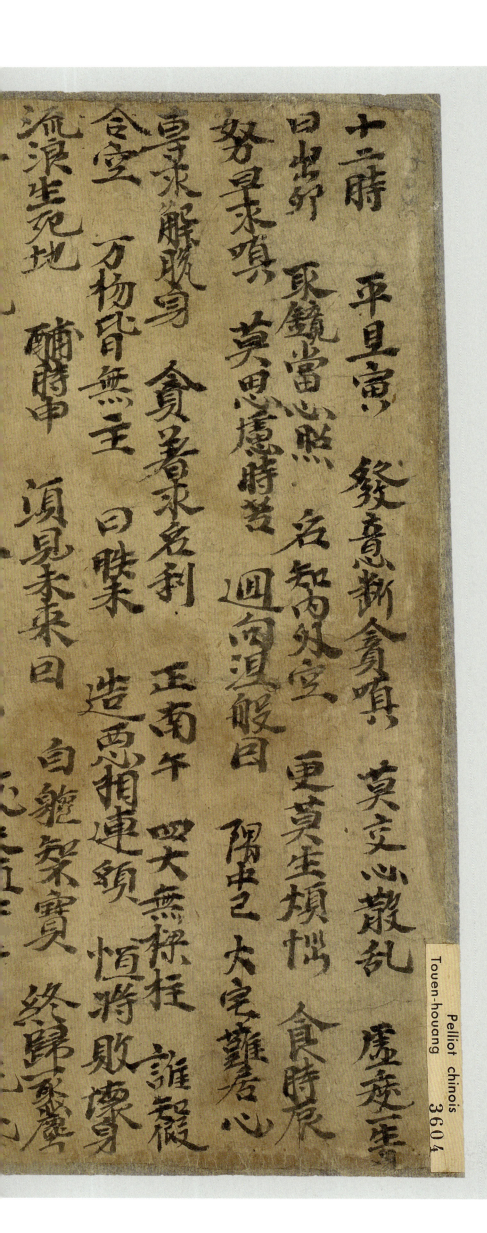

十二時　平旦寅　發意斷人貪瞋　莫交心散乱　虚處寧

日出卯　取鏡當心照　名智兩炊空

努力求順　莫思慮時著　迴向湼槃日　更莫生煩惱　食時辰

專求解脫身　貪着求名利　正南午　造惡相連頸　日跌未

令空　万物皆無主　口跌未　須見未來日

流浪生死地　晡時申　須見未來日　自躯架寶　恒将敗壞身　終歸盡廬

法國國家圖書館藏敦煌文獻

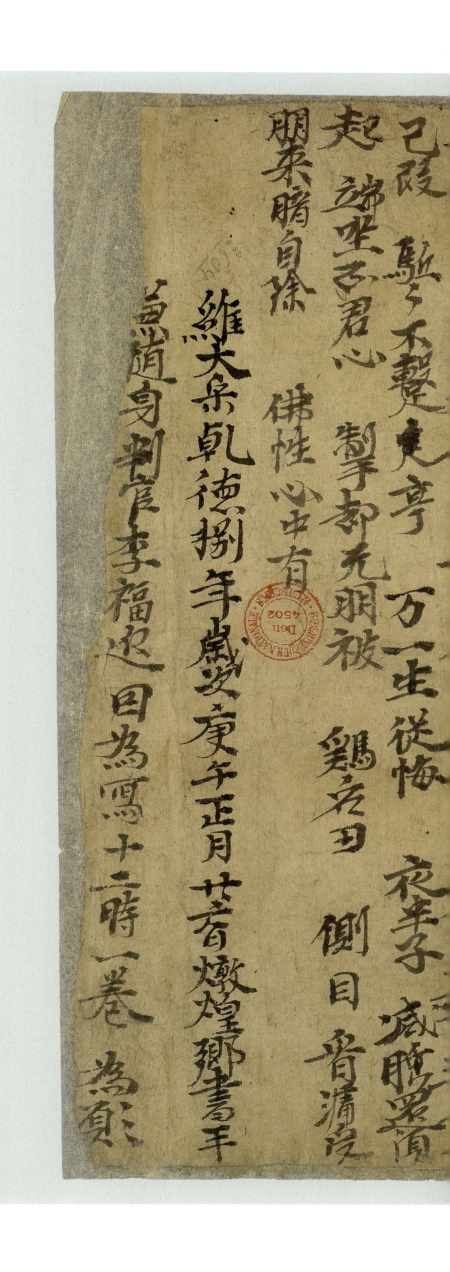

P.3604　禪門十二時

Bibliothèque nationale de France

Pelliot chinois 3605

Bibliothèque nationale de France

管鼗鼓合止柷敔堂下樂也上下合止樂各有笙鏞
柷敔助球絃鍾各自互見
吕閒鳥獸蹌蹌鏞大鍾閒迭也吹笙擊鍾鳥
獸化德相率而舞蹌蹌然也簫韶九
戍鳳皇来儀韶舜樂名言簫見細器之備雄曰鳳雌曰皇靈鳥也
儀有容儀備樂九奏而致鳳皇則餘鳥獸不待九
而率
舞夔曰於予擊石拊石百獸率舞庶尹允諧
尹正也衆正官之長信諧言神人洽也
始於任賢立政以礼治戍以樂所以太平帝庸作哥曰勑天

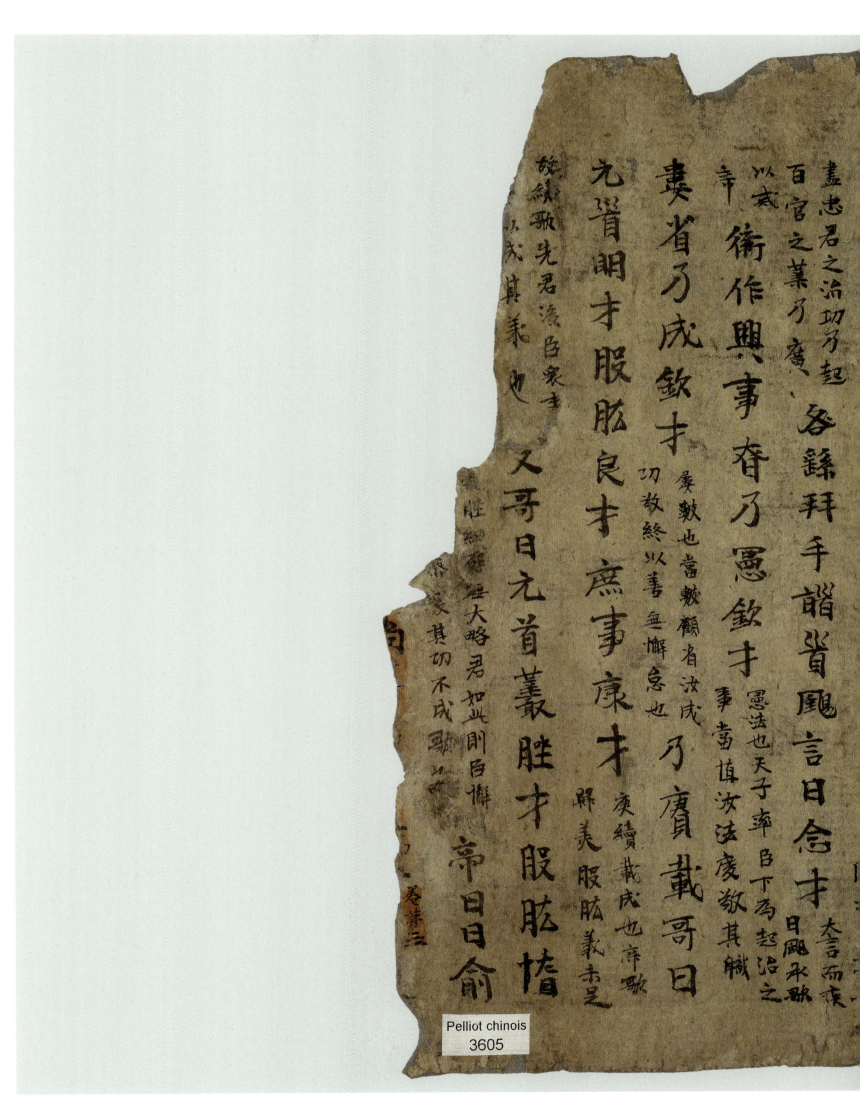

盡忠君之治切乃起
百官之業乃廣、各緣拜手䭫首颺言曰念才
以戒　衛作興事夺乃愚欽才　憂法也天子率臣下為起沿之
辛　　事當填汝法廣敬其職
妻省乃成欽才　襃歎也當歎顧省汝成
切故終以善無懈怠也
元賞明才服肱良才庶事康才　乃廣載哥曰
庚續載成也帝歌
羣美服肱義㤗是
又哥曰元首䕺胜才股肱惰才
敕績歌先君演臣衷事
以戒其義也
帝曰俞

P.3605　古文尚書傳卷二

Bibliothèque nationale de France

Pelliot chinois 3606

以令由与求也可謂具臣巳乎　臣數而已　曰然則

者與　孔曰問為臣皆善　子曰弑父與君亦不従也　孔曰言二

其主亦不従　子路使子羔為費宰　子曰賊夫人之子也

順為大蓮子路曰有社稷焉有　孔曰損人事神於

讀書然後為學　孔曰言治人事神於子路曰是故惡夫

侯者　已非而不知弱也　子路曾皙　孔曰循之曾也

華侍坐子曰以吾一日長乎爾毋吾以也　孔曰言我長

故難　居則曰不吾知也　孔曰居人有知己如或知爾則何以

我則何以為治也　子路師爾而對　三人對我先

國攝乎大國之間加之以師旅因之以饑饉　包曰攝

方　由也為之比及三年可使有勇且知方也　方

十如六五十里小國治之而已　求爾何如對曰方六七十如五六

也求性謙退言欲得　點爾何如鼓瑟希　孔曰思所以

誂俟曰視朝之服　小相謂君之禮法也　孔曰置瑟起對甚恭

鏗爾舍瑟而作對曰異乎三子者之撰　為政之真鏗者投瑟

之聲也　子曰何傷乎亦各言其志也　孔曰各言己志

者莫春服既成冠者五六人童子六七人浴乎沂風

乎舞雩詠而歸　夫子喟然歎曰吾与點也　周曰善點

三子者出曾皙後曾皙曰夫三子者之言何

孔子曰亦各言其志也已矣　夫子曰為國以

也駟不及舌　鄭曰惜乎夫子之說君子也駟過言一出駟馬追之不及

文也虎豹之鞹猶犬羊之鞹也　鄭曰虎豹之鞹與犬羊之鞹何以別者何以別虎

哀公問於有若曰年饑用不足如之何　孔曰盍何不也周法什一而稅謂之徹

有若對曰盍徹乎　鄭曰盍何不也什二而稅對曰百姓足君孰與

　猶不足如之何其徹也　孔曰二謂什二而稅為天下之通法也曰二吾

不足百姓不足君孰與足　孔曰百姓足君孰與

　　　　　　　子張問崇德辨惑

感之欲其生惡之欲其死既欲其生又欲其死是惑也　子張問崇德辨

　　　　　　　　　　愛之欲其生惡之欲其死是惑也

誠不以富亦祗以異　鄭曰此詩小雅也祗也

　　　　　　　齊景公問政於孔子孔子對曰君君臣

臣父父子子　孔曰當春秋之時陳恒制齊

　　　　　　　公曰善哉信如

臣不臣父不父子不子雖有粟吾得而食　君不君臣不臣故以此對之也

子曰片言可以折獄者其由也與　孔曰

陳成果　子路無宿諾

聽訟吾猶人也必也使無訟乎　王曰

張問政子曰居之無倦行之以忠

子曰君子博學於文約之以禮亦可

　　　　　　　子曰君子成人之

美夫　　　　　　　子曰君子成人之美不成人之惡小人

及是季康子問政於孔子孔子對曰政也子帥

而正孰敢不正　鄭曰康子魯上卿諸臣之師也言人

　子曰　對曰苟子之不欲雖賞之不竊

孔曰就成也欲　季康子問政於孔子如殺無道以就有道何如

　孔子對曰子為政焉用殺子欲善

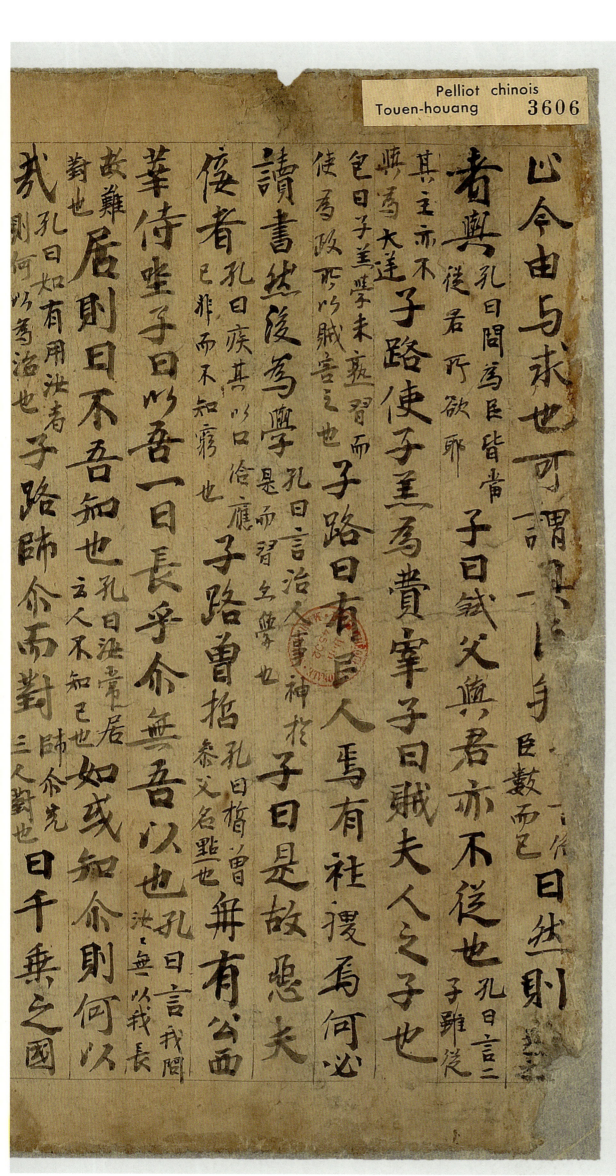

以今由与求也可謂具

者與　孔曰問為臣皆當　臣數而已　曰然則

其主亦不從　子曰弒父與君亦不從也　孔曰言三子雖從

既為大臣未熟　子路使子羔為費宰　子曰賊夫人之子也　孔曰言三

包曰子羔學未熟習而　使為政所以賊害之也

讀書然後為學　孔曰言治人之事神祇　子路曰有民人焉有社稷焉何必

佞者　孔曰疾其以口給應而習之學也　子曰是故惡夫

華侍坐　孔曰曾皙曾參父名點也　子路曾皙冉有公西

故難　居則曰不吾知也　孔曰注甞居　立人不知己也　如或知爾則何以

對也　孔曰如有用洪者　我則何以為治也　子路率爾而對　曰千乘之國

故難 對也 居則曰不吾知也〔孔曰滞常居也〕如或知尒則何以〔〕我則〔孔曰如有用汝者〕〔子路師尒而對 師尒先也 三人對尒先也 日〕千乗之國〔包曰攝〕國攝手大國之間加之以師旅因之以飢饉〔包曰迫於〕由也為之比及三年可使有勇且知方也〔義方〕夫子哂之〔馬曰哂笑也〕求尒何如對曰方六七十如五六十〔如猶與也 小國治之而己〕求也為之比及三年可使足民〔孔曰求性謙退言欲得方六七十〕如其礼樂以俟君子〔言非但能足民而已若礼樂之化當以待君子謹也〕赤尒何如對曰非曰能之願學焉為宗廟之事如會〔鄭曰我非自言能諸侯時見曰會〕同端章甫願為小相焉〔鄭曰端玄端衣也章甫礼冠也小相謂君之礼也〕點尒何如鼓瑟希〔孔曰思所以對故音希〕鏗尒舍瑟而作對曰異乎三子者之撰〔鏗尒投瑟之聲也 孔曰撰具也〕子曰何傷乎亦各言其志也〔孔曰各言己志於義無傷〕曰莫春者春服既成冠者五六人童子六七人浴乎沂風〔高誘春服既成謂單袷之衣單袷〕

之聲
也

子曰何傷乎亦各言其志也 孔曰各言己志 曰暮春

者春服既成冠者五六人童子亦七人浴乎沂風 於義無傷

乎舞雩詠而歸 包曰暮春者春三月也春服既成衣單袷之時我欲浮冠者五六人童子六七人浴於沂水之上風涼於舞雩之下歌詠

夫子喟然歎曰吾与点也 周曰善點之志先王之道而娛於夫子之門之獨知時也

礼其言不讓是故哂之 子路言不讓故哂之

三子者出曾楷後曾楷曰夫三子者之言何 如子曰亦各言其志也曰夫子何哂由也子曰為國以

信不立 孔曰死者古今常道人皆有之治邦不可失信也

棘子成曰君子質而已矣 子貢曰惜乎夫子之說君子也 駟不及舌 鄭曰惜乎夫子之說君子也過言一出駟馬追之不及

何以文為 鄭曰舊說云棘子成衛大夫也

文猶質也質猶 文也虎豹之鞟猶犬羊之鞟也 孔曰皮去毛曰鞟虎豹犬羊别者正以毛文異耳今使文質

者春 哀公問於有若曰年飢用不足如之何 君者何以利虎翳 與犬羊耶

有若對曰盍徹乎 鄭曰盡何不也周法什一而稅謂之徹 對曰二吾

文也虎豹之鞹猶犬羊之鞹也

周者何以列虎豹之鞹与犬羊耶

孔曰虎豹與犬羊異耳令使文質

有若對曰盍徹乎　哀公問於有若曰年饑用不足如之何

鄭曰盍何不也周法什一而稅謂之徹也

曰二吾猶不足如之何其徹也

孔曰二謂什二而稅對曰百姓足君孰與

對曰百姓足君孰與不足百姓不足君孰與足

誰也

不足百姓不足君孰與足　子張問崇德辯

子曰主忠信徙義崇德也

包曰徙義見義事則從意而從之也

愛之欲其生惡之欲其死既欲其生又欲其死是惑也

包曰愛惡當有常一欲生之一欲死之是惑也

誠不以富亦祇以異

鄭曰此詩小雅也祇也言此行誠不可以致富適

齊景公問政於孔子孔子對曰君君臣

孔曰當春秋之時陳恒制齊君不君臣不臣故以此對之也

公曰善哉信如君不君臣不臣父不父子不子雖有粟吾焉得而食諸

父父子子　孔子對曰君之臣

臣不臣父不父子不子雖有粟吾焉得而食

子曰片言可以折獄者其由也與

陳氏果子曰片言可以折獄者其由也與

獄者雅子路可也子路無宿諾

宿猶預也子路篤是非偏信一言以折臨時多故子頭

陳氏果
戚齊
是非偏信一言以析
獄者唯子路可也

子曰片言可以析獄者其由也與 孔曰訟
子路無宿諾 宿猶預也子路篤信臨時多故子路
王曰

聽訟吾猶人也 包曰与人等 必也使無訟乎 王曰

子張問政子曰居之無倦行之以忠 王曰
行之以身無

子曰君子博學於文約之以禮亦可以
弗畔矣夫 鄭曰弗違道也

子曰君子成人之美不成人之惡小人
反是 連道也

季康子問政於孔子孔子對曰政者正也子帥
而正孰敢不正 鄭曰康子魯上卿諸臣之師也

季康子患盜問於孔子孔子對曰情欲也言人
苟子之不欲雖賞之不竊 化於上不從其令

子康子問政於孔子曰如殺無道以就有道何如
孔子對曰子為政焉用殺子欲善

孔子對曰子為政焉用殺子欲善
而民善也欲
孔子既成也欲
然以上姦也

Bibliothèque nationale de France

Pelliot chinois 3607

Bibliothèque nationale de France

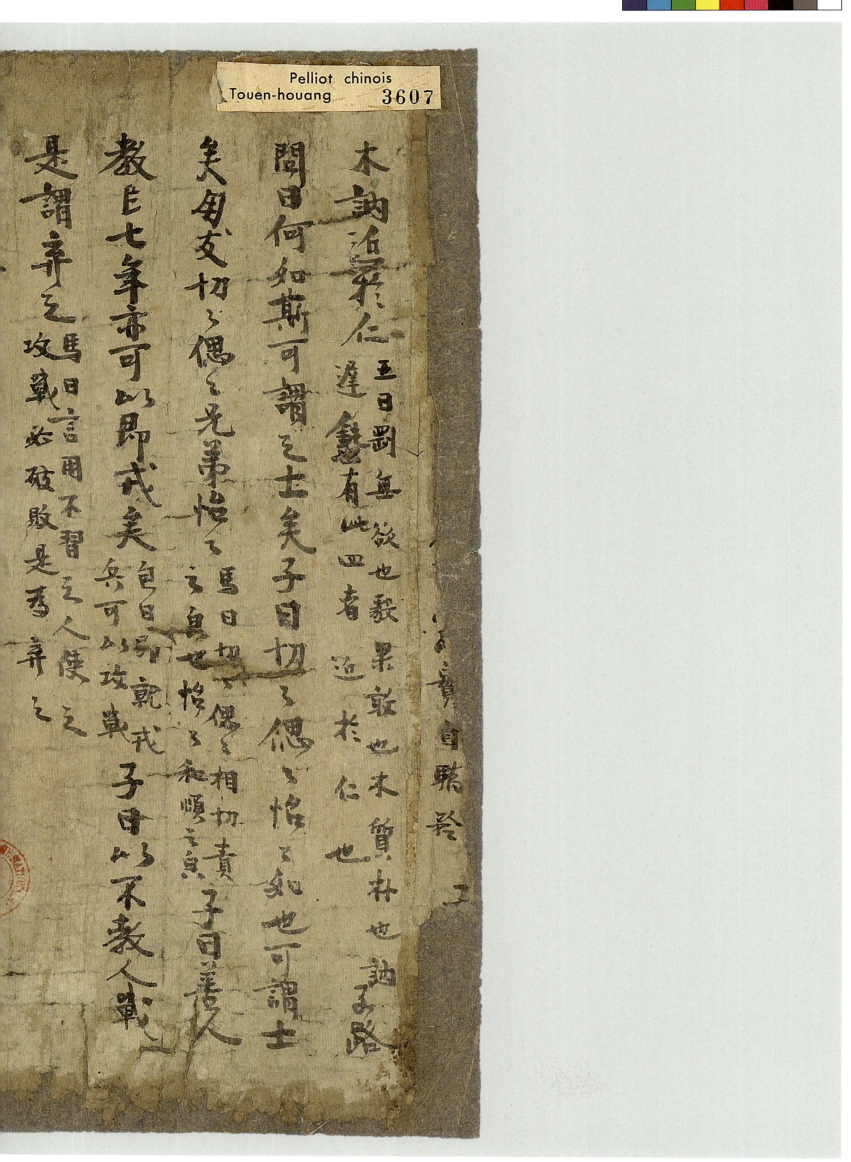

法國國家圖書館藏敦煌文獻

孔曰君無道而在其朝食其祿是恥辱

克伐怨欲不行焉可以為仁矣

馬曰克好勝人自伐其功怨忌小怨欲貪欲也

子曰可以為難矣仁則吾不知也

包曰四者行之難未足以為仁　志當志道不求安居

子曰士而懷居不足以為士矣

懷其居非士也

子曰邦有道危言危行邦無道危行言孫

危厲也邦有道可以厲言行

順也厲行不隨俗言孫

子曰有德者必有言

有言者不必有德仁者必有勇勇者不必有仁

德不可以億

有仁南宮适　南宮适問於孔子曰羿善射奡盪舟

孔曰羿有窮國之君篡夏后相之位其臣寒浞殺之

俱不得其死然　孔曰此二子皆不得以壽終

禹稷躬稼而有天下夫子不答

馬曰盡力於溝洫播植百穀故曰躬稼禹及其身

君子哉若人尚德哉若人

馬曰賤不義而貴

但不得其死然 孔曰此二子皆不得以壽終 馬稷躬稼而有天下夫子不荅

馬曰禹盡力於溝洫稷播殖百穀故曰禹稷躬稼禹稷身襛

及後世皆王適意欲以馬此孔子謙不荅也

南宮适出子曰君子哉若人尚德哉若人 孔曰賤不義而貴有德故曰君子

子曰君子而有不仁者有矣夫未有小人而仁者也 孔曰雖曰君子猶未能備

子曰愛之能勿勞乎忠焉能勿誨乎 孔曰言人有所愛必欲敬勞未

為命裨諶草創之 孔曰裨諶鄭大夫 有諸侯之事期使世叔討論之 盟會之辭

Bibliothèque nationale de France

Pelliot chinois 3608

Bibliothèque nationale de France

誤文書及注詔者笞五十奏聞者杖六十致齋者各加一等

諸祭祀及有事於園陵若朝會侍衛行事失錯及違失儀式

者笞卅
　謂言辭喧蹕失立

　怠慢失衆者乡坐　應集而主司不告及告而不至者各笞五十

諸廟享知有緦麻以上喪遣之執事者笞五十若從者笞卅主同不知

勿諸論有喪不自言者罪未知之其祭而誤社禝則不禁　諸合廟菜

誤不如本方及封題誤者鑿紋斷理菌樽不精者徒一年未進御者

各減一等監當官司各減鑿一等
　飾餘進御及監　諸造御膳誤犯食禁

　富官司菜雅此

各減一等監當官司各減鑿一等

者主食紋若穢惡之物在食飲中徒三年菌樽不精及進御不時減

二等不品嘗者杖一百　諸御幸丹舩誤不牢固者主近紋　若不慈

二等不品嘗者杖一百
　工近各以
　謂為首

未進御減三等應減從奉之物關之者徒一年　諸主司私借乗輿服

御物若借人及借之者徒三年非服而御之物徒一年在司服用者各

減一等　非服而御惟帳几杖之属

所者紋　所謂覧富之人應到之慶

諸覧當官司及主食之人誤将雜藥至御服

諸外膳　謂供百官　犯食藥者供膳杖七十若穢惡之

物在食飲中及蔭擇不淨者笞五十誤者各減二等　諸漏泄大事

應棄者紋　大事謂潜謀討龍及叛補誰叛之類　非大事應棄者徒一年羊漏泄扵蕃囯使者

加等仍以初傳者為首傳至者為従即轉傳大事者杖八十非大事

者勿論　諸玄象器物所文晶書讖書兵書七曜厯太一雷公式私

家不得有違者徒二年其緯候及論語讖不在禁限　諸執緩詔

書一口笞五十　之類皆是　一口加一等十口徒一年其官文書督望者百笞　騰詔勅有彩

三口加一等罪止杖八十　失籍謂　諸被書有所施行而違者徒二年失籍

三曰詛一等罪止杖八十　　諸被□書有所施行而違者徒二年失錯

者杖一百　失錯謂／失其音　　諸受詐妄誤及寫誤誤者事若未失簽五十已失杖七十

轉受者減一等　　諸□書有誤不即奏聞輒改定者杖八十官文

書誤不請官司而改定者笞卌知誤不奏請而行者亦如之輒飾文者

各加二等　　諸上書若奏事誤犯宗廟諱者杖八十口誤及餘文書

誤犯者笞五十即為名字觸犯者徒三年若誤名及二名偏犯者不坐

嫌名謂若禹與雨丘與□二名謂／言徵不言在又言在不言徵之類

諸上書奏事而誤杖六十口誤減二等　有害謂當／言甲申而／事者勿論

尚而誤管卌餘文書誤笞卌　及錯失者／謂脫字及文字　即誤有害者各加二等

若誤可行非上書奏事勿論　當言甲申而言甲由之類／雖奏上不待／報而行亦同　諸事應奏而

不奏不應奏而奏者杖八十應言上而不言上　不應言上而言

上及不由所管而越言上應行下而不行下而行者杖六十

諸公文有本案事直而代官司署者杖八十代判者徒一年三失業而代者

·82·

杖七十

諸聞父母若夫之喪匿不舉者流三千里喪制未終釋服從吉若

及妄哀作樂（自作遣）人等　徒三年雜戲徒一年即遇樂而聽及蔡

預吉席者各杖一百聞暮親尊長喪匿不舉哀者徒一年云

制未終釋服從吉杖一百大功堂尊長各遞減二等卑幼一等

諸府號官稱犯父祖名而冒榮居之祖父母父母老疾無侍委親

之官即妄增喪狀以求入侍及冒哀求仕者徒一年（謂父母云禫制未
除及在心云云内者）　若

祖父母父母及夫犯死罪被囚禁而作樂者徒一年半　諸指斥乗

興情理切害者斬（言議政事乖失而
沙汰興者上諸）　非切害者徒二年對捍諸使而無人臣

之禮者絞（因私事顯
覽者非）　諸驛使稽程者一日杖八十二日加一等罪止徒二年

若軍機要速者加三等有所廢闕者違一日加役流以故陷敗戶口軍人

城戍者絞　諸驛使無故以書寄人行之及受寄者徒一年若致誓

城戍者絞　●諸驛使無故以書寄人行之及受寄者徒一年若致替

程行者為首驛使為從即為軍事警急而替留者以驛使為首

行者為從〔有所燒闢〕其非專使之書而便寄者勿論　●諸文書應遣〔者從前條遣驛〕

驛而不遣驛不應而遣者杖一百若依式應須遣使諸關而不遣者〔謂以行書〕

罪亦如之　●諸驛使受書不依題署誤詣他所者隨所替程論減二

芋若由題署者誤坐其題署者　●諸增乘驛馬者徒一年迴加一等

應乘驛驢而〔乘馬減一芋〕　●主司知情與同罪不知者勿論〔餘條乘驛同准此〕　●諸乘驛馬輒枉道

者一里杖一百五里加一等罪止徒一年越至他所者各加一等〔謂越過所経驛〕

不換馬者杖八十〔無馬者不坐〕　●諸乘驛馬齎私物〔謂非随身衣仗者〕一行杖六十三行加一〔詣三處〕

芋罪止徒一年驛驢減二等〔驢准此餘條驛〕　●諸在外長官及使人於使處

有犯者所部屬官芋不得即推皆須申上聽裁若犯當死罪留

身待報遠者各隨所犯罪芋　●諸用符節事訖應輸納而替留

限主司符下乖期者罪亦如之若誤不依題署及題署誤以致

誓程者各減罪二等　·諸奉使有所部送而雇人寄人者杖一百

闕事者徒一年受寄雇者減一等即經典自相放代者笞五十取財

者坐贓論闕事者依寄雇闕事法仍以經為首典為從

諸在官長吏實無政迹輒立碑者徒一年若遣人妄稱已善申請

於上者杖一百有贓重者坐贓論受遣者各減一等

請求者笞五十　主司許者與同罪

杖一百所枉罪重者主司以出入人罪論他人及親屬為請求減

請求者加本罪一等即監臨勢要

罪與主司同至死減一等　·諸受人財而為請求者坐贓論加二等監臨

勢要進枉法論與財者坐贓論減三等若官人以所受之財分求餘官

勢要准枉法論與財者坐贓論臧三等若官人以所受之財分求餘官

元受者併贓論餘各依巳分法　諸有事以財行求得枉法者坐贓論

不枉法者減二等即同事共與者首則併贓論從者依巳分法

諸監臨主司受財而枉法者一尺杖一百一疋加一等十五疋絞不枉法者一尺

九十二疋加一等卅疋加役流無祿者各減一等枉法者廿疋絞不枉法者卅

還犯役流　諸有事先不許財事過之後而受財者事若枉法准枉法論

事不枉者以受所監臨財勿論　諸監臨之官受所監臨財物者一尺笞

卅疋加一等八疋徒一年八疋加一等五十疋流二千里與八者減五等罪止杖一百

乞取者加一等強乞取者准枉法論　諸官人因使於使所受送遺及

乞取者監臨同經過處取者減一等　即強乞取者各與監臨罪同

諸使臨財物者坐贓論

若賣買有乘利者計利以乞取監臨財物論強市者笞五

諸監臨之官私役使所監臨及借奴婢牛馬駝騾驢車船碾磑邸店之 非供已謂流外官及 雜任應供官事者 計庸

類各計庸債以受所監臨財物論即役使非供已者 供已求輸庸 直者不坐 若有

坐贓論罪止杖一百其應供已駈使令役庸直者罪亦如之 計庸

吉凶供使所監臨者不得過廿人一不得過五日其於親屬雖過限及受 若有 直者不坐

饋乞貸皆勿論 親屬謂緦麻以上及大功以 上婚姻之家餘條親屬准此

即因市易乘利及懸欠者亦如之監臨之官受賭華供饋 謂非 坐贓論 營公廨借使者計庸債坐贓論減二等 生者 坐贓論減

者依獲取監臨財物法　諸韋餃所監臨財物饋遺人者雖不入已以受所 諸

臨賕物論　諸監臨官家人於部有受乞借債役使賣買有乘利

之屬各減官人罪二等官人知情與同罪不知情者各減家人罪五等其

在官非監臨及家人有犯者各減監臨及監臨家人一等　諸去官而受 家 謂已未離

舊官屬士庶饋與若乞取借貸之屬各減在官時三等 李任所者

在官非監臨及家人有犯者各准監臨及家人一等　諸去官而受

舊官屬士庶餽與若乞取借貸之屬各減在官時三等　謂口未離 本任所者　諸因官挾勢及豪強之人乞素者皆坐贓論減一等持送者為從 謂故自相與 勿論

諸稱律令格式不便於事者皆須申尚書省議定聞奏若不申議報 者為從

奏改行者徒三年即詣闕上表者不坐

戶婚律第四　凡卌檢陸條

諸脫戶者家徒三年無課役者減二等女戶又減三等 謂戶俱不附貫若不由家長罪　其妻即是在徙任者雖脫戶及

脫口及增減年狀 謂登老 中小之類 以免課役口徒一年二口加一等罪止徒三年其增

減非免課役及漏無課役者四口為一罪止徒一年即不滿四杖六十 部曲奴婢亦同

諸里正不覺脫漏增減者一口笞卌三口加一等過杖一百十口加一等罪止徒三年 不實脫 漏者聽

若知情者各同家長法　諸州縣不覺脫漏增減者縣內十口笞卅 者卌口笞卅 通計謂管二縣為卌笞卅

脫戶亦准此 從漏口法州縣 若知情者各同家長法

加等過杖一百五十口加一等州道所管縣多少通計為罪 漏增減計在一縣者得以諸縣高之

法國國家圖書館藏敦煌文獻

者以枉法論至死者加役流入官者坐贓論　諸私入道及度之者杖百 若由家長

已除貫者徒一年本貫主司及觀寺三綱知情與同罪若犯法合出觀寺經斷

不還俗者徒私度法即監臨之官私輒度人者杖一百三人加一等　諸祖父

母父母在而子孫別籍異財者徒三年 別籍異財不相 須下注雀此 若祖父母父母令別籍及以子

孫妄繼人後者徒二年子孫不坐　諸居父母喪生子兄弟別籍異財者徒

一年　諸養子所養父母無子而捨去徒二年若自生子及本生無子欲還者

聽之即養異姓男徒一年與者笞五十其遺棄小兒三歲以下雖異姓聽收

養即從其姓　諸立嫡違法者徒一年即婦妻年五十以上無子者得立嫡以長

不以長者亦如之　諸養雜戶男為子孫者徒一年半養女杖一百官戶各加一 無主及主自養 者聽從良

芋與者亦如之若養部曲及奴為子孫者杖一百各還之 部曲 奴婢

諸放奴婢為良已給放書而還壓為賤者徒二年若壓為部曲及放為 各 即壓為部曲又放為賤者又減一等各還正之 良

部曲而壓為賤者減一等放部曲為良還壓為部曲者又減一等　諸官

部曲

諸放奴婢為良已給放書而還壓為賤者徒二年若壓為部曲及放為

良 各 即壓為部曲及放為部曲而壓為賤者又減一等各還正之

部曲而壓為賤者減一等放部曲為良還壓為部曲者又減一等 諸冒 者聽從良 奴婢

相合戶徒三年 無課役者減二等 謂以賤為親及 有所規避者 主司知情與同罪即於法應別

立戶而不聽別應合戶而不聽合者主司杖一百 諸同居卑幼私輒用財者

十返笞十二返加一等罪止杖一百即同居應分不均平者計所侵坐贓論 減

三等 諸賣口分田者一畝笞十二畝加一等罪止杖一百並還本主財沒不追

即應合賣者不用此律 諸占田過限者一畝笞十二畝加一等罪止杖六十

加一等罪止徒一年若於寬閑之處者不坐 諸盜耕種公私田者 若苗子歸本主 一畝

以下笞卅五畝加一等罪止徒一年半荒田減一等強者各 同頃者為一畝

加一等罪過杖一百十畝加一等罪止徒三年 諸妄認公私田若盜貿賣者一畝以下笞五十

加一等田子歸官主 子征此 下除官 諸在官侵棄私田一畝以下杖六十

一畝加一等過杖一百十畝加一等罪止徒三年

諸益莽者告里正移埋不告而移笞卅即無處移埋者聽於葬主各笞卌埋之

諸部內有旱澇霜雹蝗為害之處主司應言而不言及妄言者杖七

十覆檢不以實者與同罪若致枉有所徵免贓重者坐贓論　諸部內田疇

荒蕪者以十分論一分笞卅一分加一等罪止徒一年<small>州縣各以長官為首佐職為遣</small>戶主犯者亦計

荒蕪五分論　笞卅一分加一等　諸里正依令校人田課農桑若應受而

授應還而不收應課而不課如此事類違法者失事笞卌<small>一事課失事杖人義</small>

為生　三事加一等縣失上事實及以事加一等州道所管縣多少通計為罪

人皆還…名以長官為…首佐職為遣　若罪止徒一年故者各加二等　諸應受復除而不給不應受而給

者徒二年其小徭役者笞五十　諸差科賦役違法及不均平杖六十若

非法而檀賦役及以法賦斂而檀加益贓重入官者計入檀坐贓論入私者以枉

法論至死者加役流　諸部內輸課稅之物違期不充者以十分論公笞卌

州縣皆以長官為首判官為…戶主不充笞卌　諸許嫁女已報婚書及有私約

佐職以下節級連坐

第一二〇册　伯三六〇〇至伯三六二八

一加一等　陪贓皆節級連坐

先知夫身者勿坐

產主不充答卌

諸許嫁女已報婚書及有私約

而輒悔者杖六十

男家自悔者　不坐不追娉財

難無許婚之書但受娉財亦是

若更許他人者杖一百已成者徒一年半後娶知情減一等女追

歸前夫前夫不取還娉財後夫婚如法

諸為婚而女家妄冒者徒一年

男家妄冒加一等未成者依本約已成者離之

諸有妻更娶妻者徒一年女家減一等

妻者徒三年以妾及客女為妻各離之

諸居父母及夫喪而嫁娶者徒三年妾減三等

諸祖父母父母被囚禁

各離之

徒一年半流罪減三等徒罪杖一百

諸居父母喪其應嫁娶人主

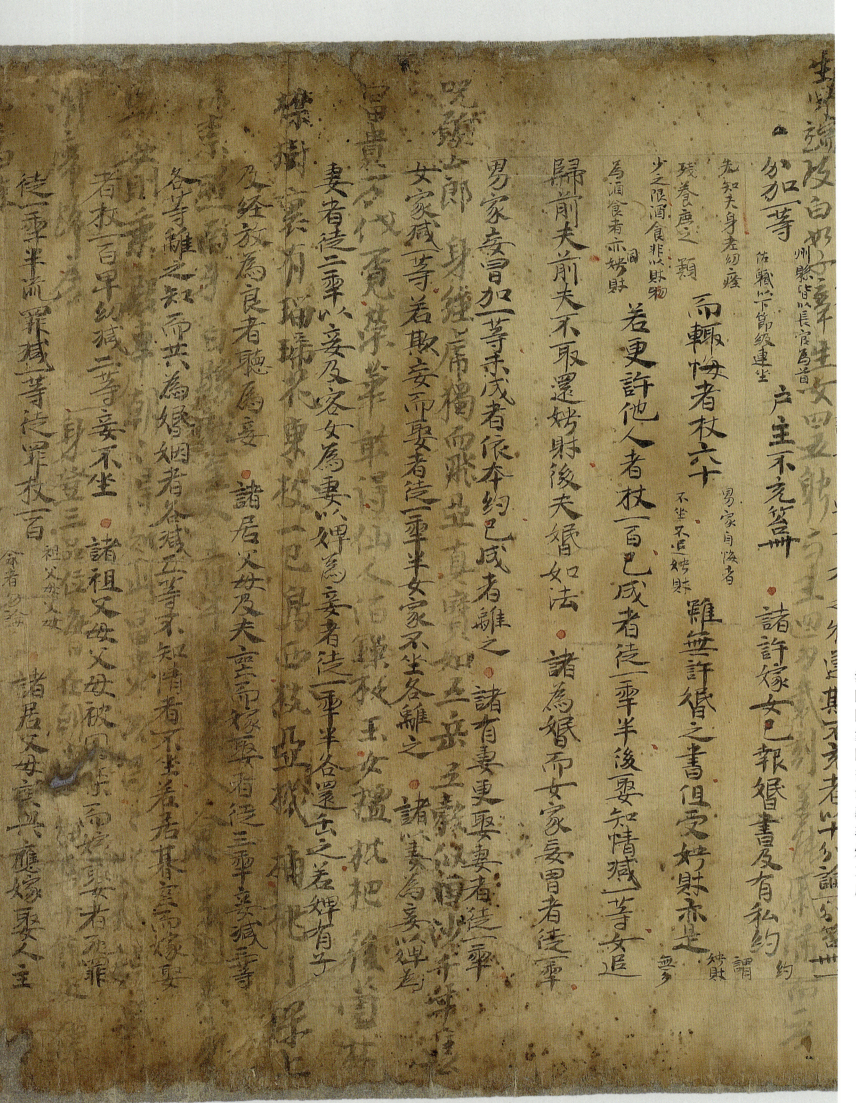

P.3608　　1.唐垂拱律卷三至卷四　　2.咒願文　　（7—7）

P.3608v　五言闕題詩（昔歲泛仙查）并序等（總圖）　　（一）

P.3608v　五言闕題詩（昔歲泛仙查）并序等（總圖）　　（二）

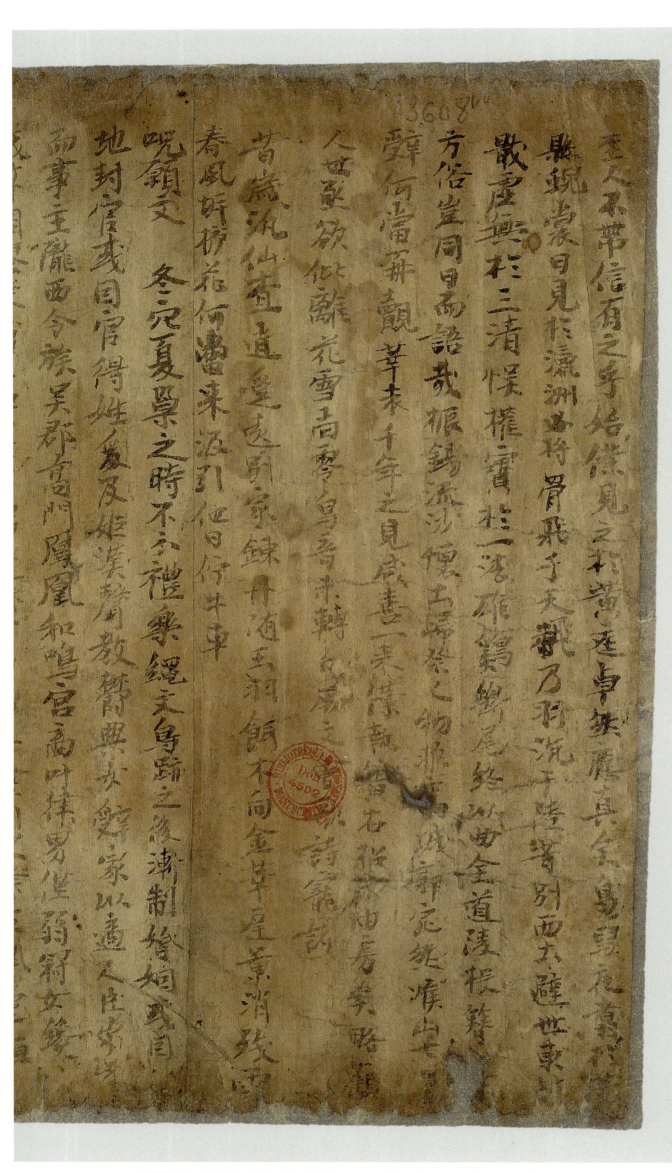

P.3608v　　1.五言闕題詩（昔歲泛仙查）并序　　2.咒願文　　（16—1）

地封官戎因得姓□蒙及娉漢□□教□典□□□野□家以遇入臣於城

而事主隴西令族吳郡有高門鳳凰和鳴官□而□□野□翁□女娉□

戎犇細繹來當三星在戶窈窕淑女□青南國之蘭灼□於鳳台之□

不祈天月那累步□五錦途觀灼仙容□福於□客□□□□□行暢

數延二儀悅懌九族觀竹在政作鞭□□□□□之□□□嫡□東隣□

富貴百代榮華万春功業繼世刀筆絕倫邢國□□堂之環里

則鑾裔賚震同一身行青拖此峯曳組曹銀金男高王六月女昏婚

華奉使固多詔詞書梁特久日暮□□懃□厭□□群永□□主人依□

並臣門外夫□

　　大唐隴西李氏莫高窟修功德記

　　　萬庚畬後使朝議大夫高書刑部郎中兼侍御史楊□述

敦煌之東南有山曰三危結橫陰之氣坤為德坎凝貞之形民為象

峻嶒千峯礚礚万里呼諧中絶陜北相廙鑿爲靈龕上下雲□轟

崢嶸飛閣南北霞連依於地居杳出人境聖燈時熙一亦皇隍神

錘□□鳴四山雷發靈□□物往々而在屬以賊臣干紀勍鋒窣□

第一二〇册　伯三六〇〇至伯三六二八

P.3608v　　2.咒願文　　3.大唐隴西李氏莫高窟修功德記　　（16—2）

欃搶飛閣南北霞連依於地居杳出人境聖燈時照二八皇懸神

鍾乍鳴四山雷發靈臺仙貴物往往而在屬以賊臣干紀勑寢寧宸

硯裂地維暴弥天物東自隴坂舊陌走孤兎之群西串揚開

遺邑聚材狼之窟桁木疚驚和門晝扃塔中委廣禪院生

草時有任信士朝散大夫鄭王府諮議參軍隴西李大賓其

先栢樹命公紫氣度流沙之西刺山騰芳鶩名感懸泉之下時

高射虎人聖登龍開土西京稱潛東晉詔議昂照聖皇帝十三

代孫遠沍 天分世濟其羨靈根地植代代不之賢六代祖寶隨

使持節傳中西妻諸軍事鎮西大將軍領護西戎校尉開府

議同三司沙州牧燉煌公玉門西封邑三千戶曰王廷達皇壙

煌司馬其後回家爲王父樸皇大黃府車騎將軍別將太圉

皇照威校尉甘州和平鎮將早奉昌運得張雄材一命具陵雲

之姿百齡捧日下之慶速徐布類業繼馬來累室連闥

里成冑盖難羌令嗣卓然麗道之憤翼子謀孫完朿碑

家之主詔議天梗淳猙神假忘直交捴佇其信鄉堂稱

里成冠盖難冠令緖卓然覆道之慎翼子謀孫宛宗嗣

家之主諤謨天極淳辯神彼正直交性行其信鄉黨㮣稱

其仁義泉涂沉酌而不竭道氣靈臺感而遂通常以拯江

海者莫測其深凌望乾坤者不覓其方圓況色空皆悟性

相無相豈可以名言悟豈可以文字知夫然故方寸之室虛然以入

不二之妙智度大道法示表無余之真以其虛谷騎聲洪鍾

應物所以魔宮山折仏日天開愛永朝清昏衢夜曉一音演

法四衆隨緣直解諧珠密德心行仿侬有相見是所保若任無

為愚戎有住由是巡山作礼莊涂經行鹽運未固軒檻屹嶷

刘削有地梯磴無人逐千金貿工百尖興炏鶩鏵聲蟄稿石

眈山素涅髹像一鋪如意輪芋不空賓窂畫西方浄土東

方藥師弥勒上生天請問涅槃報恩如意輪不空寶象手千

千眼觀世音丹芳重金一鋪慎却千仏一千軀之殊師利普賢

菩巷一軀祔坏玉瓷旗布鈿彩露削石寳儀現金宅亭自不生

眾生於千界令則無滅示滅扵雙林孝姓尋源儥物象哀梵王

若吾一軀初坏土塗旋布錯彩豁開石壁儼現金容本自不生
亦生於千界今則無滅示滅於雙林本經尋源倫物象設梵王
奉世仏母下天如意聖輪圓轉三有不空妙索維持四生人莫報
恩天則請問六牙象寶擢紫珮以栖真五色數王戴青蓮
而聖十二上頭列於淨剎十六觀門開於樂大大悲來儀於鷲領花
氏降跡於龍花丕休哉千仏分身聚成於沙界八部數衆重圍鐵山
希夷無聲悲窜欲動尒其層飛雁翅砌盤龍鱗雲霧生於戶
牖雷霆走於階陛左豁平陸目極遠山前流長河波映重閣風鳴
道樹每韻苦空之聲露滴禪池更澄清淨之趣時節度觀察處
置使開府儀同三司御史大夫蔡國公周公道治生知才膺命世
清明內照英華外敷氣蓮風雲志懸日月文物居執憲之重武威
當杖鉞之雄括囊九流住持十信夏日苑鍊之暇以申礼敬之誠揭
竿操矛闡戟以從蓬頭䞨腸傍車而趍䩭籠驅行鵷鸞路兼隱隱
軫軫蕩谷搖川而至於斯窟也層軒九空複道一帶前引簫唱上干
雲霓雖以身容身投跡無地而舉足下足登天有階日窮二

P.3608v　3. 大唐隴西李氏莫高窟修功德記　（16—5）

輙錫谷稽川而至於斯篆四唐乾九空複道一帶前列簾唱上干
雲電雖以身名投跡無地而揮足下足登天有階目窮三
徽志公三界有若僧政沙門辯靈括法師身諮議之愛莫也成
珠圓明心鏡朗衛學稱万偈辯析千人宓次宅於一乘破空造
相指化城於四堂虛往寶歸於是引兄大賓弟朝英姪子良子孫
子里子羽弁手於階下法師及姪僧志馱歃袂於螢上曰　王君
恩人末漠賦濟時升統且均家財自給是得傍閞虛洞橫歔危
樓特以翼大化待以福先列休庇一郡光昭六親覘祖琹五交圖素
四制瑩祥兒貲詎厥無慈非石何以表其貞非文何以記其美
且登紲賦百麥無量過物斯銘今直邇齊矽斱迤堙來以來蒙
縈公乃栢精應而謂愚曰標行伐行取則不遠屬詞比車固
可當仁伺恭栢歸俯就誡懇敬朴略其狂簡匠綜歸彖真宗
時大唐大曆十一年龍集景辰八月甸有十五日章禾畢

寒食篇
天運四時戌一年八算相逼盍可憐秋賓重陽冬貴臘不如寒

第一二〇册　伯三六〇〇至伯三六二八

寒食篇

天運四時戍一年　八節相迎盡可憐　秋貴重陽冬貴臘　不如寒

食在春前　禁火初從太原起　風俗流傳幾千祀　算來去年冬至時

一百五日令朝是　令年寒食膝傭時　春怨錄　天子在東巡　能令氣色隨

洛河斗覽風光覓　逐人上陽運望春　見洛水橫流遶城啟陂上

樓臺列岸明風光　所咇省流遍盡閣　魚出半天儀儔雲　東見

來送神女從雲下去　似恒娥到月邊　金團行看紅粧早先過陌上金楊

好花塲共鬥汝南　鶏春莚匝在東郊道千金寶帳綴流蘇歡瓊琚

坐錦筵鋪莫慈尭　景重窻閣自有金瓶臨斝珠心移向者遊臺庭

乘舟敀騎凌步池中弄水白鷳飛樹下抛毬彩毬勻上別殿前臨主

臺金鞍更關彩毬來毬慈畫樓攀柳取校　秀任踏花迴良辰更

重宜三月能成書夜芳菲筭令夜無明月作燈街衢娃賞何曾歌

南有龍門劃洛城車馬傭都滿路行從使盡莊令日羅明朝上自有清明

庭亮玄師　生之定別女陽閏夜色賓女蒙不解顔誰家痛起

南有龍門對洛城車馬傾都滿路行從使盡挂今日罷明朝上自有諸明

夜燒篇

挂人夜到汝陽間夜色實蒙不解顏誰家暗起

寒山燒回此明中得見山之頭山下須史滿歷險緣山無疊斷雄勢散

著羣樹鳴炎氣僧流川暖是時西北多海風吹起重天光更雄溜烟

重月里高樹藝雲紅初謂練仙窜重裏罡疑鑄劍神溪中畫

為飛電乘照物下似流星近入空西山草畫番三滅東頂熒、猶未

絕沸傷穹谷數道永馳舊陰崖數年雪兩崇貧禍若為居四

廳皆戌鼇緊餘未得貴莊同累增希俏半景俏梳書

諷諫今上鮮于林明令狐峘等請試僧尼及不許交易書

龍集己未九帝唐月狂玄宮曰行南道流離山澤草繫此丘無名僧　興

孔別清溪遠投丹闕面北獨立高聲叫天然後跪膝棒書進上諷諫

廳顯　聖德柷斛　天威万死貧道聞木直應繩　聖君從諫

孔朋清溪遠授丹闕面北獨立高聲叫天然後跪膝棒書進上諷諫

塵顯　聖德秘辭　天威万死、貧道聞末直應繩　聖君從諫

豈不然也伏惟　陛下屏天怒攬狂書貧道縱死亦痼多幸貧道只合

牛吅草萲豈作秖羊解蕃見　陛下攬不忠之言敢大君之化以此不忍敢

上封言貧道亦知口是害身之斧貧道言忠不辟誡若為法豈懼害身

伏領　陛下察之矣、陛下不知朝有非常之君野有非常之士貧道自

是非常之士不能飆諫　陛下自料福德如何八國之帝金鐵四王　陛下審

思焉、貧道必死言直切謂不忠何者且金輪王壽命八萬歲王四天下率

以十善化人鍮輪王壽命四万歲王三天下常以十善化人銅輪王壽命二萬

歲王二天下常以十善化人如上四王並亡實隨身千子圍遶位登八地橎

樂諸天猶上轉術超乘仏果況　陛下位早粟散屬鐵輪地狹九州境

方刀里雖有梯山之國猶有未賓之臣奈何於此位中而生退嘆貧道

滌惜羕、陛下不聞尸毗王剜股救鴿宛身燃燈是求輪王之福也

陛下不能如是\\何不學先祖相王捨宅成寺而求善本　陛下又不能如

深惜哉、陛下不聞尸毗王割股救鴿剜身燃燈是求輪王之福也

陛下不能如是○○何不學先祖相王捨宅成寺而求善本　陛下又不能如

是何不已度僧尼賜少安樂亦有福田　陛下何得幼鮮于叔明令孤峘之

管見焚其大經貧道雖愚切將未可何者且鮮于叔明坐居蓬野雖有

子路之勇而無顏回之仁已如猶愛不能誅仲尼之耳奴鷄塒不能聽

輝逽之典專事生殺恣意禽荒誡僧尼此亦未可其令孤峘難有才

而無大量掌綸言不能直諫撝禮部曲眾人情樺明廷未必得士惡僧尼

先聞矯狀意機胎　君元信殊不知自身不忠以如僧尼交易詞訟纏

論於圉何㗱而令禁斷　陛下豈不知天下寺舍欲作軍營而在伽藍

例無僧飯不許交易且將遷何生伏推　陛下聖慈慮之其尼師麦有

名家子女　帝族王孫忽被俗士輕陵奴兵解夾便道有　勅不許矩論

栖令受屈此則自浹風教何開裨補皇猷　陛下須審詳素疏細閱封

文可行則行可止則止何得收此無稽之狀以為天下　勅又外國聞之

為可咲耳不知　陛下何以渡之貧道恥之丘亦恥之貧道閒孔氏之言

吾非斯人之徒歟兹亦為能緻而不食僧尼既斷繾交易不許營求　陛下

為可哎耳不知　陛下何以視之貪道耻之丘亦耻之貪道聞孔氏之言

吾非飽煮也亦為能継而不食僧尼既衡交易不許營求　陛下

不然　勅天下諸州所在常任放其塟埋令置掌食一則戎　陛下福田二

則僧尼得食僧尼皆是　先朝幼栗取錢並言不経業　陛下若誠

先朝所度年月已深討日驗切帝令藏業貪道仍謂不然只如俗士出身

之後戲人作判得入趂絕但以方圓取人不失其事若試経業或恐遺

才其僧尼亦然審若諫亦須三季取人其中或有坐禪荅有幸法載

有持徠者全若不得長齋亦汝一則不失先　皇之信二則轉蓋

田何乃如是其僧身盡皆有功如何知矣里如　上皇去國先聖歸朝歸蜀

無由楼吳不可其兩京宮室已被焚燒天下府庫荅皆勅盡通儒軼復京邑

乾祓呈鼠福何中子儀舉軍南伐兵無顆粮懷恩故將甲西衝馬無寸草

先朝權計賣度取錢其時令君為賴財阜山積故使兵肥馬壯將勇

師強一舉無遺併汲天下　陛下儉宮室傷百寮使銷穀不衣人食肉動

業不求憂當幸請存而勿論　陛下令日有圍莫不回萬郡是僧尼有功如何要経

萬自然蒼君生免敢割剝黎庶辭見獲安何必制僧尼斷其交易令菜

食不足短禍不煙而已矣貪切見鮮于叔明令狐峘等驕身竊位並法

萬自然蒙君生免被剝剝黎庶辭見獲安何必制僧尼斷其交易令菜

食不足短褐不遮而已哉貪切見解于此明令狐峘等驅身竊位無法

而貪常以綺羅粉黛藏其情籠絲竹亂其聽漁獵決其志河

論諧媚縱其心築涌於酒色之間得息於臺之上不能借　國家少理不

能助　國家少憂其西郊未賓何不盡築令自行錄東山尚梗何不設

計令束身歸菊其僧尼或於林麓賣花於山居寧以持畫代耕自鋤

夕於　國家何害專念補除不見自家妻子純衣綺羅之服府中

　國家何害專念補除不見自家妻子純衣綺羅之服府中

孫婦長盜梳李之粧揚伊一面脂粉之價成僧尼十日之食身上弊衣於此買

得僧尼一生之業既乏不能自供其過舉他人非　國之賊也伏願

陛下慎之矣權山冒公行事自穩私家亦能顛倒陰陽翻覆天地

陛下亦未得不防矣貪道亦非闢亂君臣只為經事多

陛下被　國忠而感禪山淫謀破國亂邦矛令赤軍

　上皇被　國忠而感禪山淫謀破國亂邦矛令赤軍

王為廷斯直語

陛下不自軍矣

　食痛心憂人出震物格六龍齊其美女琴瑟基

漢主當日之平為道屢梁王一生善色荒不作六宮齊其美女琴瑟基

不攀五方放其釣獵外布三皇之化内緝主帝功慈俊顏　陛下長保聰明永

稱尭讓靜朝廷而使解易鮮邪榱中外而令駃馬傳化貪道授書在軍

不彥五方旅其銳敵外布三皇之化內絹王帝之功　　伏顧　陛下長保聰明永

稱魁讓靜朝廷應而使獮易斛邪樞中外而令驕馬傳化質道授書在書　朝

用申諫諍之文　陛下償若依行伏聽須示天下無名冒死以聞伏聽

勑言鄧縣尉判見惡務去從善如流勑隆千在況口無血食存生

之德且尊目不色觀絕世之情可高院蒙制度後是精循少者世見要佳待

者弱者不堪後力請依昊帝行必改作　勑桃李㭊明令狐岠等所奏並傳

憁示僧尼令知朕意

救園賤臣前與滑等丁憂薰左丞相賈忱冒死護言表於

皇帝陛下臣聞太有者必孤太忠者必死首跽錯勸削與滿之地

已家不幸之誅商鞅軐範之臣而受無辜之戮令醫三人復見

守忠信語不宣心匆頸刎腸洽杅　闕庭而不至死者忠臣也令救

國數十條以肝腦上訴　天庭欲展下救黎庶臣死之後復不見

清平故留賤屍以諫　明主令　陛下短書不入長策不收所以師天大

笑者不可騰數也然煞身則易諫　陛下初登九五頷下

詔書關諫諍之門直言無罪所以四方雷震万里皇馳奔走而至

笑者不可勝數也然笈身則易諫　主則難以見　陛下初登九五頻下

詔書開諫諍之門直言無罪所以四方雷震万里星馳奔走而至

關廷頗晞　陛下昇平之業矣　陛下不用當時之　詔歉策不關其

辛勞報楗市朝或囚禁園苑填灌審者不知其數　食於道路者

不記其名矣輪忠歐貌之臣角自　關廷之士豈敢歎　陛下乎大臣

愛而不敢言小臣畏而不敢諫忘生請死之從冒死　天感之者願

陛下覺悟耳復聞耿塞之士委者安人居審相伍者不得理有屈者不得

申君子西以淆藏小人所以諫乱自訕　帝王以御史為耳目之官

相為股肱股肱廢則不能行百目瘶則不能視令　陛下瘶股肱

閉耳目諫諍因忠良微令四海不言万方鉗口不可得也民恐千秋

万歲託陛　陛下轄笑　陛下不明臣之所急一人也當令進士智者不

肯自言賢愚者不肯自言昧使天下之人頁褒園者少食祿者多二

也役文武三入也盡空求士四入也用錢買官五入也媚賢求進六入也假

等為其七入也無切憂業賞八入也團有九破　陛下知之乎鐩身毇兵

一破臺惠威國二破大將不朝三破權豪奢倖四破私鑄銅鐵五破

賕賂公門亢破長吏殘暴七破賦稅不均八破食祿人多輸稅人少九

一破臺衆織盛二破大時不朝三破權豪奢侈四破私鑄銅鐵五破
賄賂公門六破長吏殘暴七破賦稅不均八破食祿人多輸稅人少九破
破匪開右者　皇帝終日勤農猶恐其飢終日勤桑猶恐其寒小蟲害
不農不桑坐食天祿使天人盡居衣冠舉國之人盡居知賊誰人墾耕
者乎令天下蒼生凡有六者六者之患仍有七去　陛下知之乎勢盲家侵
奉上一去也典吏隱欺二去也破丁為兵三去也除主為客四去也離鄉失土五去
也典絲用刑六去也官吏刻削七苦賦稅繁多二苦囚兀餒三苦積利後
世四苦飢寒不濟五苦病死不聲六苦老死不葬六苦官人西無二也國有九
破而無三成人有七去而無一歸凡有卅餘條自古以來未之有也天下百姓更何聊氣
破者許於州縣然不理矣諸於宰相不知奏於　陛下眛酒著生更何聊氣
復見田承嗣媚很神道進我　　園作令之渠魁為庸愚之窩兒勵兵祿
馬九餘年令誅之何難免也　　陛下不除根而除乱苗珠寶必蕩於中原玉帛
而養兵馬与乱張奉　　　陛下不以征伐為上崇長將
寶盈於廩府四面岢使討除蒼生何見矣　陛下以征伐為上崇長將
不聽臣忽別田承嗣目下求之未有了日則禍難濟有除蕩如蜂萬蟬
至於睡　陛下左右無人敢言佗領美訽悅情暢意而已豈知千里零落
不惜

不聽臣恐列田承嗣目不來之未有了日則貽禍難潘有除蕩如蜂蠆

至於睡　陛下左右無人敢言伈領羨詞悅情暢意而已豈知千里吏之善

萬里凋殘豈乎狠狽如此天下鼎沸　陛下獨言太平其可得乎陛下不惜

軀命不顧危亡輙敢獨言無知之　下然臣一門之命若使天下

鼎沸之勝於不死乎戱等千孫不家一閭羈孤貧二病流落風塵著

　闕庭頓除去漬　陛下左右賢明匡之恩松如有堪理乱者民　陛下差不以

　意

請為奴隸事何嘆圄正綱紀太平豈非豈可見之故也

萬方若心百姓為事臣郡崎於滄海葬秋之江魚腹中太忍見於危亡匡

之願畢矢臣從不勝感激之至謹獻表以聞　誡惶　誡恐頓首

Bibliothèque nationale de France

Pelliot chinois 3609

Bibliothèque nationale de France

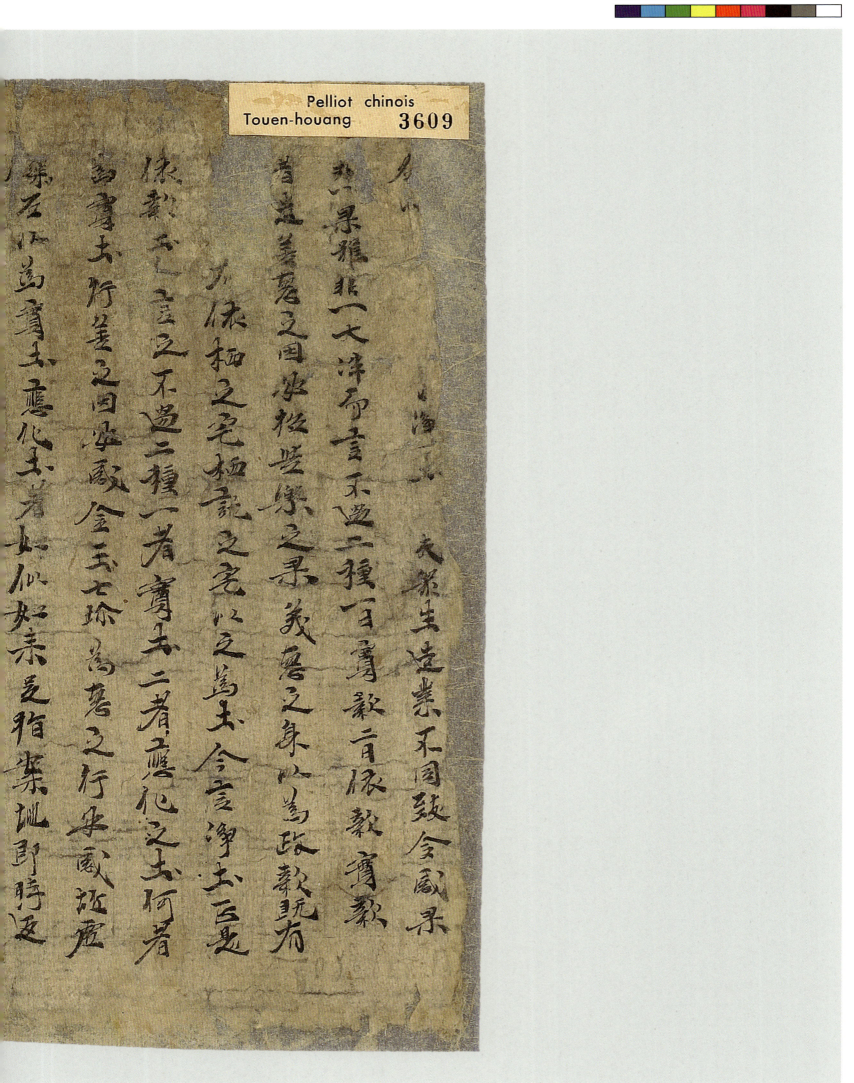

夫眾生造業不同致令感報

以一乘雜北一大洋而言不過二種一曰寶教音依教寶教

首逆盖磨之田以松器樂之發磨之身以為政教既有

為依初之宅栖說之宅以之為玉今言淨土正是

依教言之不過二種一者寶玉二者應化之玉何者

為壽玉行差之田安感金玉七珍為磨之行樂感故塵

殊石以為寶玉應化玉者如來是指案地即時返

法國國家圖書館藏敦煌文獻

開依土但依於此化從化主立名故曰依土耶 若爾如來
往化應淨穢俱論何以但剋淨土不與穢稱何意如此
但從本為言如來化人但教行於善不教行惡爲教行
善遣教行惡非以感穢爲教稱本但論淨也淨土名目略
述如此
　經明四諦　　夫聖人興世益物為務
物情不同致令聖說非一致使三乘異流大小殊別若為上
根修信意存曠被心求大果者為說六度若為中容之
頭志樂獨悟情其勝法者為說十二因緣若為下識厭
聞厭患生死君速早離者為說四諦是以如來先臨鹿
菀為五比丘轉四諦法輪四名者何一苦二集三滅四道就
此四中文泮有二一是世間苦集因果二是出世間滅道因果明
世間此欲使行者生厭背生死早求出離釋出世間也
欲使行人希同息除家趣涅槃故此四中華為二也立名可

第一二〇冊　伯三六〇〇至伯三六二八

P.3609　佛經名相疏釋　（4—1）

差得滅度輻集苦唐若證涅槃日永劉生滅輻永滅處

名定心滅此三心滅處名滅諸禮心得滅有方悲達善不

封故第四明道諦道有麁沙取劉擊要不出定書之

臨倫擇書賜觀達定唐相得津道行人至于沍曰故稱

道心眼以言諸壽有坐集滅道不謗故每諦此

綱眼四无農　　　大道毅神照於物容懼詣因循故无諍

懼无懼之殖賒猶尒難故名无農慮沙一才至臨略

云四心戟此四半大洋有二劉二自行後二水化既自行有二

殖二劉水化之未即有殖斷四名何者一是我一切殖人之二我涌

承喜三諸教彰道四无涌盡堂刹眼我是一切殖人者如來

自云我是一切殖人有諸比丘陵遠方赤如来便問使去

何云栗生易化禾水道尋言便戟於難若是一切殖人

第一二〇册　伯三六〇〇至伯三六二八

中斷故第⋯⋯為⋯性⋯彼⋯⋯久際⋯故不得除諸道
以不雖作此難都不生教名第四无累罰且粗可逃
境不滯故稱无得无得唐沙一牙化空喻樹於四乃
名者何曰法无得二曰祥无得三曰樂說无得四曰藏无得
何等為法无得夫十二部典籍為物軌以之為法於法买
沸為法无得云高壽乎言祥清苑以之為祥於祥不
滯為祥无得說法化人歡樂不惓於樂說不滯名
珠說无身二諦理深萬法眼以名之為藏於藏不滯
名藏无得四无得藏粗可如是
夫群緣承差藏若塵沙從運流動迹若電襲聯廔
沙之法世⋯其宗電襲之速三世想其要三有者何謂遍
⋯來來觀在事還於住以為過去當法未起以為未來觀

P.3609　　佛經名相疏釋　　（4—4）

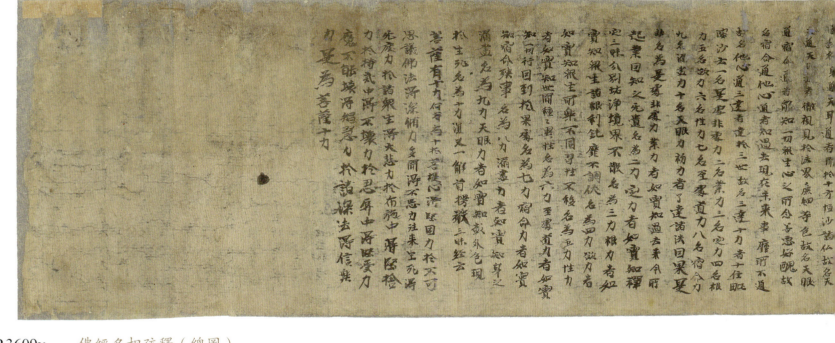

P.3609v　佛經名相疏釋（總圖）

五通者一者身通二者天耳通三者天眼通四者宿命通

五種他心通⋯⋯實綱結云身道者身能飛行通語仏

國故名⋯身道天耳道者聞於十方恒沙諸仏故名天

天眼⋯者微視見於法界廳細等色故名天眼

道宿命道者能知一切衆生心之所念善惡好醜故

名宿命通他心通者知過去現在未來事靡而不通

者名他心通三達者達於三世故名三達十力者

密沙去一名是處非處力二名業力三名定力四名根

力五名欲力六名性力七名至處道力八名宿命力

九名漏盡力十名天眼力初力者了達諸法曰果是

誰名為是處非處力業力者如實知過去乘今而

第一二〇册　伯三六〇〇至伯三六二八

非名為曼麗非麗力業力者如實知過去秉今所

起業回知之元盡名為二力定力者如實知禪

定三昧分別垢淨境界不散名為三力粗力者如

實知眾生諸根利鈍羸不調伏名為四力欲力者如

實知眾生種～黑性名為五力性力

知實知世間種～黑性名為六力重麗道力者如實

知一切行回到於果麗名為七力宿命力者如實

知宿命殘事名為八力漏盡力者如實知身之

漏盡名為九力天眼力者如實知載死色現

栱生死名為十力湼又一解首楞嚴三昧經云

菩薩有十力何若為十於菩提心深回力於不可

思議佛法深深俩力多聞深不忘力往來生死深

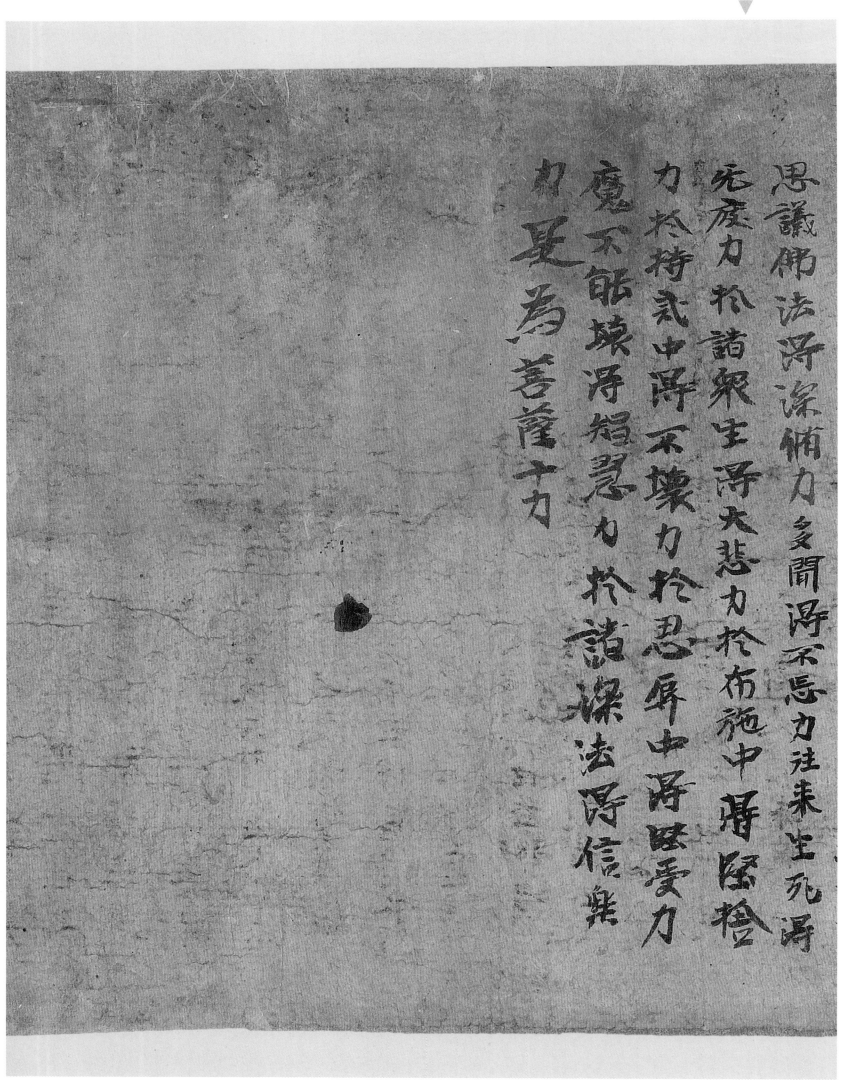

思議佛法深俉力　多聞深不忘力往来生死深
无度力扵諸眾生深大悲力扵布施中深堅捨
力扵持戒中深不壞力扵忍辱中深昭受力
魔不能壞深智慧力扵諸深法深信樂
是為菩薩十力

Bibliothèque nationale de France

Pelliot chinois 3610

Bibliothèque nationale de France

開蒙要訓一卷

乾坤覆載日月光明四時乗往八節相迎春花

開蒙要訓一卷

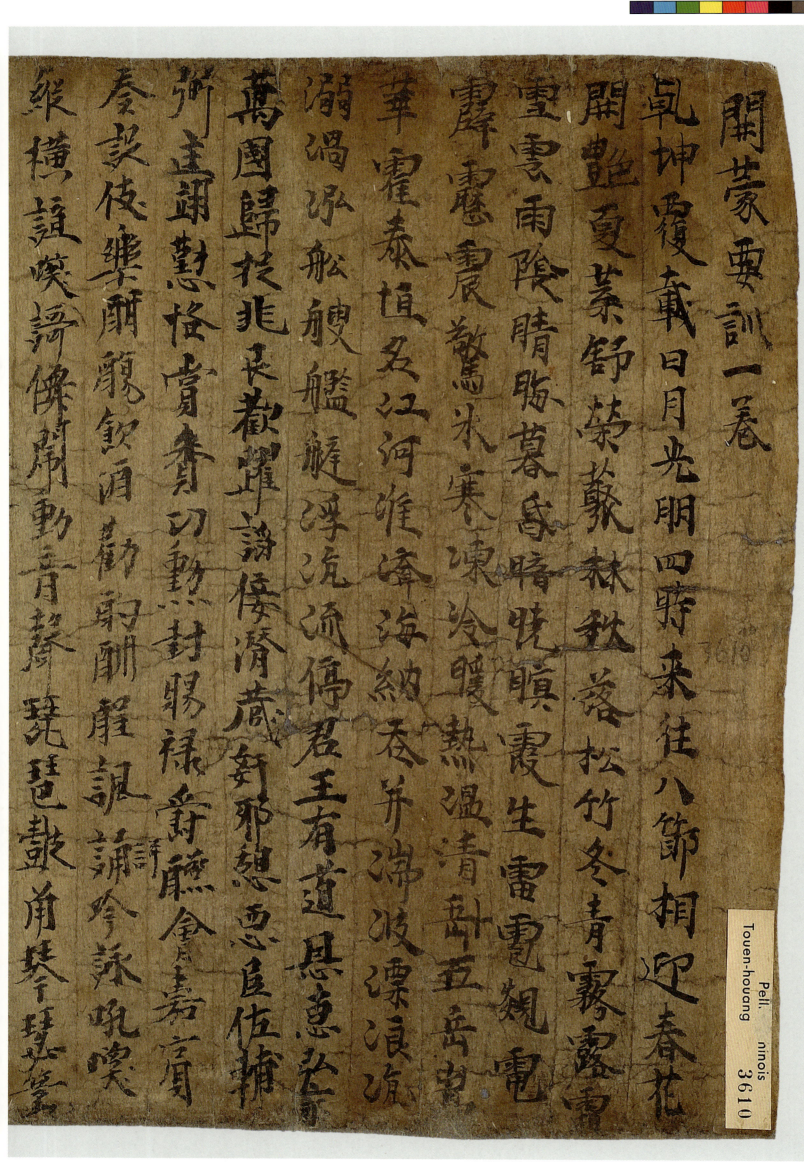

開蒙要訓一卷

乾坤覆載日月光明四時來往八節相迎春花
開艷夏苗舒榮秋落松竹冬青霧露雨
霧雲雨陰晴臨暮旦曉瞑霞生雷霆魍電
霹靂震驚米寒凍冷暖熱溫清卧五岳嵩
革霍泰恒名江河淮海納吞并沸波漂浪湏
溺渦泳舡艘艦艇浮沈流僑君王有道思惠弘
萬國歸校兆民歡耀諍倭濟藏剗邪惡西心臣佐輔
弥走蹋慧怡賞賫習勤封賜禄爵聽金扇嘉賞
奏説使樂開觀飲酒勸射酬酬誚誦吟詠吮嘆
縱橫詔嘆詩俵開動笙簧琴琵琶隸甫琴瑟笙簧

P.3610　　開蒙要訓　　　（9—1）

奏說伎樂䰀願歆酒勸酌酬醒誼誦吟詠嘅嘆

縱橫詭嘆謌儛鬧動音聲琵琶箜篌角琴瑟琴箏

管盌觱篥草築蹙窌孝敬父母承順弟兄一翁

婆尊祖娅姪壻姉妹姑姨舅甥主賓妒姐姤

嫁夫婦媒成油燈燭炬照胜盞賀裝姧娶叙

娭使令勃勤壯徒運輦揺敬掌孤惇鰥寡老葯嘗

惝眠瞌寢寐憹悶煩情悵恨床攏㮓辱威儀屛

風偃軟舁幕懸西壇毯毹間聞須弥節

簞薄藺蘑蓆鋪施緣絲撫疉綿絮繢繡繞骽

桊袠麻葛萱帯紵練單糾布絹紬細絁綾紗

絑綵羅縠錦繡仙紋雙維紕縵緊綑針纊緻縅

補袟穿陋纏績絲縿緫絡襖龍襓襠裙褌袴袥

繒練羅縠錦繡仙紋雙絁紬縛緊綢針縷綀繰

補袟穿陋縺績絲繐總絡裰禊裩袴祒

被裙宛絹繡纀縈女人傭作攤授篋等蹑膝

袾袖袽領紐綃裰襻新舊牧中忆懆袍

車軿籠箅等緯織幅緶引紡絡紫絲蘽芳緋紅坭

綠緗練紺綺班黃皂帛筐箄廉箱遺衣裳疊

輝煥臟脂藏抓杭叔隻殼鬢髮鬐鬣鬍

壁衣鞋靴鞦腳屐屐履粧奩鏡重暗粉黛

窈窕顁頬口肩眼鼻耳頸項辟肘臂

蘥內骨眼腕枳栢梅脚磚髄骻骹髁胸胊手

脇肋脊背腓腨後腺腎腸胜肝肺心部髓膟

筋骨瘦瘁羸醜病患疾二原肓臺之箋一論

脇肋脊膂膞腴後膜腎膀胱肝肺心部髓胴

筋骨瘦癏羸䰇瘺岂疢㾓疼癃癇

禿脉癕疔瘡疽瘊癰瘇嫩肥膚瘥

膿血虬污毆灸療除瘀瘕痲欬嗽㳟嗜呵噎癢

殘寧跛蹇矮侏儒癈癉聾泰瘵䮫頑愚䏿

盲啞吃坊苍街衢羞恥慚愧戀孌閤珠寶貝

殹壁磚磔碌頳剎㮈碙碼珀珊瑚瑠璃瑇珇

金銀玉珠玭錫鍮鑞鑶之徒銅鑞銷鏉爐

泠鑄鑊鼎鑊釜甔鉒鑷鑪窖土鐺錠鉳鍚錢

埠枕鏵釬鑒斧䥻鈠鑅玉鈎鋸鑡鑋鎚鑅鏵

欀棃耕耨耜耡刨龍玉畔稙稀疎梳宻稠耞兄

早𤓯枝瀰漑灌柯柯橦柄蒦㓤㓼剄亂刊刑利介

樓梨耕樓耡刨龍玉畔稙稚稀踈穊密稠疏尾
早燋柇濮湵溉灌柯柯欋柄芟刈撩乱削殊斷
刬躁楱押桬杈杷桃撥枚箄鈇散䅴積芸特
浸瀳瀚瀾澨貿傑券契保證賒獪債
捧筡掬捲攃搌摧揀摡抲税罵詈嗔責逐竆
隱避崴剺僥素訴詞辯餘曹府恐寇駭馳駈
亲走驟跳踖躐纏息遲駛駮騎驛車轅轂輻
輪輻輪轄剑罶扰軸軌乾輮輞簷蓬逢篷
愧憁顯嚇彫鍦刻鑢剑削鑄鐹鏈剗刮劓拷枏
府閤隨軍耄喝偏戾側正傾歘瑕璧子隥墳臺粘
捭蹲臺橐盈缽瓮槐盡定盤墊挐于壘虘驒絇旅

府隨軍羹喝偏戾側匸傾敧瑕豊于隙填棗柸

押鐏臺盂缽瓮椀盞盛盌敦手罌罍瓢杓箸

匙甕兒瓶搖盆瓮甑炊將滌酪飯羮薑朧粥糜

蓴蕎葅脯鮮膾魚鮑店肆興返悵怏惻憎酢

賣接佇豊統湊益餅肉菜茹廳燥煑炙灸煎

熬炒熇益豉調適膳下魚賄脂膩膾腊膞饍䭷

粔籹餻餭瓷飡拌䬟饢饅餿饡饎餷饋餺餫

餉餯糕粒硏新鍊鏨鏵釵斨斲喫嗷飽滿貪䬟

賣耗饒散評嬾粫糯秫禾粟糖稻糜黍

穀麦䝟豆稞苟碓磑磨杵臼舂磑麹麪籮秣

廬濵細好飀飖擂搗杶箕麩菁稍穰稬菓葉朧

躶䑛緜絮芙蓮苻萁苳莯芴莛菱蓮菽苽菝

穀麦豌豆稱菊碓碻磨杵臼舂禱䴵麺籮麩

庸源細好颶颸擻擖枇箕越萁䈕稭菮臟

臊乾燥羹蓮荷藕芙窖校草岭澗峻壑崖

崗岸堐焼燃柴炭䭾駄抱攜探栿柱栿棟

揥探鴡鴡吻雀招竹麈廊廁廄守廠金枚杈

廳堂巷蘆屋舍昼幰牕窗開鑰棟杝脩椽

寧廄庫藏服窖困圓倉塈鏝掭撥磚墼墨

垣埽牆庭院料垎菌塲畦菀種蕪菁栽芡搗端行

櫃榆椿楮桐探扨桑㮈查裸穭柑楉檳榔

荒桃李柰桑杏梨棠蒽蒜韭薤葇莄菾薑

芏薑蒜薺蒙葫蕳荵芡芳葶荸蔡芥薍萵蘿葍蘭

法國國家圖書館藏敦煌文獻

芣桃李柰秦杏梨棠蒸蒜韭蓮蕖茰莿

薹薑蔞葫蕗茨芳蓴菁蔡苽蘿蔔蘭

香䓐蒿菜蕫笋笾簸尊攈斲塊埵堅彭

埋撿保廳蘺栂周迊遮防眺卵濕化蚰蚊蝼蝛蝡

蛇蜺虽蘇䖤鐘蛉鍛螘蠬龜敵鈔鱧鮎鯉

鱣鱄鯨䖵䱕魴鮊鮠蝑蠆蟅蝮身膡鯬䲁鳩

鵠鴻鸜鶴鳳凰雞鴨鵝雁鳥鶉鴝鳶鴦鴈鳳鳥鵬

䴥鳥骭翅期翺翔麋麝香麋麞猿獲亶麈熊

羆狐兔虎豹犲狼驢馬牛羊犢肌狗猪羊駱駝

螺蚃蚌飼肥強馻驒驣驢駃騠鞍韉鞯

縹䋺䋺䋻䋽帶鞘鞲韝鳺

橔紙絸紉賊剥棄怕怖懼牸偷盜秘竊越墓

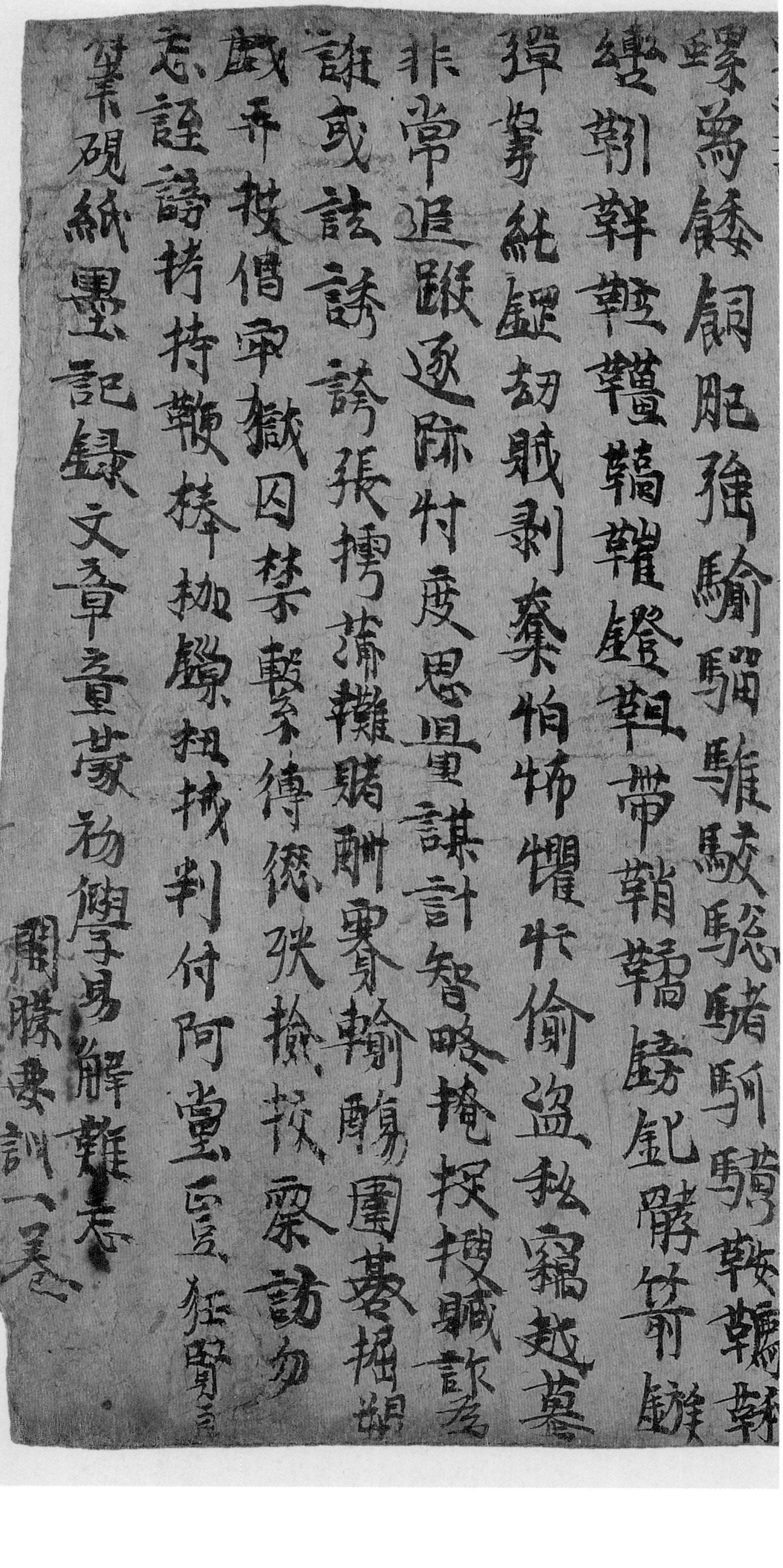

騾驢餧飼肥強騟騮騅駮騘騎駉驁鞍韉靳
鑾鞩鞞鞚韇鞽鞴鐙靼帶鞘鞱鎊釓觱箭鏈
彈弩紩鏗劫賊剝奪怕怖懼怯偷盜私竊越墓
非常追蹤逐跡忖度思量謀計智略掩捉搜藏詐忤
誑或誆誘誇張搏蒱攤賭酬賽輸贏圍碁握槊
戲弄拔僧牢獄因禁繫傳送殃撿校察訪勿
忘誣謗拷持鞭棒枷鏁杻械判付阿曹區狂賢言
筆硯紙墨記錄文章童蒙初學易解難忘
開蒙要訓一卷

P.3610　　開蒙要訓　　（9—9）

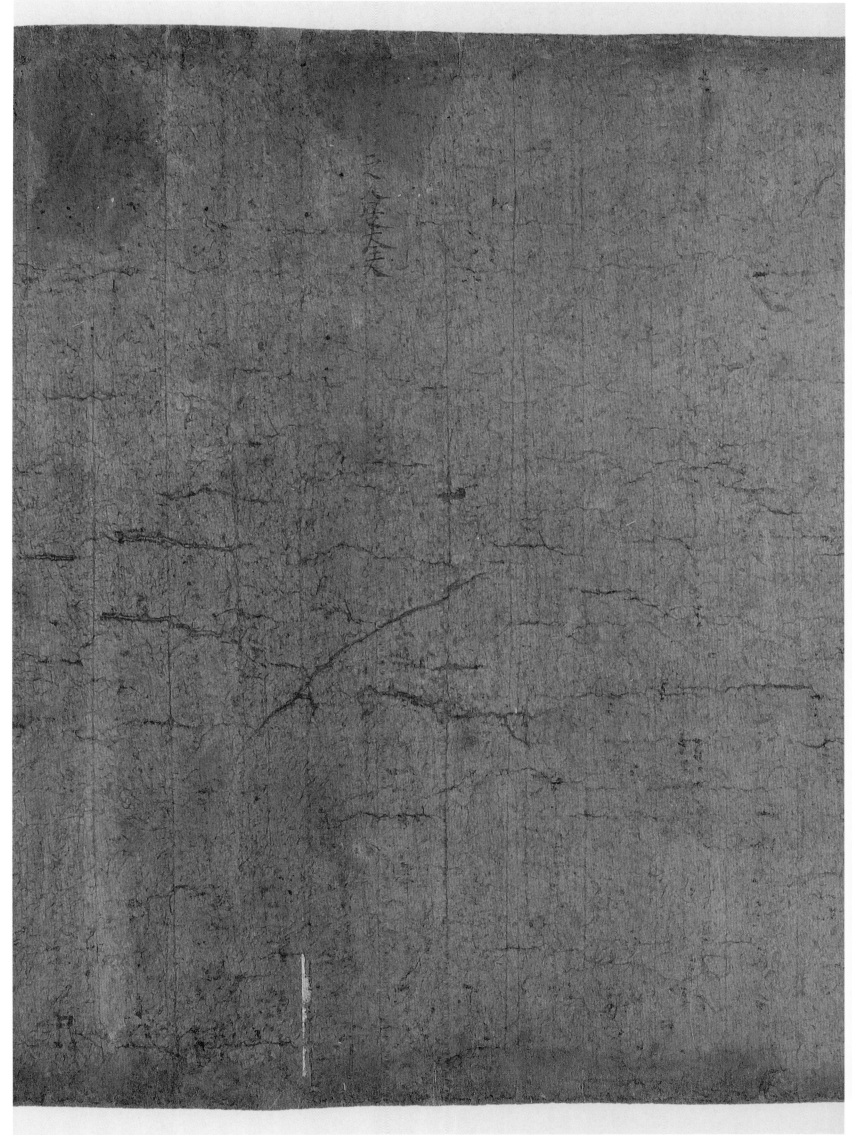

P.3610v　　雜寫

Bibliothèque nationale de France

Pelliot chinois 3611

(+Pelliot chinois 2489)

Bibliothèque nationale de France

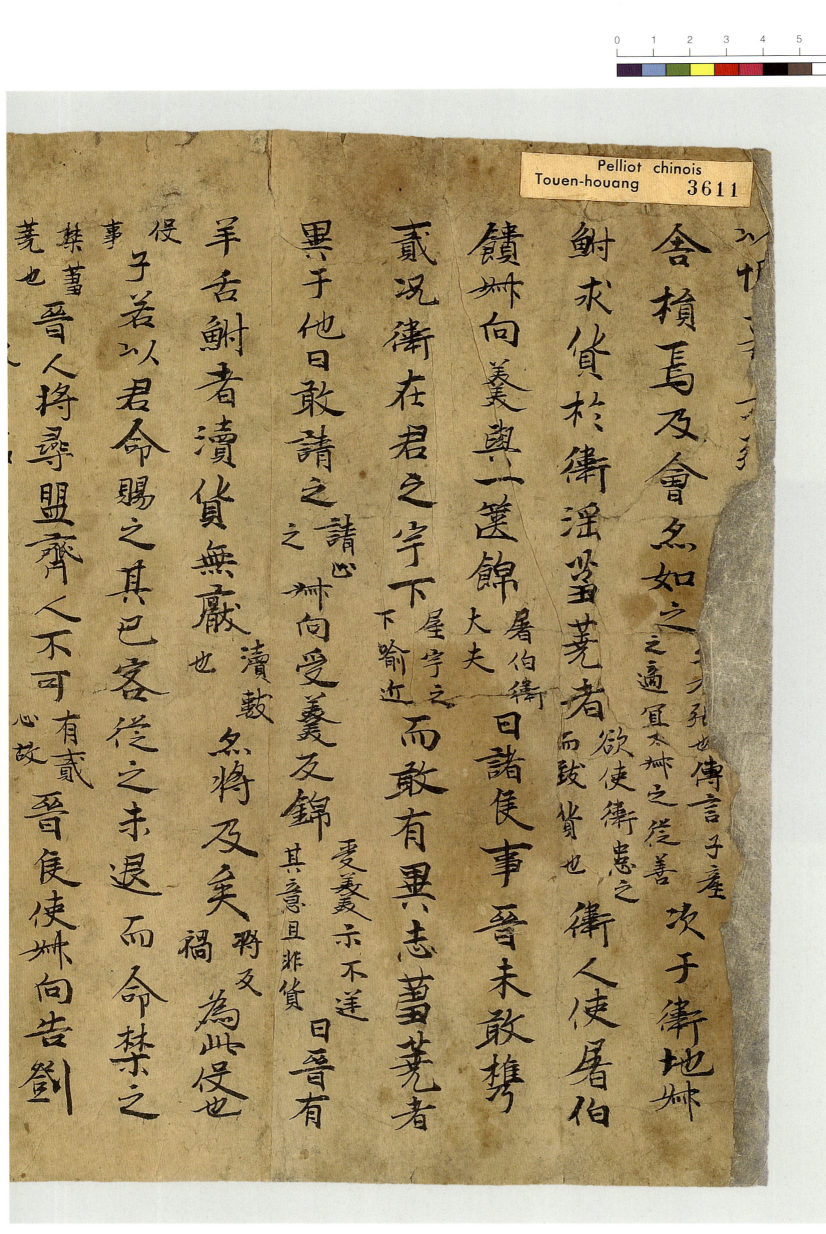

舍檳焉及會公如之傳言子產次于衛地

鮒求貨於衛淫[...]蓋者衛人使屠伯

饋州向羹與一篋錦大夫屠伯傳

貳況衛在君之宇下而敢有異志蓋者

黑于他日敢請之州向愛羹及錦

羊舌鮒者瀆貨無厭也瀆亂公將及矣禍為此侵也

子若以君命賜之其巳客從之未退而命禁之

蓋也晉人將尋盟齊人不可故晉使使州向告劉

菜蓍也

晉人將尋盟齊人不可 心故 有貳 晉使州向告劉

獻公 公戲 公王卿 士劉子也 曰柳 齊人不盟若之何對曰盟以底

佐也 定致 君苟有信諸侯不二何患焉告之以文辭

辭故 董之以武師難齊不許君庸多矣 董督也庸 討之有

功多 功也 天子之老請師王賦元戎十乘以先啓行

天子大夫辭老元戎之車 在前者硌開行道也 遅速唯君 討齊 敛佐晉 州向告于齊

日諸侯求盟以在此矣令君不利寔君以為請

對曰諸侯討貳則有尋盟若皆用命何盟之

尋 訖用命 以距晉州向 曰國家之敗有事而無業事則

以距晉州向曰國家 須礼而

尋 盟用命 以距晉 坏向曰國家之敗有事而無業事則

不経 業貢賦 之業也 有業而無礼経則不序 須礼而有礼

而無威序則不恭 礼須威嚴 而後恭 有威而不昭恭則不明 信義

威須昭告神明 不明棄恭百事不終所由傾覆 不明

而後信義著 則棄威不恭則棄礼無礼 是故明王之制使諸侯歲

則無経則無業故百事不成

躬以志業 以脩其職業 閒朝以講礼 義章長幼之序也

志職也歲聘 六年而一會以示威 三年而一朝正班爵之

再朝而會以示威 之則制財用之嘉也 再會而盟以

顯昭明 十二年而一盟 再以明義也九八軷四朝

舞會王壹巡守盟於方嶽之下也 志業於好也

講礼於等 朝 示威於衆也 聰明於神盟自古以来

講礼於莘[朝也]，示威於衆[會]，昭明於神[盟]，自古以來，

末之或失也。存亡之道，恆由是興。晉礼主盟，

[依先王先公舊礼]主諸侯盟也[育盟]。懼有不治，奉承齊犧[犧牲]而

布諸君，求終事也[於竟]。於君子，余必瀆之，何齊之有。

唯君圖之，寡君聞命矣。齊人懼，對曰：小國言之，

大國制之，敢不聽從。既聞命矣。敬恭以往，遲速

唯君裁[間隙]。向日，諸侯有閒矣[不可以不示衆八月]。

辛未，治兵[習戰]，建而不旃[建立於旆不][曳其旆]。

諸侯畏之[曳師以恐之][軍將戰副師故]。壬申，復之旆。邾莒人愬于晉曰：魯朝夕伐

莒[自昭公昂位邾魯同子又不朝夕伐莒]

諸侯畏之　軍將戰副旆故

郳莒人愬于晉曰魯朝夕伐（曳旆以恐之）

我幾亡矣（自昭公即位郳魯同好又不朝夕伐莒）我之不供魯

故之以（不供晉貢 以魯故也）晉侯不見公使叔向来辭曰諸

侯將以甲戌盟寡君知不得事君矣請君無勤（託讓辭）

子服惠伯對曰君信蠻夷之訴（蠻夷謂 郳莒也）以絕魯

兄弟之國棄周公之後（怠唯君寡君聞命矣）

叔向曰寡君有甲車四千乘在難以無道行之

必可畏也況其率道其何敵之有牛難寠償

緣上其畏不死（僕）南蒯子仲之憂其庸可棄

緣上其畏不死仆（債）南蒯子仲之憂其庸可棄乎（棄猶忘也）若奉晉之衆用諸侯之師曰邾莒杞鄫之怒（四國近魯數以小事相怒也）鄫已滅其民猶存故異以怨疊以討魯罪間其二憂（曰南蒯子仲二憂為聞隙也）何求而不克魯人懼聽命（不敢）甲戌同盟（與盟）于宋（立齊服也）（經所以）令諸侯曰中造于除（徐地為壇盟會處也）癸酉退朝（先盟朝晉）朝晉子產命外僕速張於除（張幕子太張惺）燭此之使待明日及夕子產聞其未張也使速往（地已滿也傳言子產每事敏於太㘝也）乃無所張矣及盟子產爭承（永貢賦之次也）曰昔天子班貢輕重以列（列位也）列尊貢重周制之

每事敏於太師也　　　　之攷也

曰昔天子班貢輕重以列　列位
　　　　　　　　　　　列也

列尊貢重周制之

公侯地廣故

甲而貢重者甸服也　甸服謂天子畿内供職貢

伯男也而使從公侯之貢　言鄭國在甸外爵列伯子
　　　　　　　　　　　男不應出公侯之貢也　鄭

两貢者多　　　　　　　　　　　　　　　　懼

弗給也敢以為請諸侯靖兵好以為事　靖息行李之

命　　　　　　　　行李使人　藝法
通躬問　　　無月不至貢之無藝　制也　小國有闕所以

得罪也諸侯脩盟存小國也貢獻無極亡可待也

在三之制將在今矣自日中以爭至于昬晉人許
之既盟子太叔各之曰諸侯若討其可瀆乎　讀易子

産曰晉政多門　政不出一家也
　　　　　　　　貳偷之不暇何暇討　貳不一偷
　　　　　　　　　　　　　　　　　苟且也

產曰晉政多門　政不出一家也　貳偷之不暇何暇討　苟且也　貳不一偷

國不競亦陵何國之為　侵陵不成為國也　公不與盟　不競爭則為人所

欲討魯故也　晉人執季孫意如以幕蒙之裏　蒙　使

信邾莒之訴

狄人守之司鐸射　魯大夫也　懷錦奉壺飲水以蒲伏焉

守者行之...

Pelliot chinois 3613

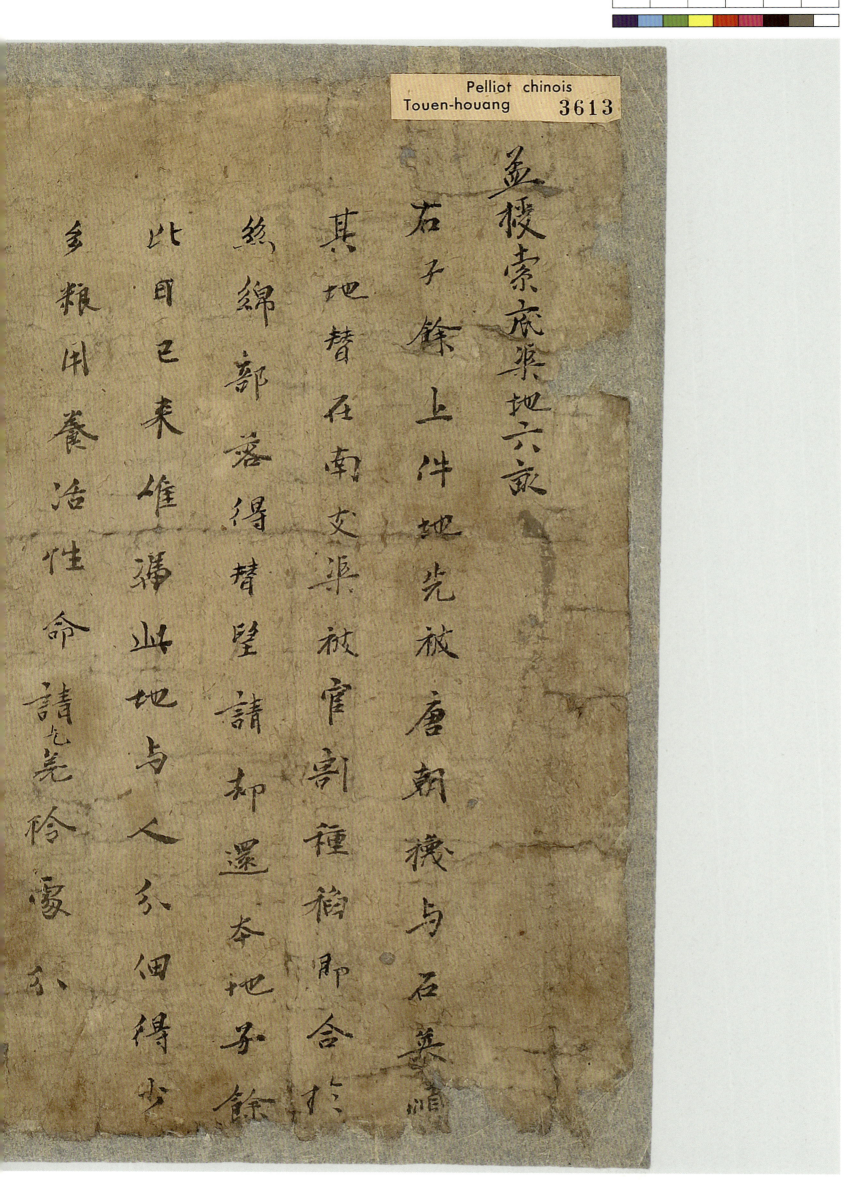

益稷索底渠地六畝

右子餘上件地先被唐朝拋稬与石藥順

其地替在南支渠被官割種稻耶合於

絲綿部落得替堅請却還本地苗餘

此目已来唯彌此地与人分佃得少

多粮用養活性命請乞矜憐不

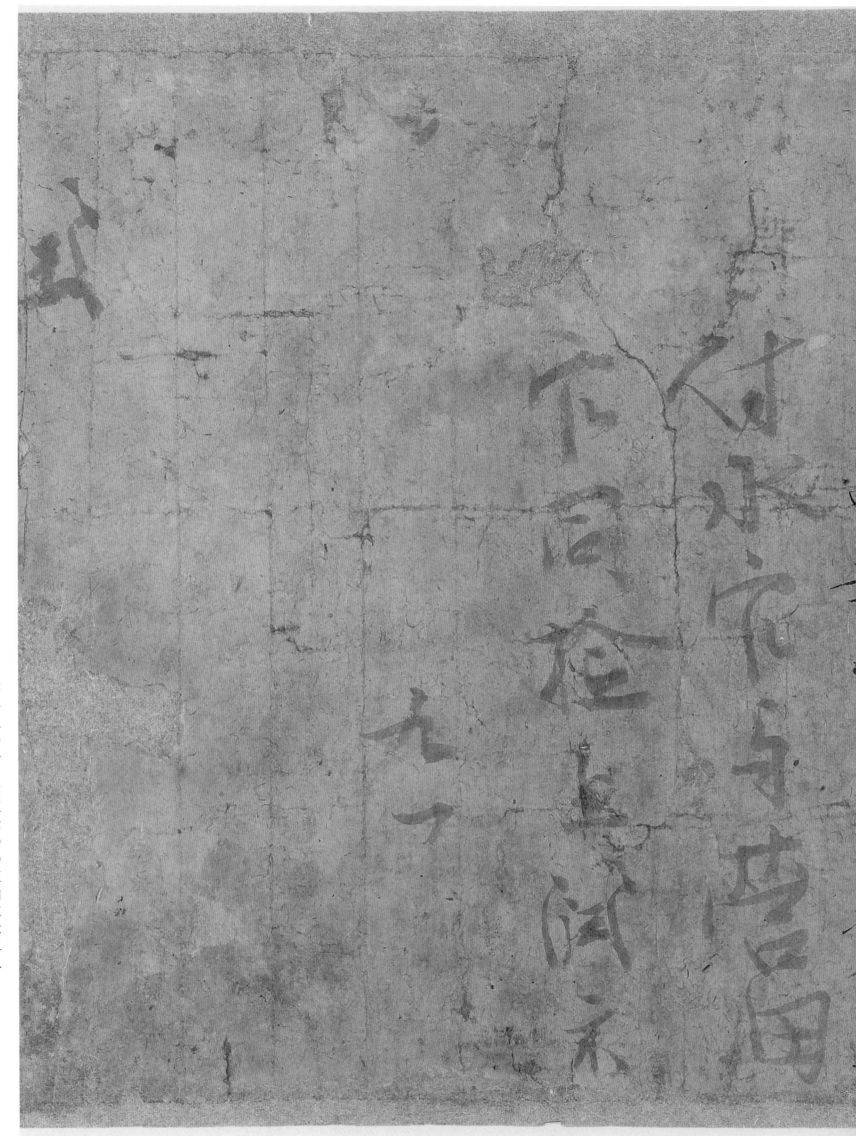

P.3613　　　吐蕃申年（804）正月沙州案爲令狐子餘索地事　　（2—1）

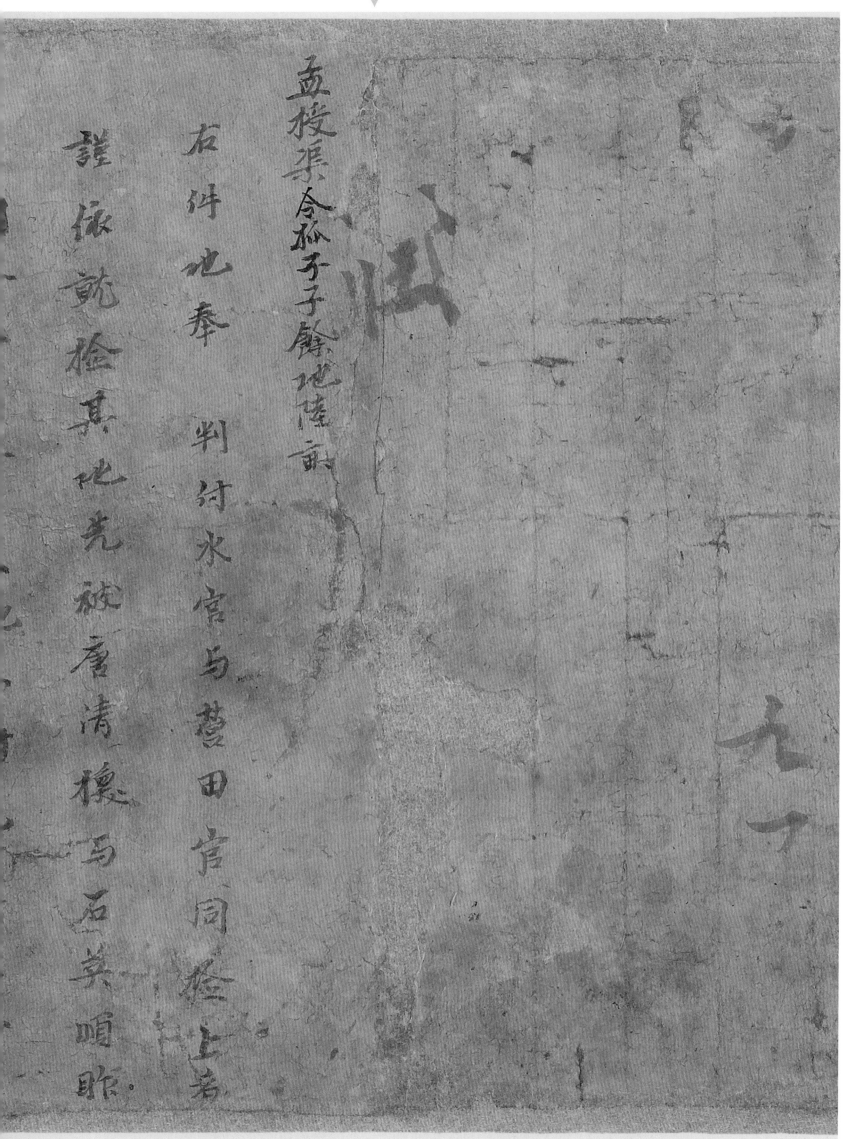

亟授渠令狐千子餘地陸頃

右件地奉　判付水官与螢田官同捡上者

謹依就捡其地先被唐清擾与石英順昨

P.3613　　　吐蕃申年（804）正月沙州案爲令狐子餘索地事　　（2—2）

Pelliot chinois 3614

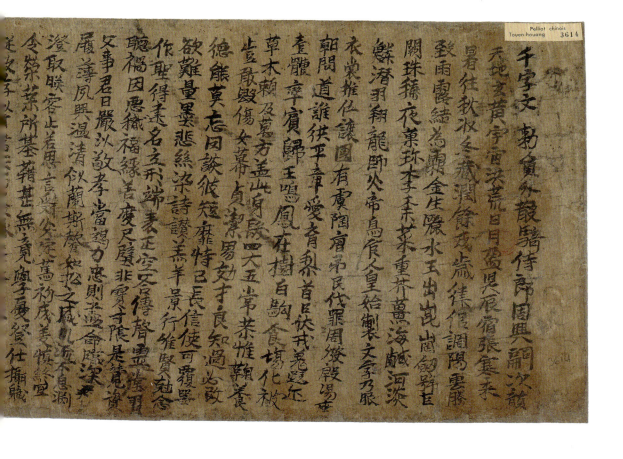

千字文 勑貟外散騎侍郎周興嗣次韻

天地玄黃 宇宙洪荒 日月盈昃 辰宿列張 寒來
暑往 秋收冬藏 閏餘成歲 律呂調陽 雲騰
致雨 露結為霜 金生麗水 玉出崑岡 劍號巨
闕 珠稱夜光 果珍李柰 菜重芥薑 海鹹河淡
鱗潛羽翔 龍師火帝 鳥官人皇 始制文字 乃服
衣裳 推位讓國 有虞陶唐 弔民伐罪 周發殷湯
坐朝問道 垂拱平章 愛育黎首 臣伏戎羌 遐邇
壹體 率賓歸王 鳴鳳在樹 白駒食場 化被
草木 賴及萬方 蓋此身髮 四大五常 恭惟鞠養
豈敢毀傷 女慕貞潔 男效才良 知過必改
得能莫忘 罔談彼短 靡恃己長 信使可覆 器欲
難量 墨悲絲染 詩讚羔羊 景行維賢 剋念
作聖 德建名立 形端表正 空谷傳聲 虛堂習聽
禍因惡積 福緣善慶 尺璧非寶 寸陰是競 資
父事君 曰嚴與敬 孝當竭力 忠則盡命 臨深
履薄 夙興溫凊 似蘭斯馨 如松之盛 川流不息
淵澄取映 容止若思 言辭安定 篤初誠美 慎終宜令
榮業所基 籍甚無竟 學優登仕 攝職

渭據涇宮殿盤鬱樓觀飛驚
圖寫禽獸畫綵仙靈
丙舍傍啟甲帳對楹
肆筵設席鼓瑟吹笙
升階納陛弁轉疑星
右通廣內左達承明
既集墳典亦聚群英
杜稾鍾隸漆書壁經
府羅將相路俠槐卿
戶封八縣家給千兵
高冠陪輦驅轂振纓
世祿侈富車駕肥輕
策功茂實勒碑刻銘
磻溪伊尹佐時阿衡
奄宅曲阜微旦孰營
桓公匡合濟弱扶傾
綺迴漢惠說感武丁
俊乂密勿多士寔寧
晉楚更霸趙魏困橫
假途滅虢踐土會盟
何遵約法韓弊煩刑
起翦頗牧用軍最精
宣威沙漠馳譽丹青
九州禹跡百郡秦并
嶽宗恆岱禪主云亭
雁門紫塞雞田赤城
昆池碣石鉅野洞庭
曠遠綿邈巖岫杳冥
治本於農務茲稼穡
俶載南畝我藝黍稷
稅熟貢新勸賞黜陟
孟軻敦素史魚秉直
庶幾中庸勞謙謹敕
聆音察理鑑貌辨色
貽厥嘉猷勉其祗植
省躬譏誡寵增抗極
殆辱近恥林皋幸即
兩疏見機解組誰逼
索居閑處沉默寂寥
求古尋論散慮逍遙
欣奏累遣慼謝歡招
渠荷的歷園莽抽條
枇杷晚翠梧桐早凋
陳根委翳落葉飄颻

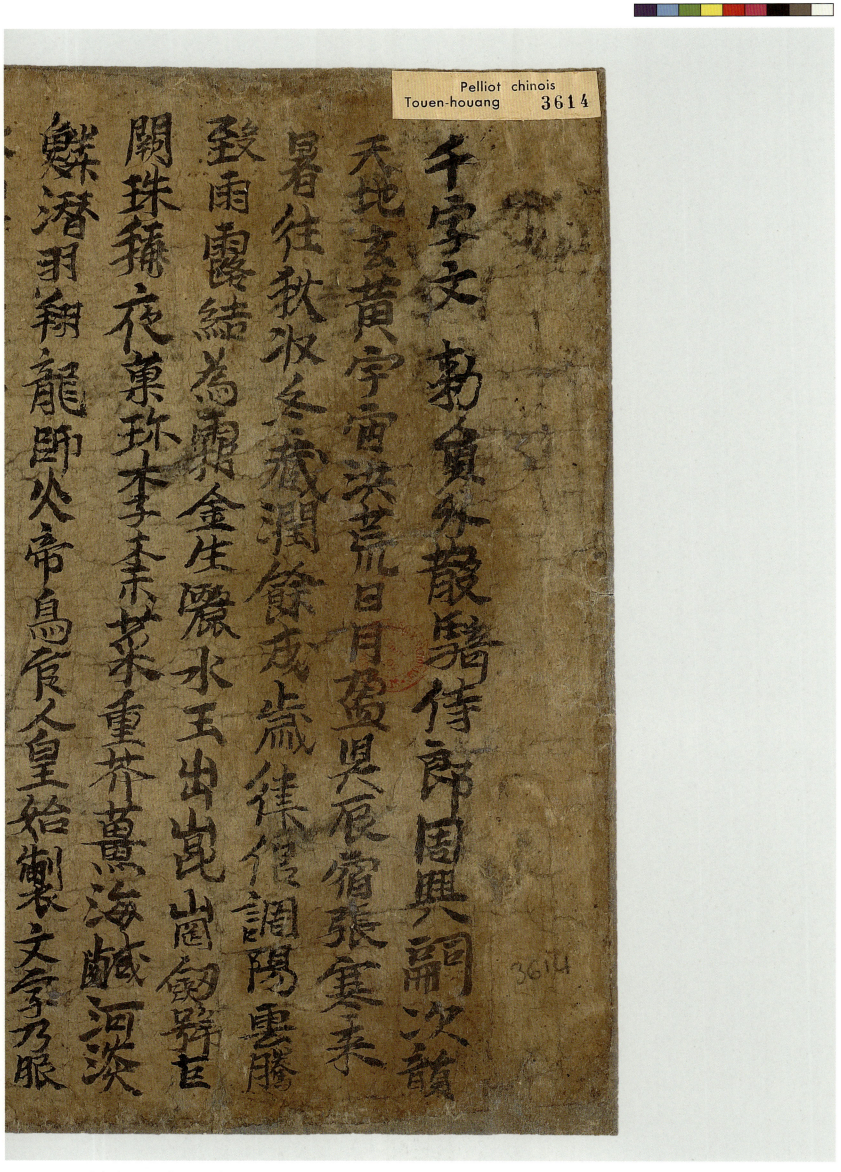

千字文　勑員外散騎侍郎周興嗣次韻

天地玄黃宇宙洪荒日月盈昃辰宿張寒來

暑往秋收冬藏閏餘成歲律呂調陽雲騰

致雨露結為霜金生麗水玉出崑崗劒號巨

闕珠稱夜光菓珎李柰菜重芥薑海鹹河淡

鱗潛羽翔龍師火帝鳥官人皇始制文字乃服

關珠稱夜菓珎李柰菜重芥薑海鹹河淡

鱗潛羽翔龍師火帝鳥官人皇始制裳文字乃服

衣裳推位讓國有虞陶唐弔民伐罪周發殷湯坐

朝問道誰恭平章愛育黎首臣伏戎羌遐邇

壹體率賓歸王鳴鳳在樹白駒食場化被

草木賴及萬方蓋此身髮四大五常恭惟鞠養

止嚴殿傷女慕貞潔男效才良知過必改

德能莫忘志同談彼短靡恃己長信使可覆器

欲難量墨悲絲染詩讚羔羊景行維賢克念

作聖得遠名立形端表正空谷傳聲虛堂習聽

聽福因惡積福緣善慶尺璧非寶寸陰是競

景行維賢　克念作聖　德建名立　形端表正　空谷傳聲　虛堂習聽
禍因惡積　福緣善慶　尺璧非寶　寸陰是競
資父事君　曰嚴與敬　孝當竭力　忠則盡命　臨深
履薄　夙興溫凊　似蘭斯馨　如松之盛　川流不息　淵
澄取映　容止若思　言辭安定　篤初誠美　慎終宜
令　榮業所基　藉甚無竟　學優登仕　攝職
從政　存以甘棠　去而益詠　樂殊貴賤　禮別尊卑
上和下睦　夫唱婦隨　外受傅訓　入奉母儀　諸姑伯叔
猶子比兒　孔懷兄弟　同氣連枝　交友投分　切磨
箴規　仁慈隱惻　造次弗離　節義廉退　顛沛匪虧　性靜
情逸　心動神疲　守真志滿　逐物意移　堅持雅
操　好爵自縻　都邑華夏　東西二京　背邙面洛

規仁慈隱惻　造次弗離　節義廉退　顛沛匪虧　性
情逸　心動神疲　守真志滿　逐物意移　堅持雅操
好爵自縻　都邑華夏　東西二京　背邙面洛　浮
渭據涇　宮殿盤鬱　樓觀飛驚　圖寫禽獸　畫彩
歟　仙靈丙舍傍啟　甲帳對楹　肆筵設席　鼓
瑟吹笙　升階納陛　弁轉疑星　右通廣內　左達承明
既集墳典　亦聚群英　杜稿鍾隸　漆書壁經
府羅將相　路俠槐卿　戶封八縣　家給千兵　高冠
陪輦驅轂　振纓世祿　侈富　車駕肥輕　策功茂實
勒碑刻銘　磻溪伊尹　佐時阿衡　奄宅曲阜
微旦孰營　桓公匡合　濟弱扶傾　綺回漢惠

策功茂實 勒碑刻銘 磻溪伊尹 佐時阿衡 奄宅曲阜
微旦孰營 桓公匡合 濟弱扶傾 綺回漢惠
說感武丁 俊乂密勿 多士寔寧 晉楚更霸
趙魏困橫 假途滅虢 踐土會盟 何遵約法 韓弊煩刑
起翦頗牧 用軍最精 宣威沙漠 馳譽丹青
九州禹跡 百郡秦并 嶽宗恆岱 禪主云亭
雁門紫塞 雞田赤城 昆池碣石 鉅野洞庭
曠遠綿邈 巖岫杳冥 治本於農 務茲稼穡
俶載南畝 我藝黍稷 稅熟貢新 勸賞黜陟
孟軻敦素 史魚秉直 庶幾中庸 勞謙謹敕
聆音察理 鑑貌辨色 貽厥嘉猷 勉其祗植

黙陪孟軻　敦素史魚秉直庶幾中庸勞謙

謹敕聆音察理鑒貌辨色貽厥嘉猷勉其祗

植省躬譏誡寵增抗極殆辱近恥林皋幸即

兩疏見機解組誰逼索居閑處沈默寂寥

求古尋論散慮逍遙欣奏累遣慼謝歡招渠荷

的歷園莽抽條枇杷晚翠梧桐早凋陳根委翳

P.3614v　　　白畫馬三匹（總圖）

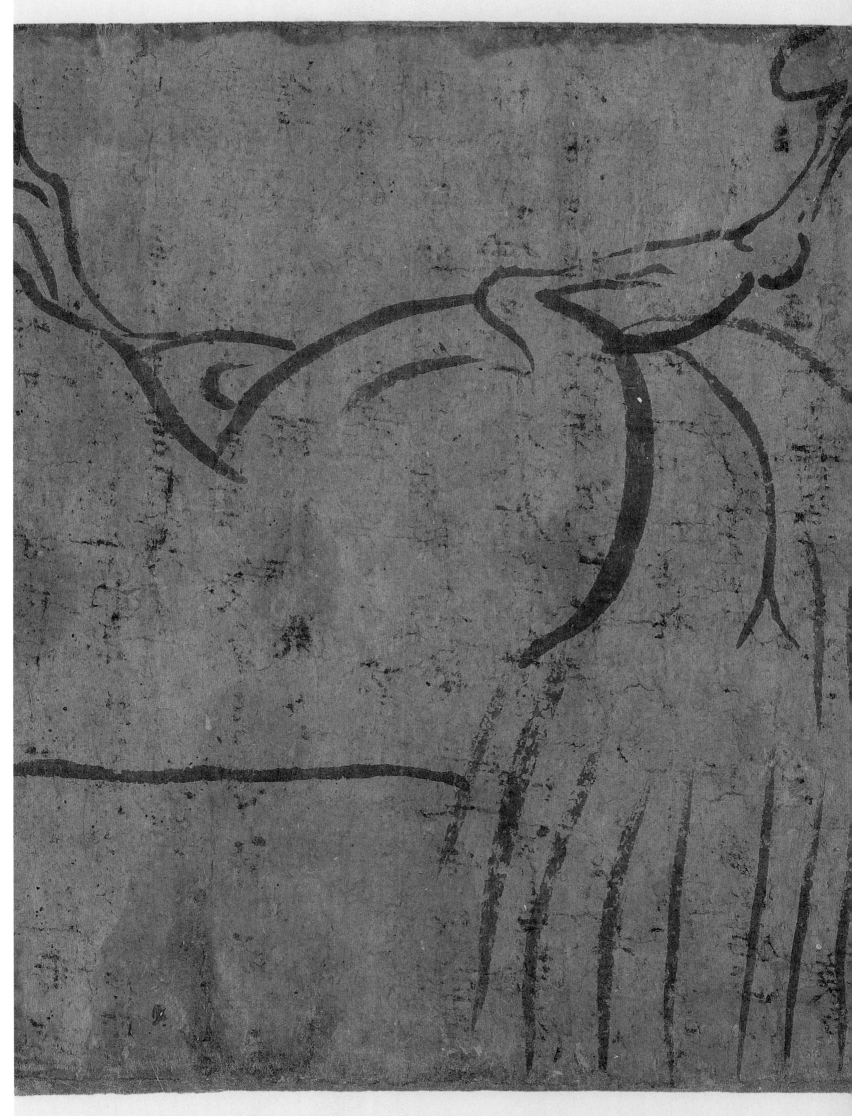

P.3614v　　白畫馬三匹　　（2—1）

P.3614v　　白畫馬三匹　　（2—2）

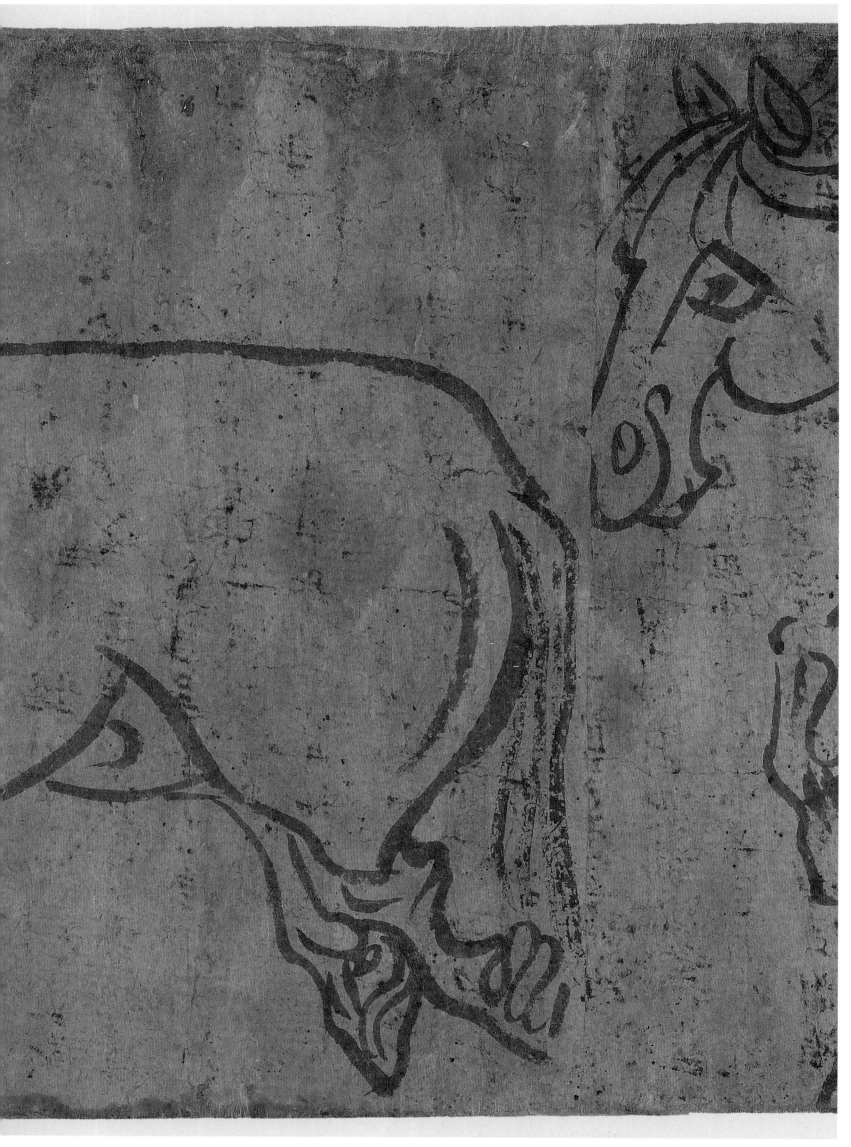

P.3614v　　白畫馬三匹（局部圖）

Pelliot chinois 3615

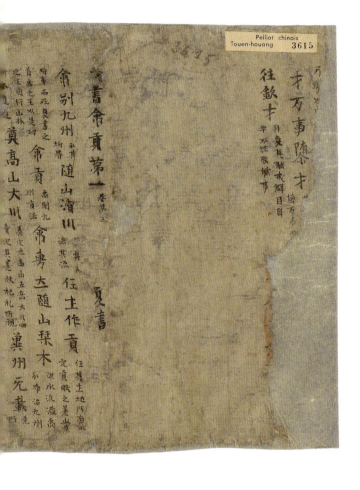

才万事墜才

往歡才

尚書禹貢第一　卷第三

夏書

禹別九州　隨山濬川

禹貢

禹尃土　隨山栞木

莫高山大川

奠州无載

P.3615　　古文尚書傳卷二至卷三（總圖）

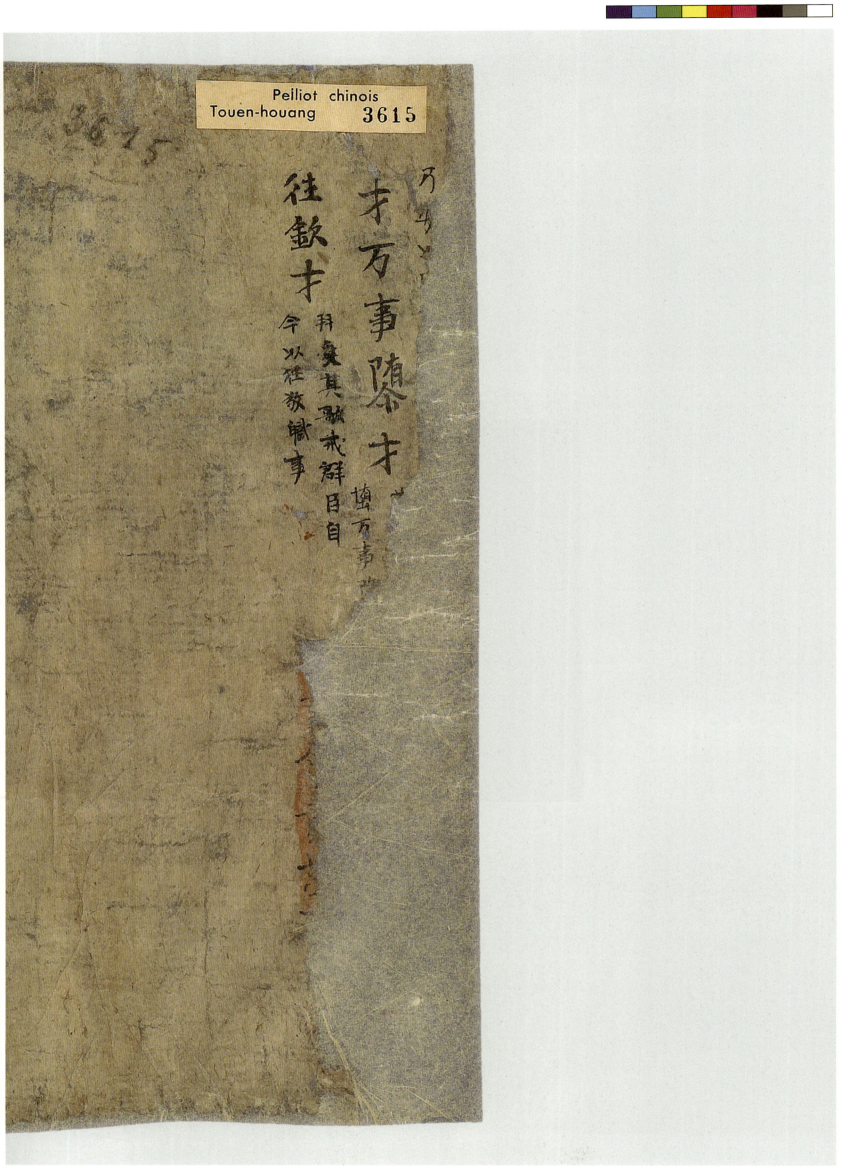

才万事隳才

往欽才

今以往敕職事

拜憂其歌戒群臣目自

墮万事

尚書禹貢第一 〔卷第三〕

禹別九州〔斫景〕隨山濬川 涤其流〔其不〕　夏書

禹貢〔高制九州貢法〕

任土作貢〔任其土地所有以定貢賦之善惡 洪水流溢禹分布治九州〕

時事而在夏書之首嵩之王以是功斯木通道之往隨行山林者也先施貢都侯載諸書

奠高山大川〔州貢法〕

禹壽大随山栞木〔冀州元載〕

奠定也其高山五岳大川四瀆定其善秩祀礼所視〔尭〕

壺口治梁及歧〔州從東循山治水而西 壺口在冀州梁歧在雍州〕

臺于岱易〔高平曰太原今以為郡名 太岳在太原西南山南曰陽 岳〕〔無堆曰壤水去土〕

覃懷厎績至于衡漳〔懷近河地名 漳水橫流〕〔漳水入河從鄣懷致功至于衡漳〕

厥土惟白壤〔賦謂土地所生以供天子〕〔田第一錯也雜出中〕

田惟中中〔州〕〔貢九〕〔海岱之中為兖第五也〕

至于大㟶岛，覃懷底績，至于衡漳。

恒衛既從，大陸既作。

厥土惟白壤，厥賦惟上上錯，厥田惟中中。

夾右碣石入于河。

濟河惟沇州。九河既道。

雷夏既澤，灉沮會同。

桑土既蠶，是降丘宅土。

厥土黑墳，厥草惟繇，厥木惟條。厥田惟中下，厥賦貞。

作十有三載乃同。厥貢漆絲，厥篚織文。

浮于濟漯，達于河。

海岱惟青州。嵎夷既略，濰淄其道。

厥土白墳，海濱廣斥。

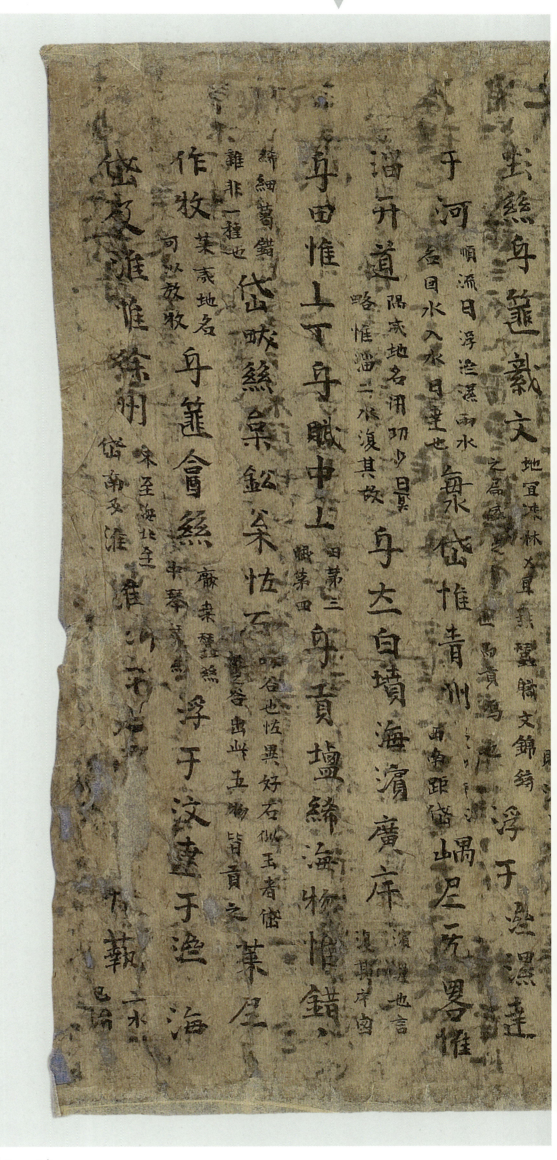

P.3615　古文尚書傳卷二至卷三　（4—4）

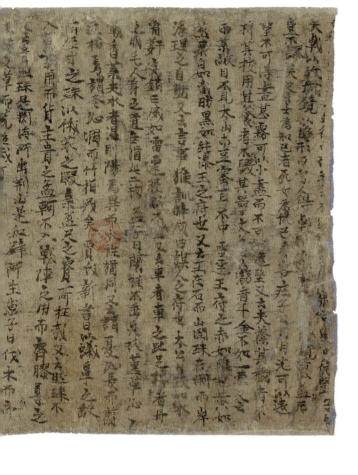

第一二〇册　伯三六〇〇至伯三六二八

P.3615v　　新集文詞教林卷下（總圖）

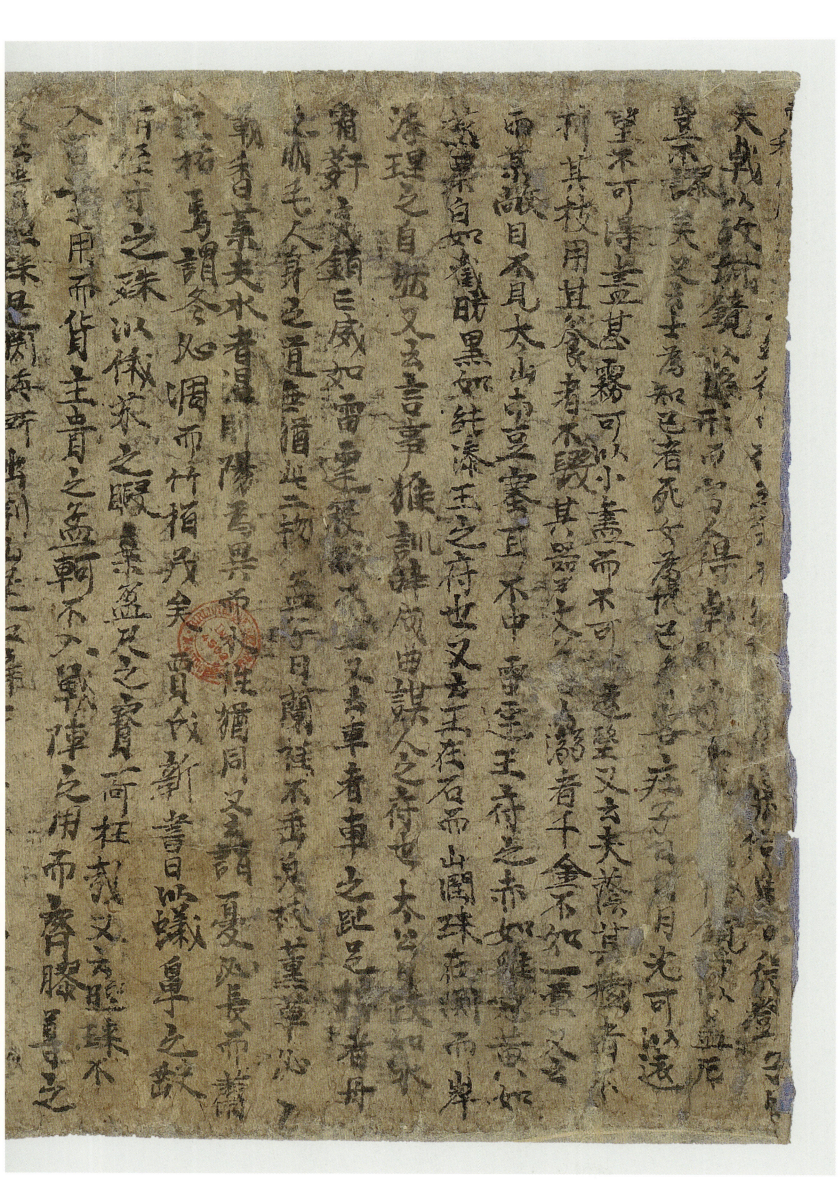

P.3615v　　新集文詞教林卷下　　（2—1）

P.3615v　　　新集文詞教林卷下　　　（2—2）

Pelliot chinois 3616

法國國家圖書館藏敦煌文獻

P.3616　春秋後語卷四（總圖）　（一）

P.3616　春秋後語卷四（總圖）　（二）

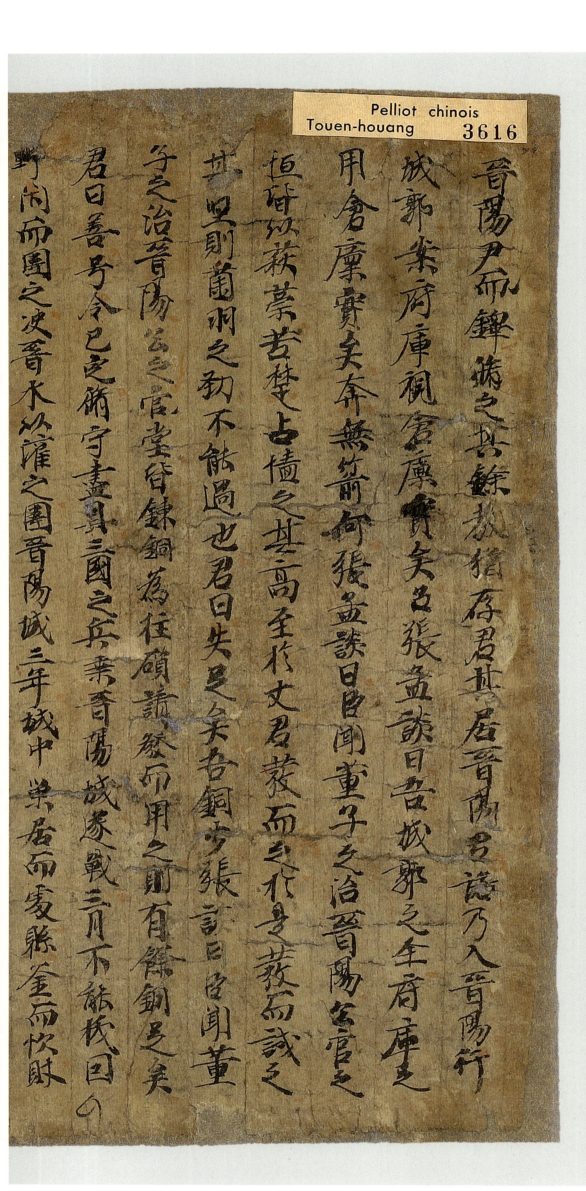

晉陽尸而鑄之其銅不銷猶存君其居晉陽君謀乃入晉陽行
城郭栗府庫視倉廩實矣乃曰張孟談曰臣聞城郭之牢府庫之
用會廩實矣奈無箭何張孟談曰臣聞董子之治晉陽宮室之
垣䇷皆荻蒿苫楚古楛之其高至丈君發而用之萩而誠之
其皆則菌明之勁不能過也君曰失矣吾銅少張孟談曰臣聞董
子之治晉陽公之官堂谷錬銅為往碩誌發而用之則有餘銅足矣
君曰善号令已定皆守盡員三國之兵秉晉陽城遂戰三月不能拔曰
野閈而圍之決晉水以灌之圍晉陽城三年城中巢居而襄縣釜而炊飤

君曰善号令已定術守盡其三國之兵業晉陽城家戰三月不能拔曰○

野閉而圍之決晉水以灌之圍晉陽城三年城中巢居而熏縣釜而炊臥

食將盡士平大夫羸病襄子謂張談曰吾不能守矣欲以城下何國而入

可張談曰臣聞之亡不能存危不能公則無為貴智主矣君釋之勿言臣

請出見韓魏之君襄子曰諾張談於是陰見韓魏之君曰閒臣聞唇亡齒寒令

智伯率二君而伐趙趙亡則二君為之次二君曰我知其然夫智伯為人廉

中而多親我獸未遂則其樹必主主為之奈何張談曰謀出二君之口入臣

之耳莫之知也君卽与張談陰約三軍与之期曰夜遂入晉陽張談報

襄我拜之張談曰臣伯而出過智果輅門之外智果入見智伯曰二主

始特有憂色曰過張談察其志矜而行高簡曰不然吾与二主約謹矣

子勿出吾等果出見二君入說智伯曰二君色動而変必變君矣不如煞之

智伯曰兵著於晉陽三年矣旦暮将之而後其利乃而他心不可子

慎不後言智果曰不然則逐親之智伯飄之奈何智果曰魏宣子之謀臣

慎不後言智果曰不然則遂親之智伯親之柰何智果曰魏宣子之諜臣

趙葭韓康子之謀臣段規是皆能移其君之計君此為二君約破趙則封

二字者万家之縣一如是二主之心可以不愛而君得此欲矣智伯曰破趙

而三分其地又封二字各有万家則吾何得焉不可智果見君之不用

言之不聽虫更其姓為輔氏遂去不復見張談入見襄子曰過

智果轅門之外其視有毅色之入見答伯出更其侯今暮若不擊

必後亡矣襄子謐曰使張談見韓魏之君更曰夜期趙氏遂行陡之更而後

何不灌智伯軍故未而亂韓魏翼而擊之襄子将平死其渝大敗智

伯然智伯而三分其地茶智伯之頭以為器各氏盡滅唯輔氏為襄子

阮滅智伯之臣豫襄子名誌之額為刑人入官陰塗廁以刺之襄子怒

廁心動以渡周者方豫讓也内恃刀欲為智伯報讐五右欲誅之襄

子曰此義人也幸吾避之且智伯已死無後而其臣至於報讐此天下之賢

人也澤而弗誅君有須豫讓子又柒身為萬立茨為也出使刑不可

子曰此義人也事吾避之且智伯已死無後而其臣至不報讎此天下之賢
人也釋而弗誅居有傾豫讓又柒身為厲炭為啞使形不可
識知行乞於市其妻不識之行見其父之人藏之為泣曰以子之才委
質臣事襄矣必近幸子乃為所欲為顧不易耶殘身苦形不亦難
乎豫讓外曰既委質臣事人而求殺之是懷二心以事君也吾所以為此難
然而為此者將以耻天下後世之為人臣懷二邪心者也既去頃豫
讓伏於橋下襄子出至橋馬驚襄子曰必是復豫讓也使人視之果
見豫讓也於是襄子而數之曰子普亦事中行氏乎智伯盡
滅之今不為報仇及委質臣事之令智伯死何獨為讎深也豫讓
曰臣之事中行氏范人遇我故眾人報之至於智伯國士遇我故
國士報之襄子慨然歎曰嗟乎豫讓為之智伯名成矣而寡人之
赦亦已足矣子其自為計寡人不釋子使兵圍之豫讓曰臣聞明主不
掩人美忠臣死名存前君已寬赦臣天下莫不稱君賢今日之事
臣固伏誅賴謂君之衣而擊之雖死不恨非所望也散而賜心快然是

稷人養志臣死名存前君已寬赦臣天下莫不稱君賢今曰之事

臣固伏誅賴滑君之衣而擊之羅死不恨非所望也敢布腹心仵是

襄子義之既附身之衣以寫之像讓拔劍三躍呼而擊之曰吾可以報智伯

矣遂伏劍而死趙國志士聞之皆之流涕襄子有疾卒笑其兄伯魯之不

得立也廢其太子更立代成君之子完為太子是為厭二子之本列侯立

列侯欠年韓魏皆立為諸侯列侯好音謂其相公仲連曰寡人以愛所

貲之乎達曰寡之財西列侯乃以田万畝賜善歌者二人公仲連

諸而不与居一月餘列侯之代還門曰未有可者有須列侯又問平不

与乃稱疾不朝既而侯士三之人牛畜荀欣徐越三人虎侍於列侯或訊之

以仁義或勸之以役能或教之以節用於是列侯使之謂相公曰歌者之田

且止遂官牛畜為師荀欣為中尉徐越為內史賜相衣二襲而不复言

歌者列侯九年平子敬侯立始都邯戰十一年与韓魏共滅晉而

分其地十二年侯午子成侯立　　成侯廿五年平子甬侯立之時天

分其地十二年侯卒子成侯立　　成侯廿五年卒子南侯立之時天

下諸侯以秦趙為大而秦自孝公已來蠶食諸侯之患之於是走趙會奉

自周而來欲竟兩侯之弟奉陽君為相不悅蠶秦乃去之燕會奉

陽君本為秦乃復從燕而未竟南侯曰天下鄉相父君及至布衣之士皆

高賢君之義皆願奉教陳忠於前之日矣矣維兹奉陽君姪君不任事

是以外客遊士莫敢盡忠於前者今奉陽君侑籍舍君乃以為民士相觀

臣故致盡其愚憲為君計莫若安民無事無且有事為也矣民

之本在於擇交得則民安擇交不得則民終身不安諸言久患脣

秦為兩藏而民不得安倚秦故齊而民不

得安故夫燕人之色隱忍者畔斯絕人交之頭大王慎無出口藏屏友

右言以以具陰陽而已君我能聽良燕必致友馬旗裘之貨脣必致

魚鹽之海楚必致橘柚之園韓魏皆可使致湯沐之奉而賢成父兄

皆可如爰封侯夫割地動實五伯之攻覽軍儉特而求也封侯貴成湯

母可爱封侯夫割地効寶五伯之攻費軍旅怀帑末也封侯貴戚湯

武之匹以放殺而爭也今君垂拱而割之此臣之所為君願也今大王

与秦則必弱韓魏与齊必弱楚魏則割河外韓弱則効宜陽宜陽効則上

郡絶河外割則道不通楚弱則無援此三策者不可不熟計也夫秦

下軹道南陽劫韓苞周則趙自銷樂淇取淇則齊必入軹秦之敬傳

於山東則必舉兵而向趙矣卷度甲河踰漳據潘吾聞丘必戰於邯

鄲此之下此臣所謂君患之當今之時山東之建國莫強於趙也

二千餘里帶甲數十万車千乘騎万匹栗交數年西有常山南有河

漳東河有淸北有藥周弱國寡君足民也秦之所害天下莫如趙

然秦不敢擧兵而伐趙者何韓魏之議其後也韓魏則趙之南蔽之

秦之攻韓魏也無有名山大以之阻稍蚕食之傳国都而上韓魏不

能支秦必入臣於秦秦無韓魏之規則禍必中於趙矣此臣之所為君

患也臣聞堯無三夫之分舜無咫尺之地以有天下禹無百人之聚以

王諸侯陽武之士不過三千車不過三百乘立為天子誠將其道也

惠也臣聞堯無三夫之分舜無咫尺之地以有天下禹無百人之聚以

王諸侯陽武之士不過三千車不過三百乘立為天子誠得其道是

故明主外斷其敵之強内度其士卒之用不待兩軍相當而勝敗存亡

之機固巳形於胷中矣豈闇代眾人之言以宜次事哉臣竊以為天

下之地圖案諸侯之卒十倍秦六國為一并力西向而攻秦秦必破矣今西面

而事之則臣作秦夫破人之與破於人臣人之與臣於人豈可同日論哉

夫衡人者皆欲割諸侯之地以與秦成則高臺榭美宮室聽竽瑟之

晉前軒冕民有長姣美人之防於秦而不與其憂也故夫衡

人日夜務以秦權恐愒諸侯以求割地故願大王熟計之

去謀屏浮言塞朋黨之門故尊主廣地強兵之臣閉明王終

竊為大王計莫若一韓魏齊楚趙燕從親以賓客秦令天下將相

絕其糧道趙涉河漳燕守常山之北秦改韓魏則楚絕其後齊出師以

之趙涉河漳燕守雲中秦改齊用楚兔其後秦守韓城是早兔[…]

絕其糧道趙涉河漳燕守常山之北秦攻韓魏則楚絕其後齊出師以佐

之趙涉河漳燕守雲中秦攻齊則楚絕其後齊涉勃海韓魏出師以

涉河漳博關燕出銳師以佐之秦攻趙則韓守常山楚軍武關齊涉勃海

韓魏出銳師以佐之秦攻燕則趙守常山楚軍武關齊軍河水暢

秦則養甲必不敢出伐函谷以害山東臾如此則霸王之業成矣趙王

涉清河燕出銳師以佐之諸侯不約者五國之兵共伐之六佫報以

日京人年少立國之日淺未嘗聞社稷之長討今上客有意存天二安

諸侯於是蘇秦從趙之韓惠王曰韓北有鞏洛之固西有宜陽高坂之

塞東有宛穰洧水南有帝山地方九百里帶甲十萬天下之強弓勁

弩皆從轉出谿子少府時力距未者皆射六百步之外韓出作宛

之而射百發不下遠者括蔽奄心韓氏之劒戟皆出作宴

山棠鄧墨陽合相鄧師宛馮剸太阿皆陸斷馬木戴鵠堅甲鐵幕

力致鞠草鞁吷芮夫韓卒之勇甲被堅甲蹠勁弩帶利劒一人當百不言

山東縱墨陽合相鄧師宛馮剽太阿邳陵斷苟馬水截鶴里甲鐵褁
力致輸草祓吹茅夫鞞率之勇甲被堅甲驅弩帶利劍一人當百是言
也夫以鞞率之劔与大王之賢乃欲西向事秦交臂而服著社稷而居
天下笑無於此者夫茷願大王無事秦必求貝陽戌畢今守効
之明年人復地割与之則無地以給之不与則棄前功而受後禍且天大
王之地有盡而秦之求无已以有盡之地送无已之求此所謂市怨結
禍者也不戰而地已削矣臣聞鄙諺曰寧為鷄口無為牛後今西向交
臂而臣事秦何異牛後乎夫以大王之賢挾彊韓之兵有牛後之名竊為大王
羞之王佛然作色攘臂按劍仰天曰敦嘆寡人雖不肖事秦令上它以王
之說之敬秦社稷以從　蘇秦說襄王曰大王之地南有鴻
溝陳汝許鄢郢陵乘陽新都東有淮穎煑棗無踈西有長城之地北
有河水卷燕酸棗地方千里地名雖少盡而田舍廬廡之瓜
牛馬之多日夜行不絕輸＝君三軍之衆臣竊料天王之國下不甚笑領
黙王文獵帝狼之秦以侵天下交有秦患不被其禍矢天下之強國也王天
下＝新臣九人同□一六□

默王皮猴狼之秦以侵天下有秦患不被其禍矣天下之強國也王天

下之賢主也今乃有意西面而事秦稱東藩築帝宮受冠帶祠春

秋臣竊為大王恥之臣聞越王句踐戰聲卒二千人擒夫差於干遂

也今竊聞大王之卒武力廿萬蒼頭廿萬奮擊廿萬廝徒廿萬車六百乘

騎五千正此其過越王遠矣今乃欲覽於羣臣之說而欲臣事秦

忠臣也夫為人割邑其主之地受愛外偷一旦之功而不顧其後敗公

家以成私門外挾強秦勢之以內劫其主以求割地願大王孰察之周

患忙何之大王成能聽臣六國從親專心并力一意則必無強秦之

壽日郢之不絕湯之奈何毫犛不代時成爹柯爾應不定後有大

患故聲邑趙王使臣劾愚對秦順釣在大王記之齊王曰寡人不

肖未嘗得開教今主君主以趙王之教誨國從

蘇秦曰東苑齊宣王曰齊南有太山東有瑯琊西有清河北有渤

蘇秦曰東說齊宣王曰齊南有太山東有瑯琊西有清河北有渤
海此所謂四塞之方千里帶甲十万粟如丘山齊辛之良女家之兵
進若鏃矢戰如雷電解如風雨即有軍役未嘗背太山絕清河
涉北海即臨淄之十万戶臣竊度之一戶三男子三七廿一万不待發菀作
遠縣而臨淄之中固已廿一万矣臨淄甚富而實其民莫不吹竽鼓瑟
彈　擊築彈琴鬭雞走狗六博蹹鞠者臨淄之塗車轂擊人肩
摩連衽成帷舉袂成幕揮汗成雨家敦而富志高而氣揚
夫以大王之賢與齊之彊夫天下不能當今乃西面而事秦臣竊
為大王羞之且夫韓魏之所以畏秦者為与秦接境壤界也出
兵而相距不當出十百戰膝臟存亡之機決矣韓魏戰而不勝秦
半折四境不守戰不勝即國以亡是韓魏之所以重与与
奈戰而輕為之臣也今秦之攻齊之不然□倍韓魏之地過衛
晉陽之道任于亢父之險車不得並机騎不得比行百夫守險千
不能過秦雖欲深入則狼顧恐義其後是□秦不洞虛喝而不
攻雖□□□□□洞數虛喝而不

不能過秦雖徐深入則狼顧恐義其後是狡洞䯩虞遇而不

敢進則秦不能害矣朋矣大王封秦之無奈何之齊而欣而西

軍之是羣臣之訃過也今無臣事秦之名而有彊國之實臣固顧

大王少留意詴也齊王曰寡人不肖偉守遠海窮道東竟之國之未

嘗得閑餘教今足下以趙王之詔詔之敬以國從燕秦乃西南泍

楚王曰天下□國也王天下之質主也西有黔中郢東夏周海陽

南有洞庭蒼梧北有汾陘邛　　万五千里帶甲百万車千乘騎

万屯栗交十年此霸王之資也夫与楚之彊天下莫能當今

乃欲西面事秦諸侯莫不西面於章臺之下矣秦之所害莫甚楚

彊則之弱秦楚猶此其此不可兩立為大王訃莫如從親以孤秦

大王不從秦必起兩軍一軍出武關一軍下黔中則鄢郢動矣故曰聞治

之其未亂也為之其未有也患已至而後憂之則無及矣故願大王早計

大王誠能聽臣之敕从大王之國奉四時之獻委社稷奉宗廟

鍊士厲兵在大王用之大王誠能聽臣則韓魏齊趙燕衛之妙音美

錬士厲兵在大王大王誠能聽臣則韓魏燕趙衛之妙音美

人必充後宮燕代橐駞良馬必實外厩故從合則楚王行成則秦帝令釋

一覇王之業而有車人之名臣竊為大王不取夫秦虎狼之國有吞天下之

仇也衡人日欲割諸侯以事秦此所謂養仇而奉讎者也人臣割其主之地

以外交獲秦之威以劫其主以求割地此人臣不忠無過此者故從合則諸

侯割地以事楚衡合則楚割地以事秦此兩策相去遠矣大王何居焉為後

縈趙王使勑愚計奉明約在大趙之楚王曰寡人之國西與秦接境秦

有舉巴兵开漢中之心秦虎狼不可親韓魏迫於秦患不可与

謀謀之恐反以為秦故謀未發而國已危矣寡人百計以為楚不見勝

內与群臣謀不足恃之宜人外不安席食不甘味心搖搖如懸旌無所

終伯今上[?]欲一天下安諸侯存危國寡人謹奉社禝以從

鵉初[?]秦与張儀事恩舍先生十餘年昏通六蓺延管百家之言

睍[?]先生弟子五百餘人為亡[?]蘇秦[?]中[?]蓋先生[?]位下沾衿張[?]下[?]鬼[?]

鬼谷先生弟子五百餘人為之掘窖深二丈曰有能獨下說窖中使我信出者

則能令人主也之矣蘇秦下說窖中鬼谷先生位下沾衿張儀下說鬼谷子

秦之与羲一體也然附地後素籥尾斷肩角舍此矣祇掌摧鑕隊內懃不

妃秦也學歷而辭歸道之資用行次燕人傳訣自給各解臧

權之袁張儀入楚蘇燕秦入韓逢其蘇子易永之上貸市一疋約債百金

陳子不与邯鄲之詐有蘇人矣蘇秦往說之蘇人矣逢以黃金百溢其家

亲諫日君之与富无故而遂之百金其矣于得閒也蘇人曰容天下之辭

士立諫之間邢二事我地而復歸之每地雖小豈真百金反蘇秦王趙

相李兑送明珠白璧黑貂之裘黃金百溢蘇秦浮以為用乃歸燕周頃

王左右素知蘇秦少之不信西入秦惠王文不能用蘇蘇留久里黑裘

韓黃金盡乃還歸家羸覆贏屬負書擔橐形容枯槁而回目犂黑狀

有飢色到家妻不為下機嫂不与言母曰周人俗治產業

力商佔遂十二以為筍金子擇本而事口舌因不亦宜平蘇秦自復曰嘻

平妻不以我為夫嫂不以我為叔父世不以為子皆是秦之罪也乃閉户不出

平妻不以我為夫婢不以我為叔父世不以為子此皆秦之罪也乃閉戶不出

曰夫士業已屈首而受書不能以說人主出其金玉錦繡而不取卿相引

縈者雖多未何以為於是夜發書陳篋數十得周書陰符讀之欲睡引

為趙說趙侯合從約蘇秦於是為從約長并相六國分佩其印為從報趙諸

侯各發使之車騎輜重其衆擬於王者行過洛陽周顯王聞之恐懼除

道使人文迎蘇之來歸家兄弟妻嫂側目不敢仰眎伏侍食蘧秦笑謂其

嫂曰何乃前踞而後恭也嫂委蛇伏以面掩地而謝曰季子位高金多故也

蘧秦歎曰此一人之身富貴親則戒畏貧賤則輕易之況衆人乎

使我有洛加負郭田二頃吾豈能佩六國相印乎於是散千金以賜宗族

貧者阡陌貸百錢為資則以百金償之遍報諸所嘗見德者其之獨

未得報乃前言蘧秦曰我非忘子之与我至蕐陰其三欲去我

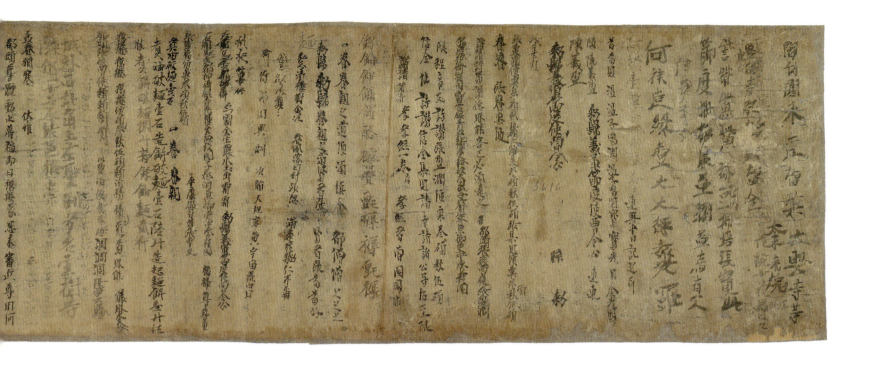

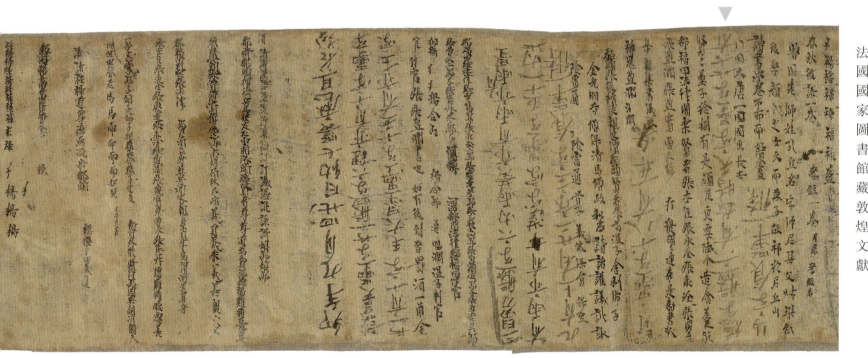

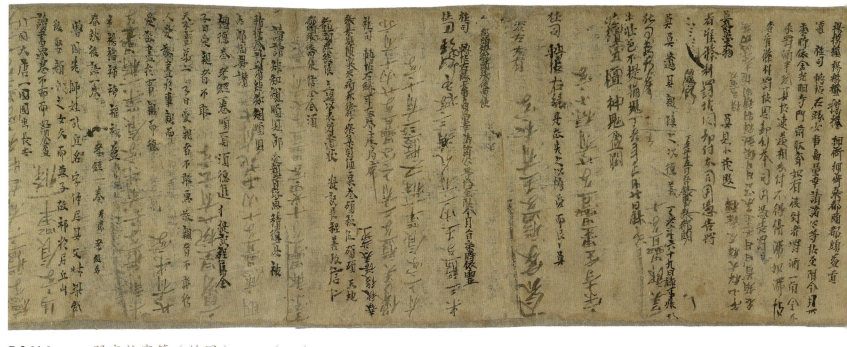

P.3616v　　習字雜寫等（總圖）　　　（一）

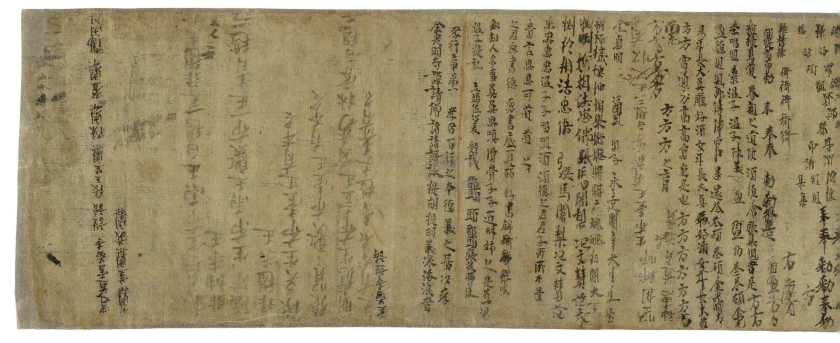

P.3616v　　習字雜寫等（總圖）　　　（二）

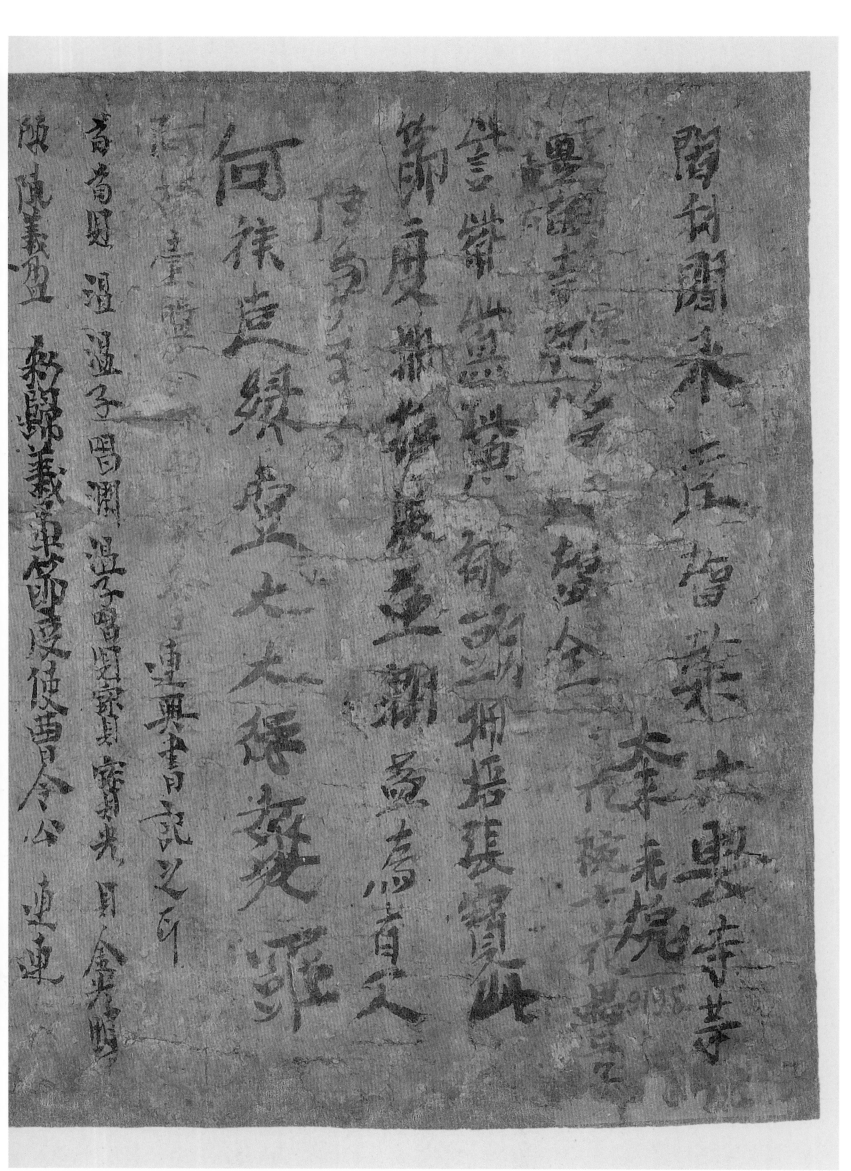

P.3616v　　1. 習字雜寫　　（16—1）

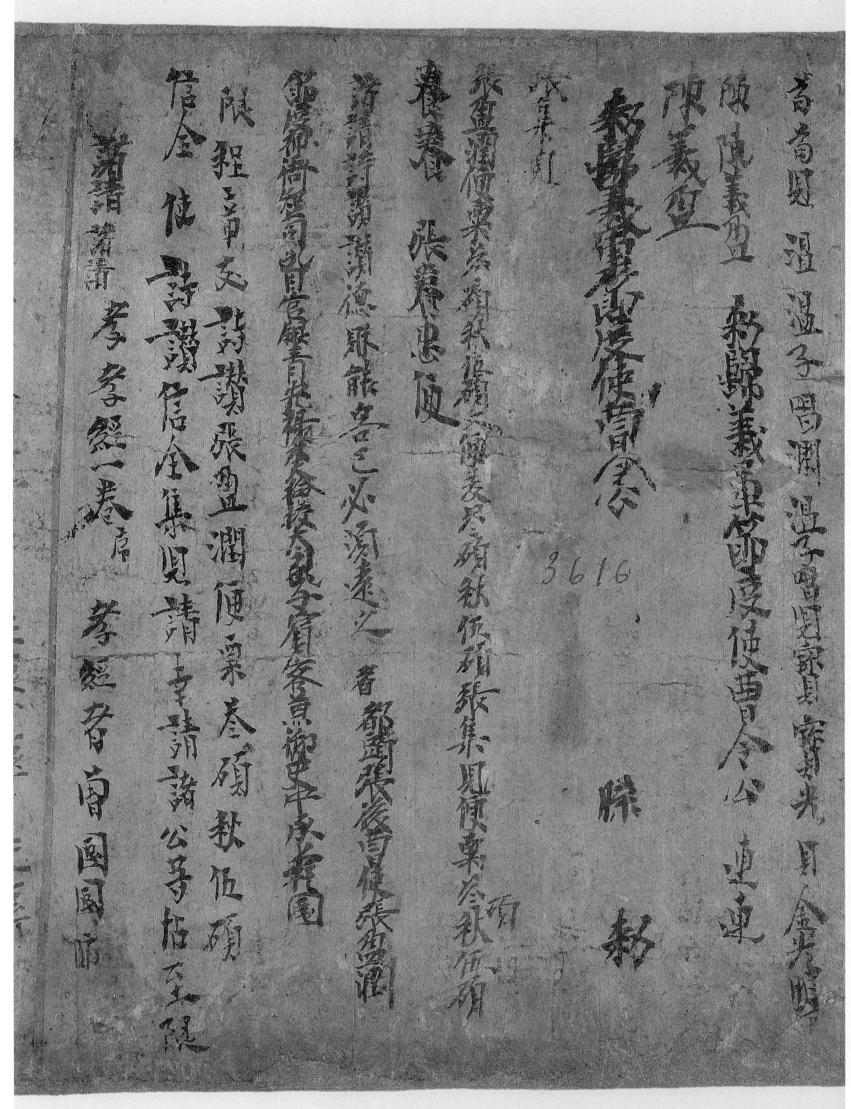

P.3616v　　　1. 習字雜寫　　　（16—2）

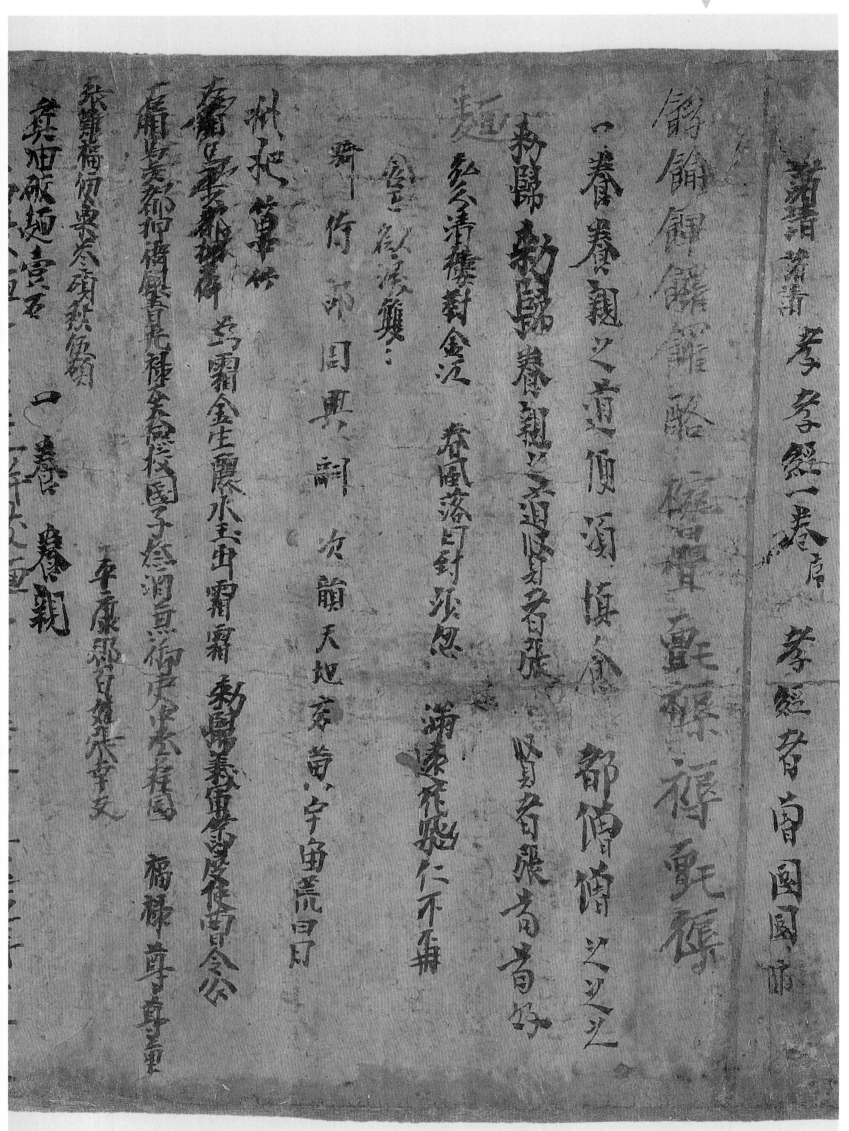

P.3616v　　1. 習字雜寫　　（16—3）

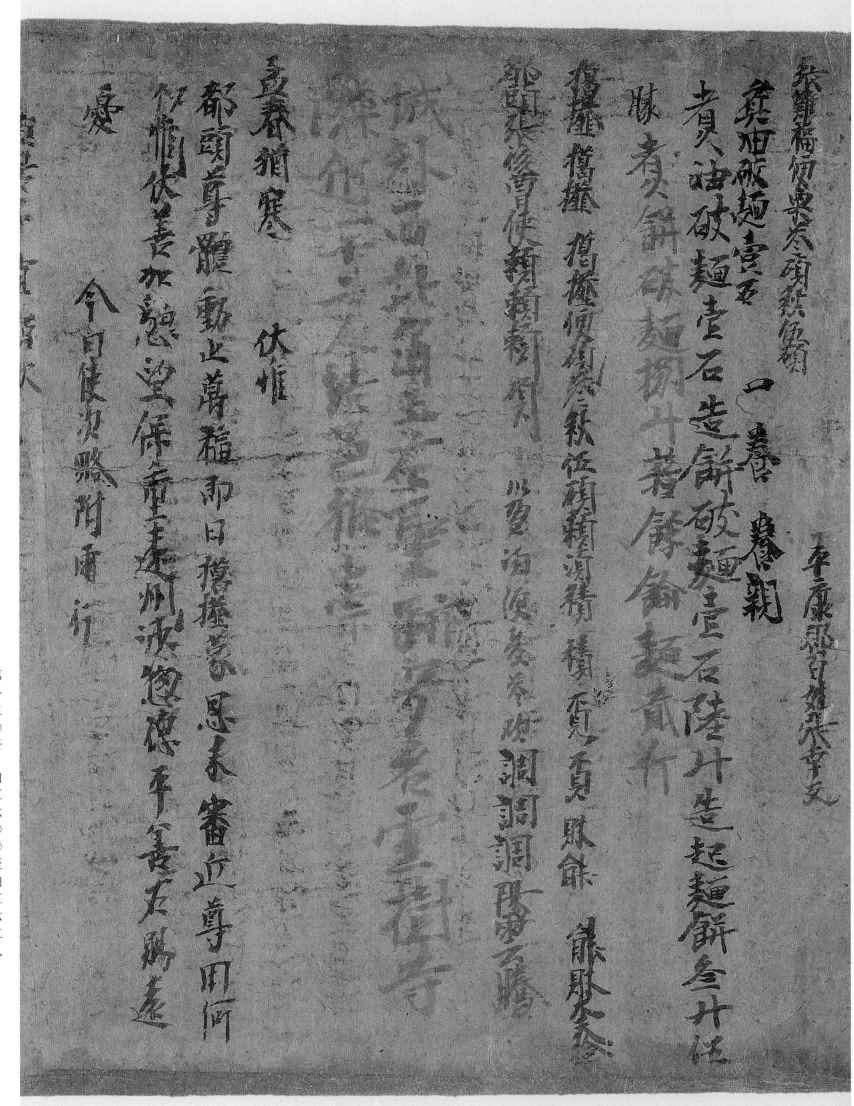

P.3616v　　1. 習字雜寫　　2. 某人致都頭狀抄　　（16—4）

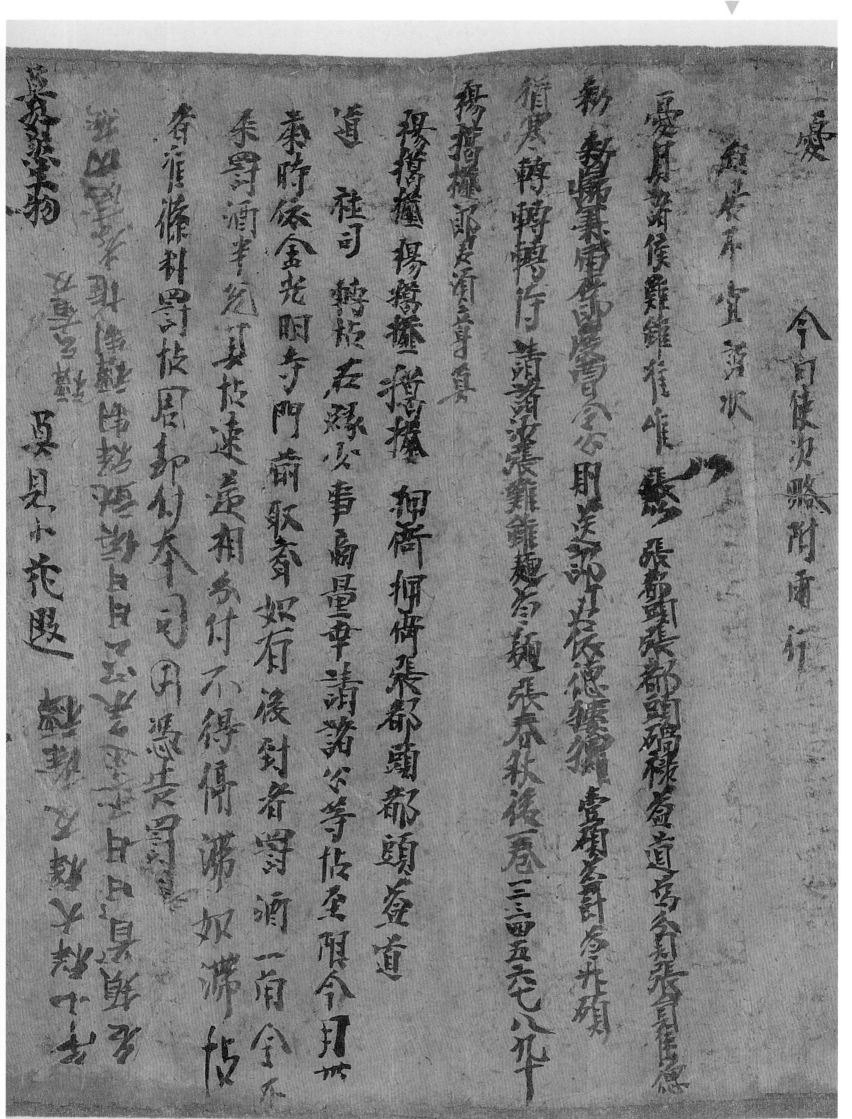

P.3616v　　1. 習字雜寫　　2. 某人致都頭狀抄　　3. 丁亥年（987？）五月五日社司轉帖抄　　（16—5）

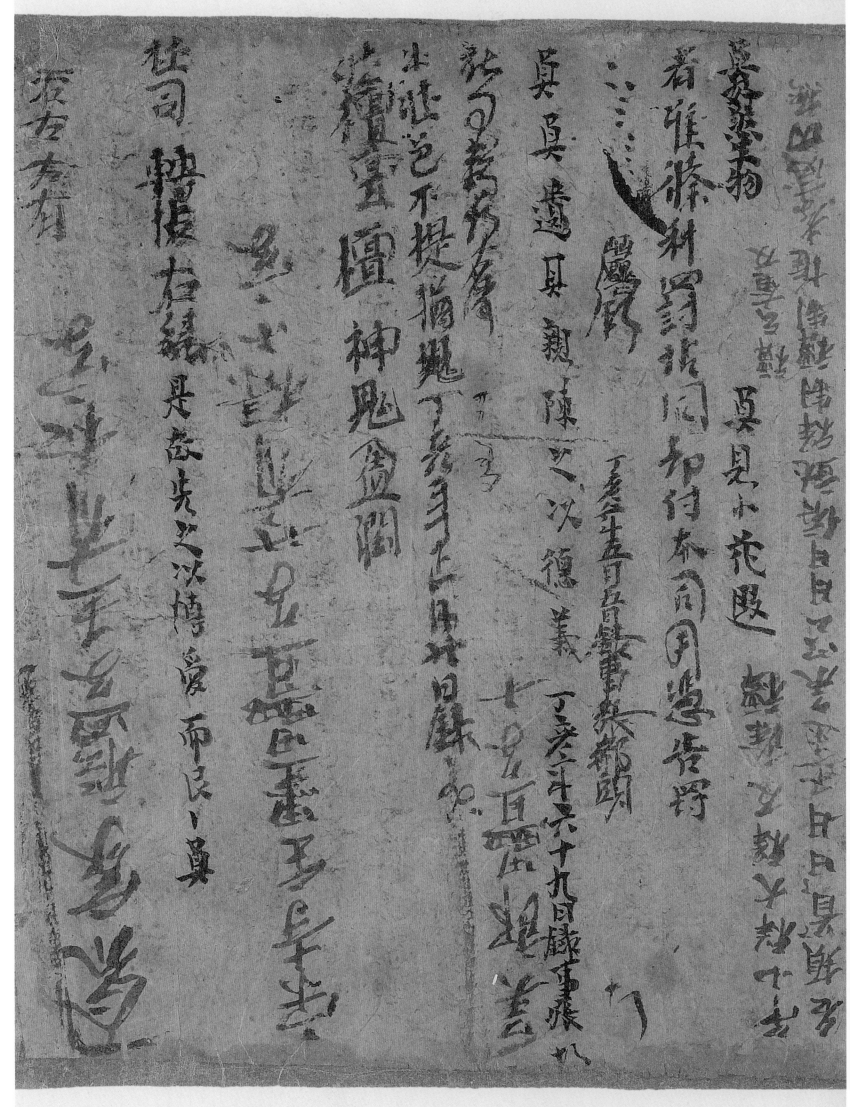

P.3616v　　1. 習字雜寫　　4. 卯年九月廿四日納漆器曆　　（16—6）

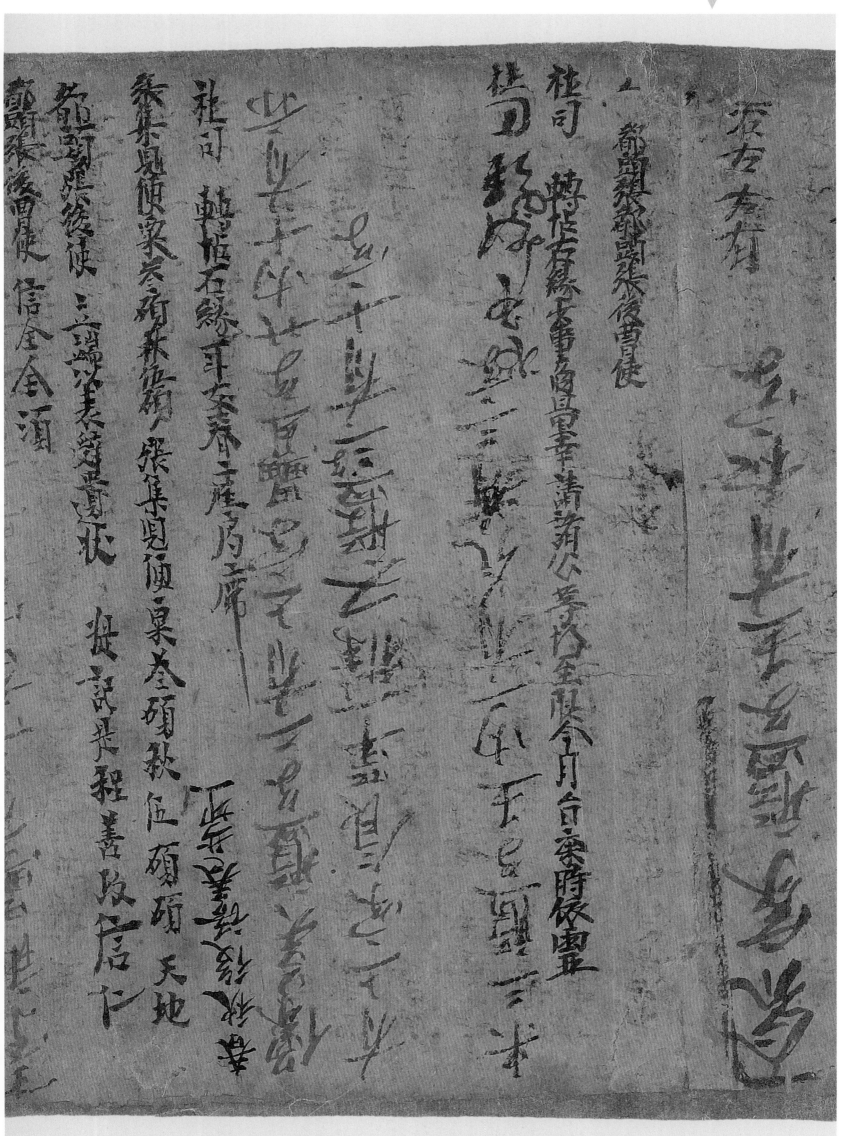

P.3616v　　1. 習字雜寫　　4. 卯年九月廿四日納漆器曆　　（16—7）

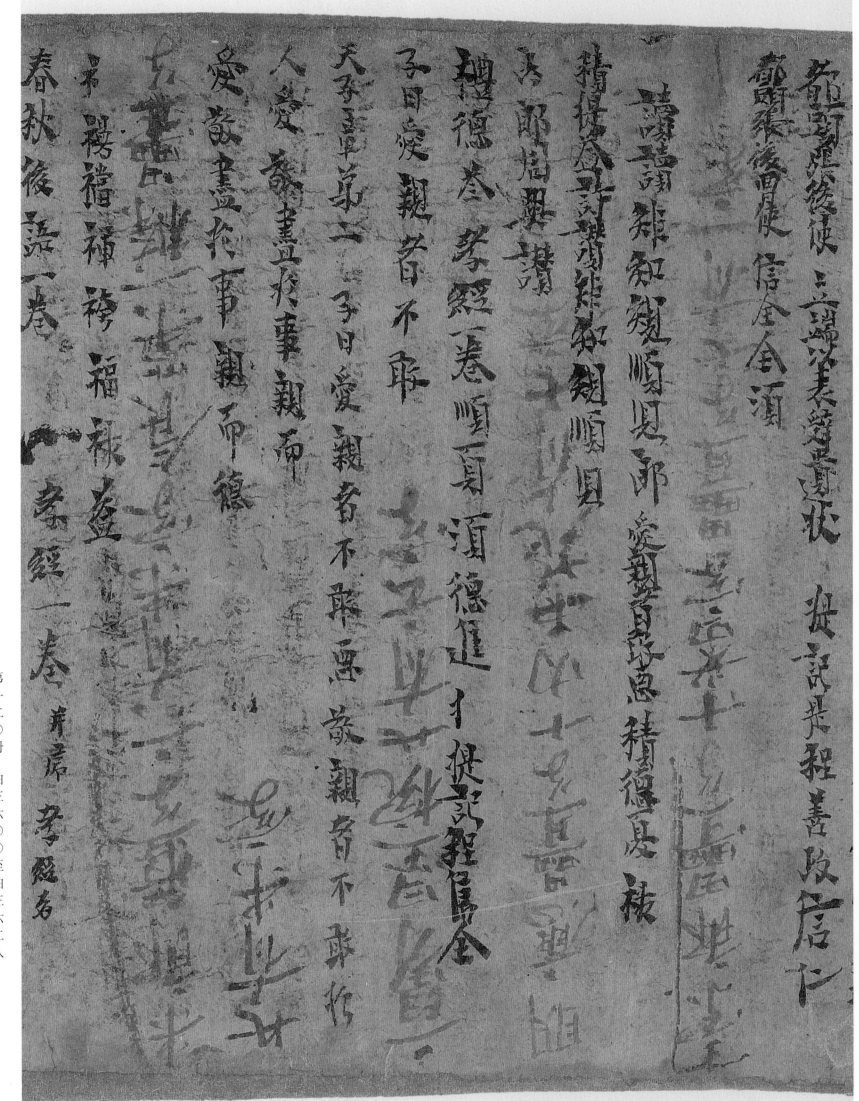

P.3616v　　1. 習字雜寫　　4. 卯年九月廿四日納漆器曆　　（16—8）

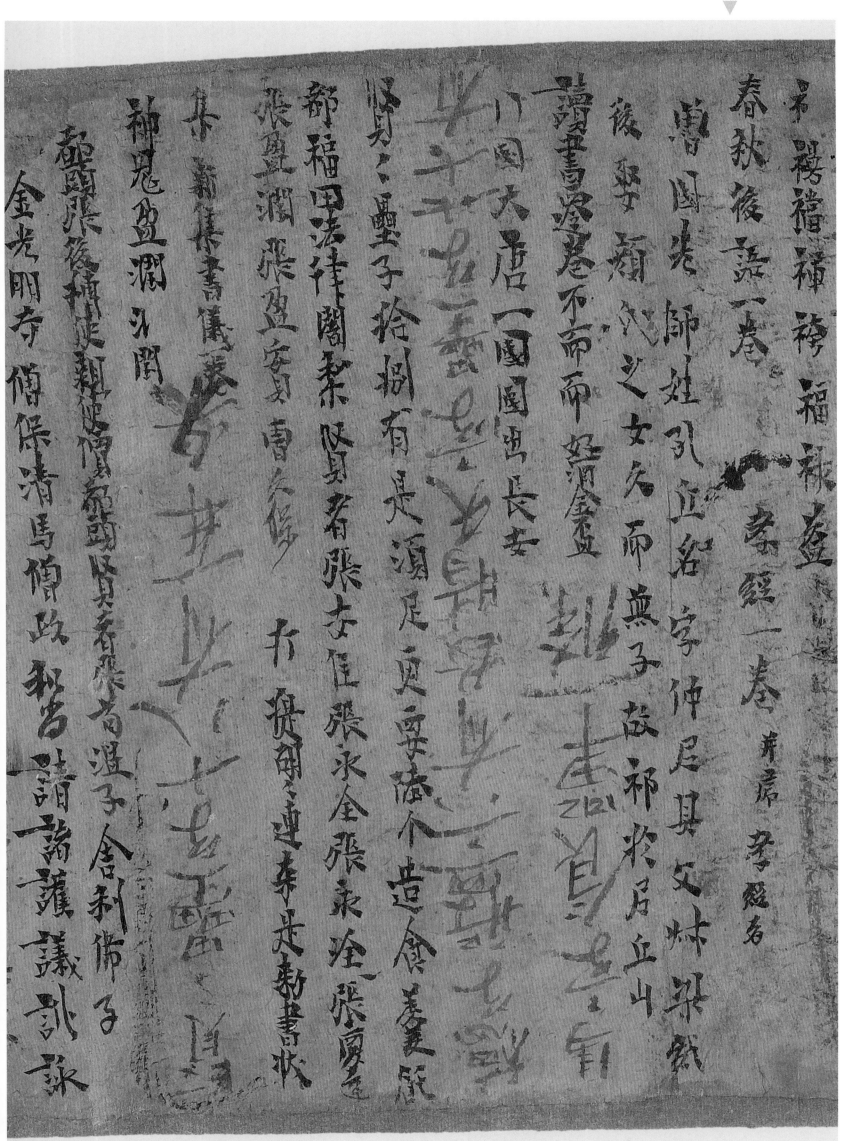

弟裼禰禰袴福祿並

春秋後嘉一卷 一孝經一卷 莊序 孝經名

曹國先師建乳丘銘字仲尼具父叔梁紇

後娶顏然之女矢而禱子故祁於尼丘山

請書皆塗豪不可而設湩盒盒

八囻大唐一囻囻曲長安

覧不墨子拾捌有是須足更要依个造食養觚

都福甲法律閤柔以貿者張去佳張永全張亟途張亟

張亟立湗張亟亟曹永隆

身新集書儀芸

神兕盆澗乃閏 石俟肏連奉足勅書狀

齒頭張後捕建親使僧郗菊以貿者有張者退子舍利佛子

金光明夸僧保清馬僧路 秘若 請諸護讓訛詠

法國國家圖書館藏敦煌文獻

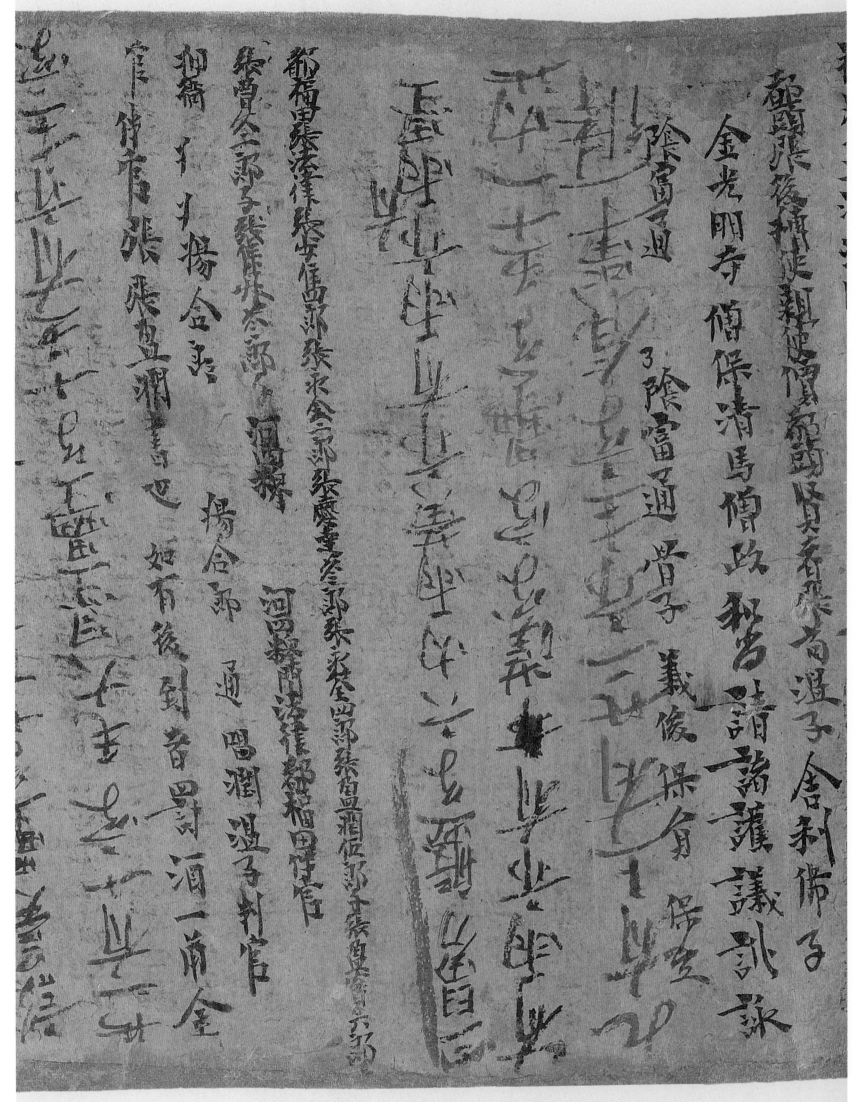

P.3616v 　1.習字雜寫 　4.卯年九月廿四日納漆器曆 　（16—10）

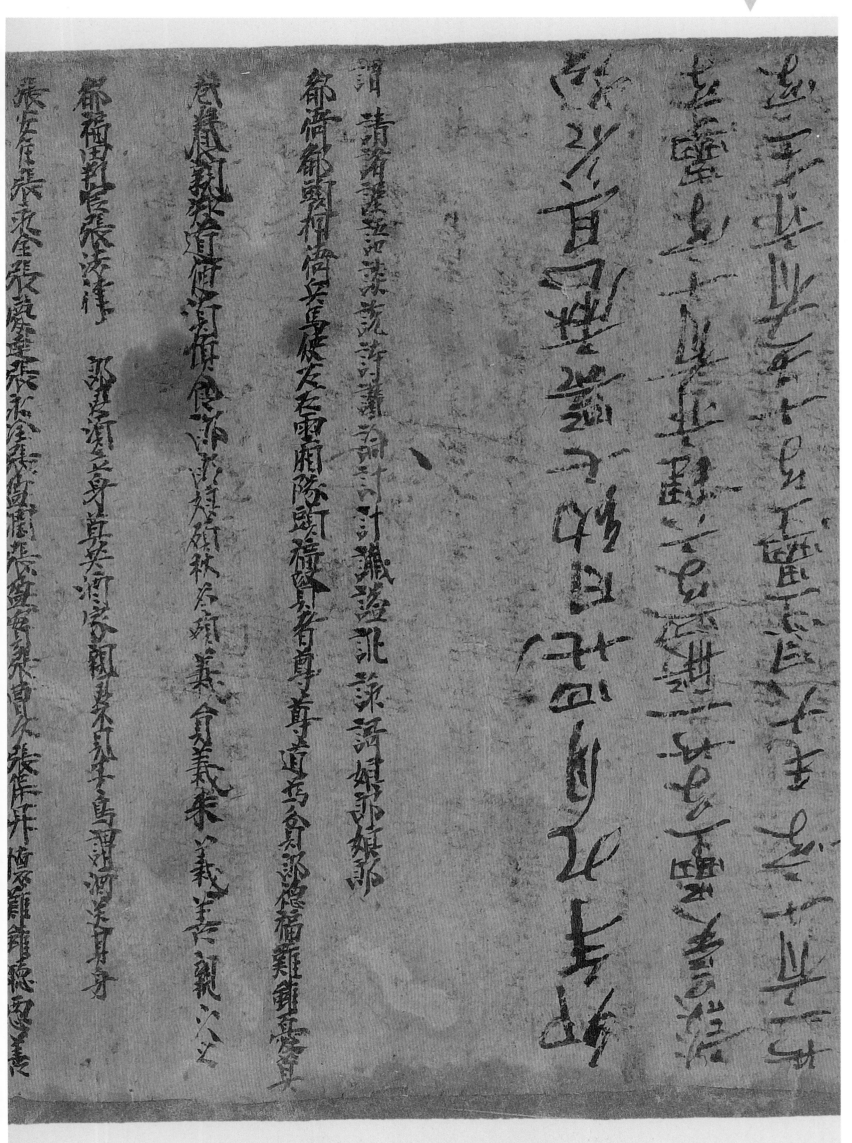

P.3616v　　1. 習字雜寫　　4. 卯年九月廿四日納漆器曆　　（16—11）

P.3616v　　1. 習字雜寫　　（16—12）

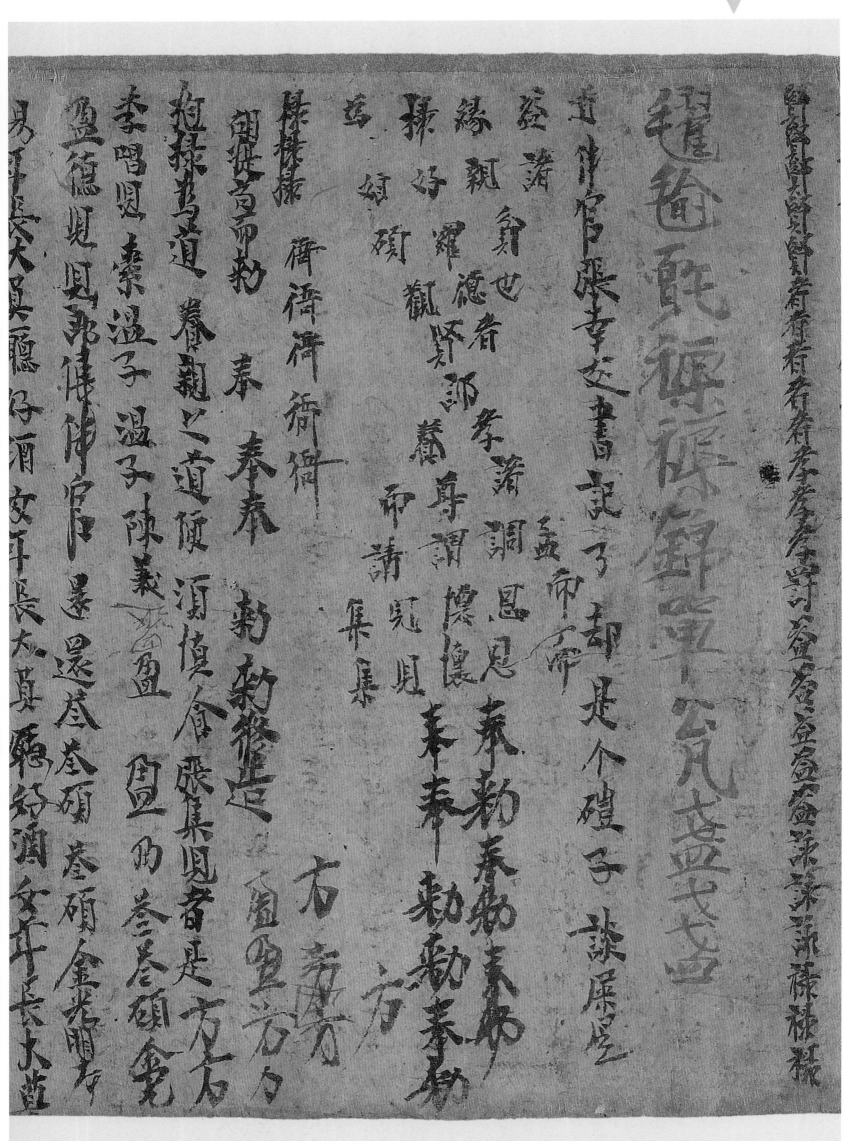

P.3616v　　1. 習字雜寫　　（16 — 13）

P.3616v　　1. 習字雜寫　　5. 納布毈曆　　（16—14）

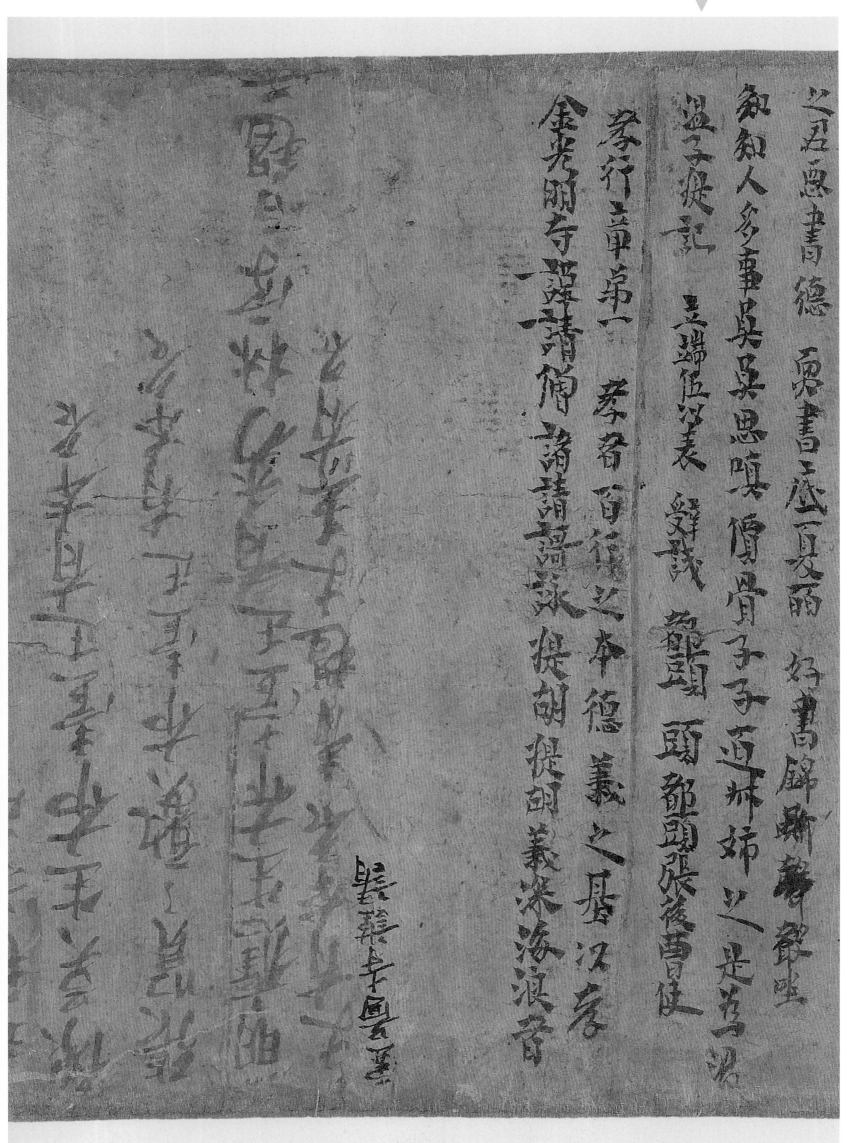

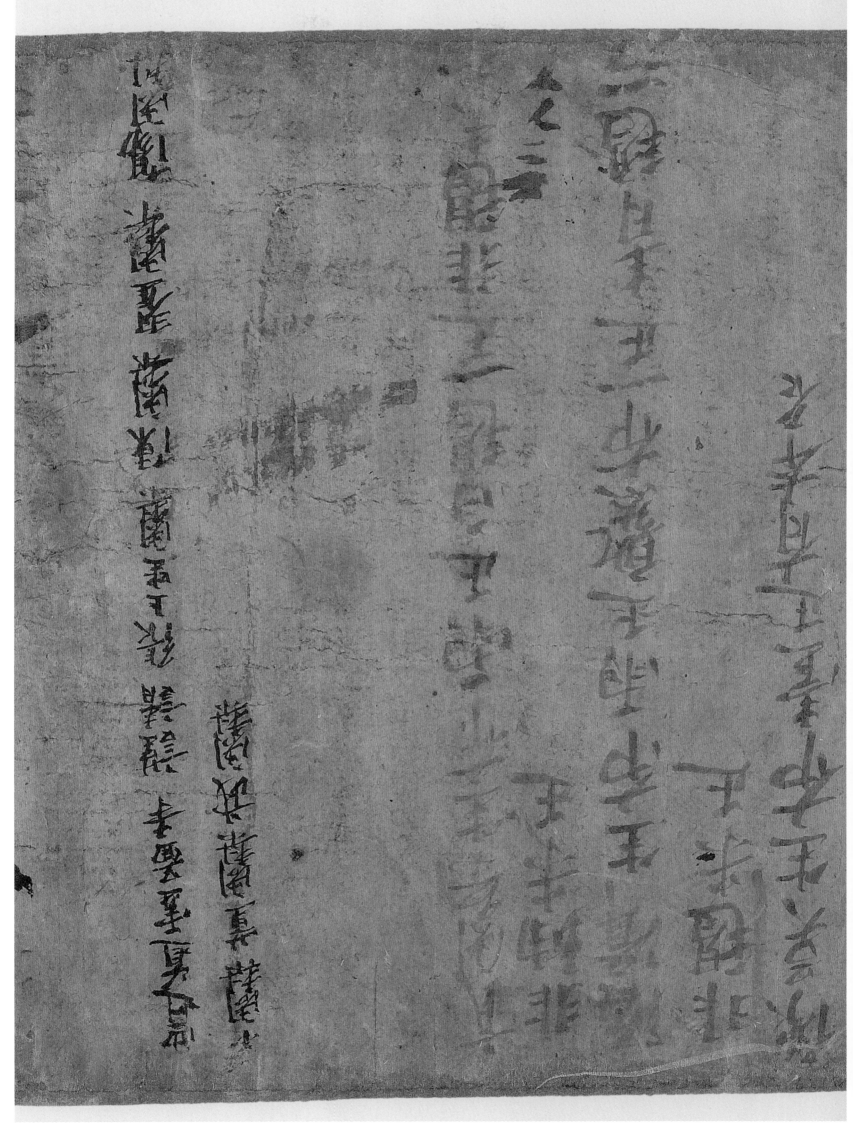

P.3616v　　1. 習字雜寫　　5. 納布氎曆　　（16 — 16）

Bibliothèque nationale de France

Pelliot chinois 3617

Bibliothèque nationale de France

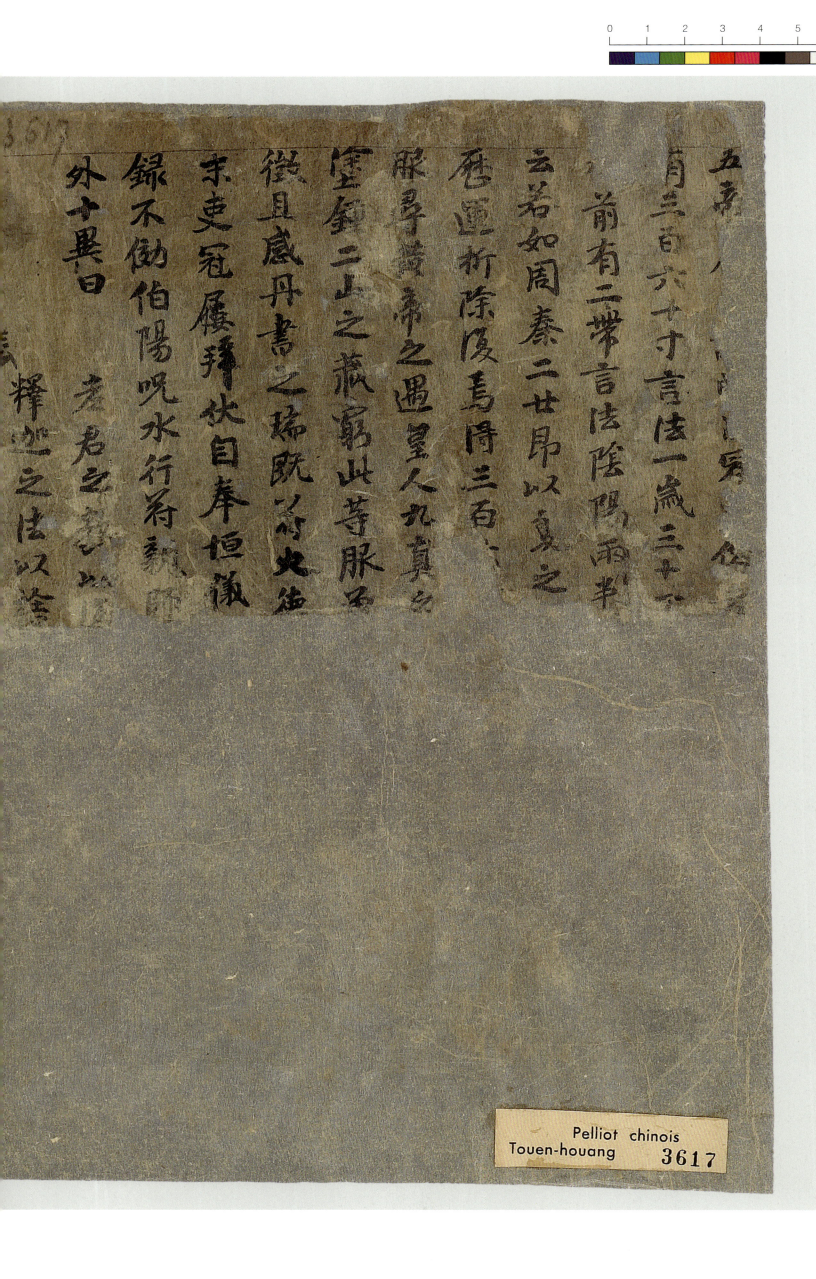

五章人…仁…
月三百六十寸言法一歲三十六…
前有二帶言法陰陽雨半…
云若如周泰二世昂以真之
歷迴折陳陵焉問三百…
服尋黃帝之遇皇人九真…
窒鉤二山之藏竊山等脈…
徵且感丹書之瑞既…史佉
未吏冠屨拜伏自奉恆儀
錄不佪伯陽呪水行苻籙師
外十異曰　　老君之教以…
　　釋迦之法以慈…

開士曰汝化胡經言喜欲似

者當斬汝父母妻子七八

心便自斬父母七人頭劉維

地之道者行也不傷和氣

喜行道扵天下斬其父母所　大孝孝敬

木董永孝致扵天女禽　　　

內十崇　　若外十異

內從生有胜為第一　立教有深第二　德位有高下第三

化緣有廣狹第四　壽夭有延促第五　化迹有先後第六

遷謝有顯晦第七　多第八　威儀有同異第九

法門稱術第十　　外從生左右異一

外論曰聖人應迹興彼化夫雜龍象以震胎乍開脇腰

而出世雖後無關兩氣非假二親重託左右之殊其優劣之異一也

外論曰響人還通異從行方　　　　龍頭山頂㸃丹房

而出世雖後兩氣非假二親　重托左右之殊其優劣之異一也

內腎曰左祖者則戎狄所尊有命者為中華所尚故春

秋云家鄉無命子鄉有之亦亦左乎史記云藺相如切

火位在廬頤右虛恥之又云張儀相右秦而左魏舉首

相右轉而左魏蓋云不便也禮云左道亂羣紊之豈非右

優而左劣也皇甫謐高士傳云老子楚之相人家于渦

水之隆師事常樅子及常子有疾耳往問疾焉蚊康云

李耳從涓子學九仙之術坆太史公等衆書不云老子

剖左脈生既無正出不可承信明矣驗知也以上細譯戈

㨫翰蓋元武之先五氣三㠶寔陰陽之首是以聲門

右轉且若人用張陵左道信蓬天常何者釋迦起无緣

之慈應有機之召譜其迹巡則行滿三祇相圓百劫降

其本也久證圓明塵沙莫㒦涤其壽早登紫照塵空無

以量其體壹唯就攀枝而鑽瑞徵白首●而效祥猶螢

光與龍燭覓暉魚目共妍珠益耀示道之劣一也

外教門生滅黑二

但生者物之所傾滅者物之□□此世則生道難得必候

外論曰夫芽无生滅其理則均尊此世引凡不无善與

船切滅法易求詭勞稟學是知騰神駕景自可積劫

身存氣盡形祖固當一時神逝此教門之殊二也

內立教有淺深

疵齊泯性於王樂蓋去莊定談也且綿綿常住古皇則

內喻曰夫滅身以懼大患總智以避長勞議生靈兼懸

不死不終繩繩無名老氏則復歸無物處常存非永没

之鉏無物豈長生化耶析後明其淺深至如保弱守雌

不死不終繩之無名言民則沒歸無物地常存非永沒

之絕無物豈長生化耶栖隱明其淺深至如保弱守雌

之文歷心實腹心之論審浮生之有量嗜智水之無涯

語大則屆在域中陶鈞則不出性分蓋其志也豈夫人覽

關无窮之緣梃圓極之照測徵則窮乎絕隙沉理

樫莊无方美氣与氛氳共和神驅同太虛此固語其

量也猶萬華与培塿殊滇渤將坎井異深尓道之勞二也

外方位東西異三

水論曰夫東西二方自有陰陽之別左右兩位便成仁義

之殊仁惟長善陽又通生義主裁成陰論蕭然氣

為教則陰不及陽五德為言則仁深義淺此方位之殊

三也注彈曰乾為陽為父兌在西北坤為陰為母卜之西南

北方盛陰之鄉便為中男之位南方盛陽之地斷城中

能出帝俊在東方至如礼席若南北鋪之即以西方為上言

順乾尊也東西鋪即以南方為上言遂陽盛優方自見此之謂也

內喻曰夫金夫木妻陰陽執可承執離南坎北男女非

內德位有高甲

有定方所以子午巳東為陰者取男女生於東方也子午巳西

為陰者言父母去於西方也此則從生者巳判陰陽非尊

馬以言朕方假令父母在西未應甲子男女在東壹敗尊

父仁非義則不成義非仁則不養仁所以東子仁也父西義

也隨處立雅無感大方苟局判於所生而構限於封域者

赤當西羌所出仁沉之德頓慮東羡文王所生載成

之教永敷吞江納漢非湫隘之陋居浮渭樓涇並帝皇

之神宅次嘆正前折耶　夫釋氏者天上地下介於居其尊三界

六道卓崇推其妙加以小學二乘之侶火心五品之倫辟

之神宅　次莫正　夫釋氏老天上地下介然居其尊三界

六道卓尒推其妙加以小學二乘之侶火心五品之倫辟

眾星而棋北辰若金山之麗碧海足令麋頭烏面屈矯

枕之心六異十仙申伏膺三礼何止桎徐甲於庸夫導甲

喜於開吏稟學於齒之際任高士傳曰常捴子曰張其

兄老子曰将非謂齒剛而亡舌柔而存帝子曰盡矣廋叔名

於藏吏之間乎东道之为三也

外遍化華爰異四

外論曰夫華爰礼隅尊甲著自典墳邊正道乘勝負

存于史冊戎狄之主不許僧号稱王楚曰之君故自貶之为子

堂可獲粥之小迊迊我天王之大師此華爰之異四也

內化緣有廣狹

內喻曰案道德序云老子俗道自隱以无名为務周裏

出開二篇之教乃作兹周書典薹无老氏所製案二教

法國國家圖書館藏敦煌文獻

·234·

迦降神羅衛　說質王宮智寶生知道雖扁覺演惠明

扵百億敷法靈興夫千靈澤周扵十方神化軍扵四表棠

崖峻璧之典龍　象負之文蓋盈溢扵茲矣雖弘羊

𣏾計之術莫能紀其纖芥部行談天之論無以義其

逍遙豈夫章詮八十文列五千而巳載恨子未窺壖伊

致有武城之嘆亦復何傷日月故夕念其不知乎耳道之夷四也

　　外稟生夭壽異五

外論曰夫耆君道契寰中与虛空而等量神超象冰隨

變化而无窮所以壽命固不同凡隱顯居言異俗釋迦

生涯有限壽乃促期一疾不能弃生住彈曰吉子既云長生

今曰在何郡縣子齡八十行期尼脆此壽夭之異五也

　　内壽夭有延促

内𦤶前曰序云懷扵李氏廩胎八十一年蓋太陽之數壽一百六

十年震胎巳過其半三變五百將非假稱孫怡太史公以

内齡前日序云懷於李氏慶胎八十一年蓋太陽之數壽一百六
十年慶胎已過其半三變五百將非假稱孫怡太史公以
為楚老萊子及周太史儋皆老子也或言二百卅年或書
一百六十歲皇甫謐云諸子之書近為難信唯秦佚弔焉
老死信矣世人見谷神不死是謂云北故好事者遂假記
焉神仙傳云嶭華子緣曲子傅預子太成子赤精子武
戌子尹壽子真行子錫射子及邑先生等並是老身者
皆見竒書不出神仙正任未正可攘用也夫有天地則有
道術之士何時暫之宣獨帝是一老子皆由晚學之德
好竒尚異苟欲推崇老子使之無限淺見道士欲以老子
為神異使後世學者信之故為詭說耳試我書可為鑒斯
美夫妙樂資三德乃成法身為五分所立是以坐滅頹遷
圓覺之性乃龕空有薰融靈儀之妙彼在故博形起視

桑田數變而非永五雲九轉悲繩島之暫臂飛鳧玄霜

比遊駒以離圃信終爐無大椿之久蚌罕龜鵠之年

示道之方五也

外徒生前後異六

外論曰道仏二經各有其說或言劫之出世覺事無先成

言代之出生爭陳久遠此之母邈難取證知今依傳史定

其時代人倫而語則考尊而少甲鄉童為言亦長兄而

幼弟先後之異六也

內化迹有先後

內喻曰釋誕隆周之初老生姬李之末論年二百餘祀語

世二十餘王紫氣青牛弗在昭庄之世神光白象非開桓

景之年然而洞霧昏天濁流翳地文仲迷祀孔子非其不

知子禽毀聖也議其失言之珤雜磨駟不及吾誠不鹿

也前析愚夫俯迹應凡誕質於危脆路棧化物●同壽

後嘆聖賜也

景之年然而洞霧昏天濁流翳地文仲連祀孔子非其不
知孔禽毀聖賜也讓其失言之玷難磨駟不及舌誠不虛
此前析愚後嘆聖　夫佇迹應凡誕質於危脆路橇化物●同壽
於百年故果局因循信相由善起或齡促化廣慈民故
炭昆臣岳非衡石所量臂壽久而猶適玄寶非丈尺所
辯方劫遠而未窮豈如蚰穴求仙翻其炎世銃蟪待藥
未且延齡盖騰鵾共鵬翼偶高馳駕與驥是爭遠示
道之易六也

水遷神返寐異七

水論曰吉君初誕之日既不同凡晦迹之時固當殊世所以西
之流沙途任函答青牛出境紫氣浮天不測始終莫知
方域釋迦抱危疾於舍衞告殯命於雙林燒柩焚尸
還同胡法氣盡神謝曾不異凡豈去世之異七也（此

內遷謝有顯晦

梗里始於冥測何期蕃義後莫及兹夫大慈德滿緣謝機

亡仁舟翳於兩河慧日沈雙樹其六天八國之伍法傳聖

眾之佛且電合而風馳既雲委而霧集靈臺胃昭

勝福於殊方紺發紅爪顯神工於絕代是知莫來莫往

孔濟之德美高非顯非睍聲華之風盛矣豈同斯胡望

返崎山之塚獨流沙不歸扶風乘乐道之為七也

塚在崎山老子塚在扶風乘乐道之為七也

外聖賢相好異八

外論曰夫聖人妙相本異凡夫或八彩雙明行自海音

顏鵲少反宇奇豪壅如卷騒綠精素人之本狀高鼻

深目胡子之常形豈可返我聖人用為奇相若事仏得此

報者中國士女翻作胡形此相好之異八也

內相好有少多

內喻曰聖人相質无常隨方顯妙是以蚖區龍首之聖

內相好有少多

內喻曰聖人相貌无常隨方顯妙是以地區龍首之聖
道預於上皇雙瞳四乳之君德昭於中古周公及⋯夫⋯
驕之一毛禹耳齊肩乃崑山之片玉非所類也後⋯正
身等於如之无方理之絕稱謂化體由乎應物妙質可沙
名言放白豪紺睫之暉菓脣花目之麗萬字千輻之相曰
輪月彩之殊非色妙色之容離相具相之體薄揚有而不
具輪王具而不明注薩埵經云非色生性勝清相百福勝八十
種好妙勝莊嚴仏曰身辟如三千大千世界四生眾生並成輪王
更增為悟始成如來一毛切德後加百倍始成一好切德後加百
倍始成切德後加百倍始成眉間曰豪相切德後加百倍始成
一无見頂相切德後加蜜聲切德一如上說盧仙人覩而自
八非嗟裏業之且暮梵志見而興感歎蓮華之軍迷何由路

外中表威儀異九

外論曰素教容止威儀拜伏揖讓玄巾黃褐持笏電屐

法象表明蓋華夏之古制也庄彈曰道士元來奉儒服

不異俗人至周武世始有橫披刾二十四縫以應陰陽二十四氣

出自人情承无典攄廉釋訓袈裟左銘偏袒右肩金帔

橫緅之祒半斤倚支之服禿髮露頂狗踞狐蹲非預人倫

定戎狄之風豈用茲形制迟飛威儀此容

服之異九內威儀有同異

內喻曰玉佩金貂莫施於蓽野荷衣蕙帶弗踐於王庭

故應器非靈廟所陳深衣異朝宗之服乘於道者或

順機而軌物攄於德者或矯時而訓世是以蕭瑒文身仲

尼稱太伯之善及常合道詩人美棠棣之華況將反性澄

神焉兄淺聖而不異其容限宗之酋也故更衣象面曰若

屏稱太伯之善及常合道詩人美棠棣之華況將反性澄

神陽凡賤聖而不異其容服亲之有也故使衣象福田器

量如法絲桐弗惑扵耳来紫無眠扵目輕肥因狎其體勢

覓莫駭其心故経云羅漢者真人也聲色不能汙榮位不

能動何必鵰冠弁弁反拘目縛礙遊塵氣而稱道義登

木魚去之孫遠掣䑸待釣何　太乐道之方九也

外設規違順黑十

外論曰麦君作範唯孝唯忠歷世度人勲范極愛是以聲

教永博百王不改玄風長被万古无差所以治國治家常

之替式釋教弃義弃親不仁不孝闔王黜父翻說無憑

見浮罪以此導凡更　為長惡用斯範世能生

Pelliot chinois 3618

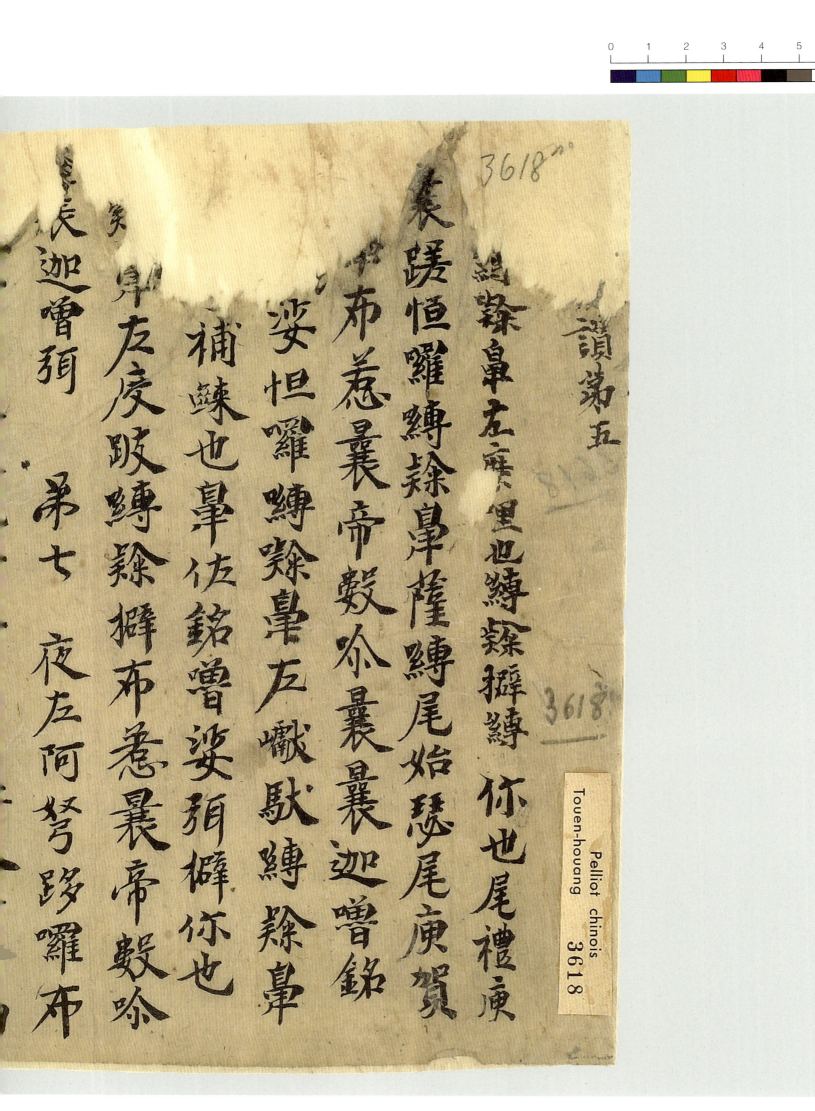

韻弟五

緤皐左廃里也縛緤擗縛　你也尾禮廃

蹉恒囉縛緤皐薩縛尾始瑟尾庚賀

布惹曩帝穀尒曩迦曾銘

娑怛囉縛緤皐左㰠馱縛緤皐

補煉也皐佐銘曾娑殉擗你也

左庚跛縛緤擗布惹曩帝穀尒

迦曾殉　弟七　夜左阿弩跢囉布

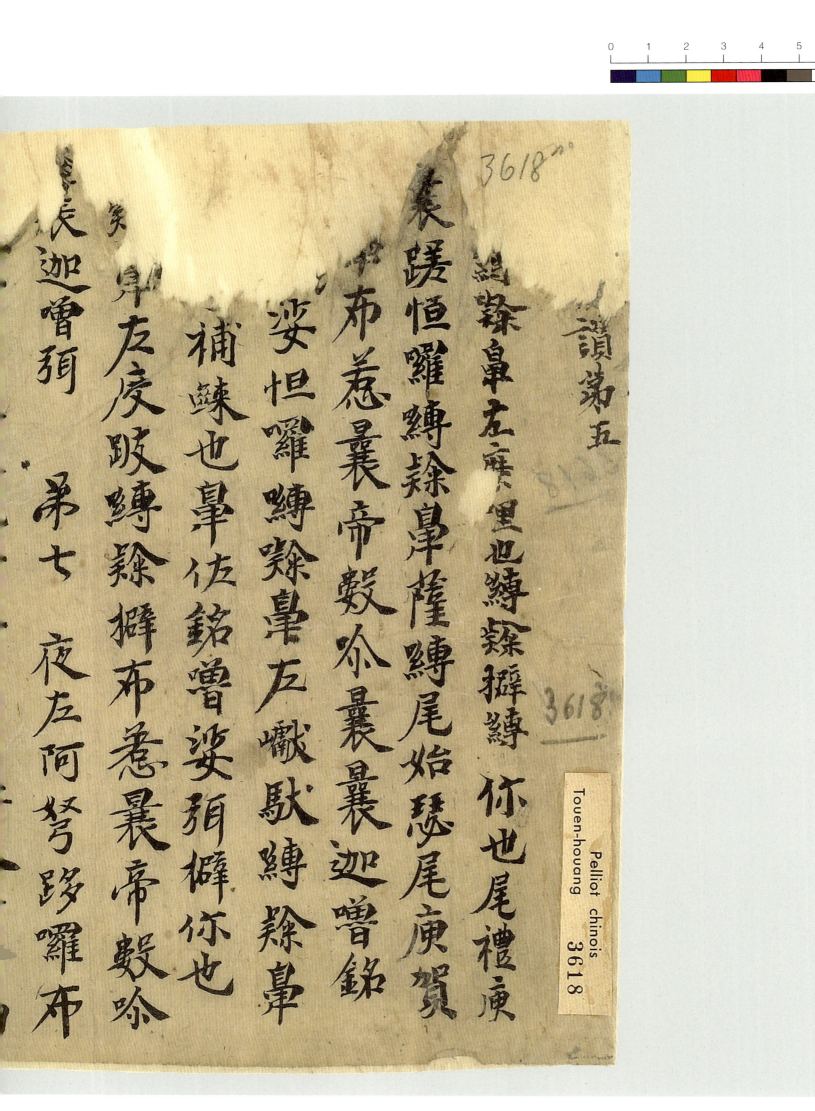

法國國家圖書館藏敦煌文獻

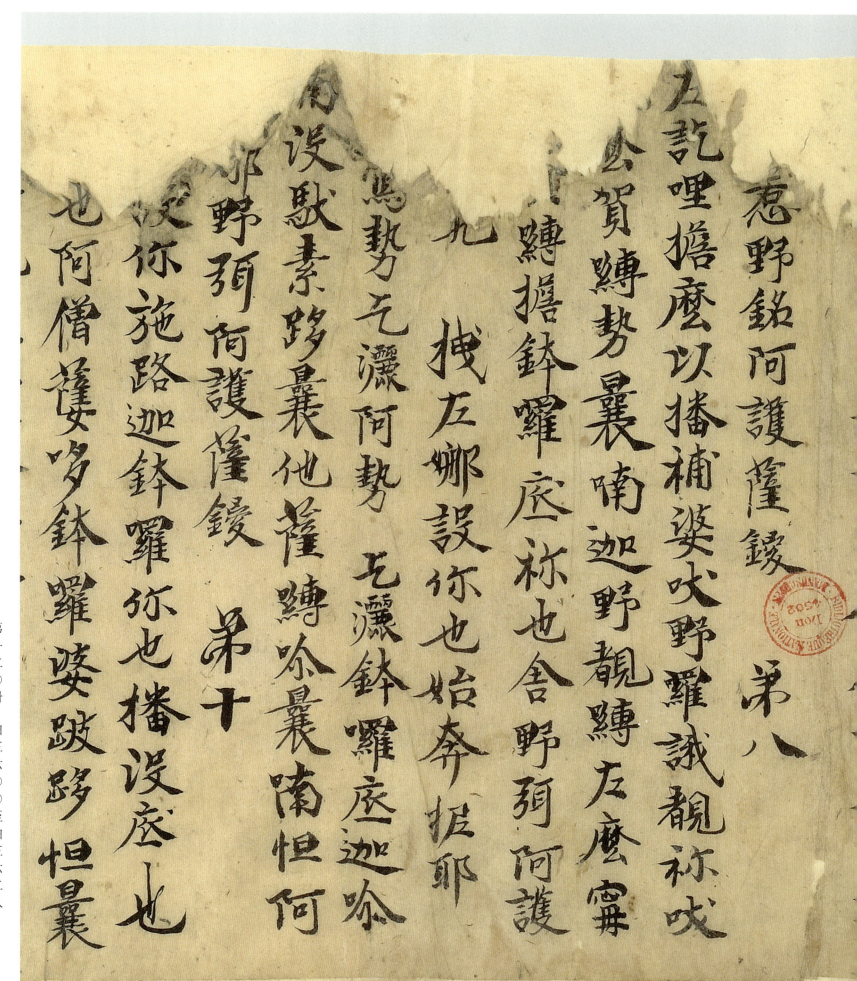

P.3618　　1.普賢菩薩行願讚梵字音譯　　（9—1）

也阿僧蘗婆哆鉢囉婆跛跢怛曩襄

多曩哆奨 阿地瑟銘曩探惹色也嚕阿弩跢跢

恒觀迦廢婆跢曩鼻左弭 第十一 曵比左你勿哩

怒哩也步哆兀差怛囉囉祖跛

護薩鏡 戌姿廢以散啤觀紫際冒馱以襄廢

第十三

儜婆老體早觀薩嚩惹誐寫四跢

佉野 第十二 蒲邪曩布惹曩

多夜阿弩誐邪曩弟曪弩夜左曩

戋曳左气哩迷底曩捨你失嚕抖

曳呲阿曩誐哆帝攞真佥覩布

麼弩囉他冒底尾设驮夜嚩哆計哪

你始薩怛囉娑帝敬哩袜驮婆挽覩郭

第十五　冒地㮶曾派㮶囉誐皂暈

设驮　素帝暈左佥覩鉢囉布囉

那佥覩阿嚕虐　第十六

绕哆計哪　誐你始薩怛囉娑帝素仚

薩寫左遻殑阿弩佥塲鉢囉語

冰地也覩阿捨冒地左阿恨左囉麼

地也覩阿捨冒地左阿恨左囉麽
左底娑麽嚕薩嚩誐底瑴　弟十七
素惹底瑴卒底庾跛鉢底鉢囉設囉
護你也底庾娑吠耶施攞左哩尾麽
秫馱你底也麽佉拏摩竊捺囉左
弟十八　祢嚩嚕帝畢左曩誐嚕
畢　哩藥　乞叉矩畔　拏摩弩　乞灑嚕帝
頻　左薩嚩　惹薩婆寫嚕跢　頻薩嚩嚕
祢捨以達餘　弟十九
跛囉弭跢婆嚩畢欲訖姤冒馱以

嚩麼觀詑哩擔麼囉鈝鈝他焰路迦誐

尾目訖觀佐餘闍鉢納麼偍他淰哩

阿哩跛路素哩也偷施誐薩婁寗嚩阿

金剛界十六大菩薩第一金剛菩薩

薩㘑摩訶薩怛嚩曀二合薩嚩

曀哆三滿跢跋捺囉二合嚩囉吽你也

跛捉曩護寗堵帝

刖王薩薩　嚩囉二合囉惹素没馱

嚇囉二合祉奢悕他篗哆阿目佉囉惹

羅二合他也三合嚩囉二合迦沙曩護寗堵帝

P.3618　1. 普賢菩薩行願讚梵字音譯　2. 金剛界菩薩真言　（9—3）

羅二合 他也二合 嚩囉二合 迦沙曩謨寧堵帝

剛愛菩薩 嚩囉二合 囉誐摩訶燦

嚩囉二合 嚩擊鼻喜 嚩 餉迦囉摩囉迦

訶引 嚩囉二合 嚩囉二合 惹波曩謨寧

帝 第四金剛善哉菩薩 嚩囉二合 婆度

嚩囉二合 紇哩二合 野嚩囉二合 吡瑟鍊摩賀

囉母你他二合 囉惹嚩囉二合 嚩囉二合 他也嚩

你也嚩囉二合 迦沙曩謨寧堵帝

嚩囉囉 怛暴素嚩囉二合 囉他嚩

捨麼賀摩尼阿迦餘薩婆嚩囉茶

別悶
女欲 二合
那地莎 二合
虞𤙖馱
覽鉢

麌称他怛攞丹
苐二會

誠左郍嗨秌淡戌婆訥
讚誠底冊左釼

麌称他怛攞丹
底迦弥達塘
郍殉達悶
設麌縛憾

吠羅誠左郍嗨秌淡淡戌婆

穆兀底鉢他鉢羅鉢丹式
兀又 二合 近

他鉢他鉢羅鉢丹式
兀又 二合 近

也縛忐帝篳羑怛羅 二合
尾施瑟鷗

人那弥僧近左娑縛哆
苐四會

淡馱鉢囉 二合
設娑跢野咚勱哩 二合

虞羅虞覽阿縛路嚕 二合
枳也 二合

P.3618　　2.金剛界菩薩真言　　3.五讚歎　　（9—4）

虞羅虞覽阿嚩路嚕二合枳也二合

你吞 祢野 曩謨你 底也二合 麼訶
份也二合 第五會 訶

賀摩羅野 讚筆野尾你也二合
莫迦野二曩摩悉弟嚩囉播筆曳
乗戍道北龍吉祥讚拽弥結幡識覽
哆你嚩尾廢娜蘇婆鄔桌你也賀禮哆
覬 左識堵四哆野僧殞捺里素哩羅塄
悍他識悍鴬悍識覽婆嚩覩扇
第二會

邊羅荅嚩你也
第二會

母每少道耶寧羅蜜哩(二合)哆嚩哩鼻

武物哩地悕哆(二合)懵迦覽婆嚩覩扇底迦擺怒

縛你也　第三會　拽懵諓覽婆嚩覩扇底迦擺怒

羅嚩覽部(引)嚩摩肄藍(引)尾尒(二合)底(二合)捬出

捨徐(引)始嚩日羅(二合)婆寧悉體(二合)哆嚩縛

寧舍嚩婆寧哆悕懵迦覽婆嚩覩扇迦(庭出)

縛你也　第四會　拽懵諓覽鉢羅(二合)嚩

捨(二合)始母頴毗蘽(二合)半左毗藥(二合)阿尾

婆覩素蘐悕鴛式勃覽舌補哩琰(二合)嚩

婆貌你鉢羅(二合)底(二合)誦屍哆琰(二合)

擭懵諓覽乞叉(二合)跋擎羯你也娑底

傢達介荅嚩縛部縛素蘐嚩...

獨憐誠覽氣又言題攀鵾你也距底

偶達介荅縛縛部縛縛素攘娑悑寫著

跛迦哩嘌蘗庠僧企歸 毋你曾敢顙捺捨

印　　秋吟一本

言澄潭一万丈潛龍之必棄錦鱗峻嶽千層

鳳之頂張翠翼翼肅內澤潭之老人懷募德之

奠偈于朱門誂金言于碧砌者盖汝　官德風

露逾乾餾黃蝪之前蹤結田夭之後阶軒蓮嶠峻

穹崇朱蘭逕曉日之光淥偏寫莫芬雲之邑此乃絡文

歌偈讚休吟謹裸蒀詞暑申讚嘆　吟

闁景置　遠近花軒難此　朱蘭間錯光輝

宗裔虧䶂　雲敬瑞草堂葦　風引詳花還逕逶

·254·

笙芭气盈 芔芔臺森鸞鸚聲調　池恕深況鴨渉均

絲絲幷靜　暫聽緇侶演金之

也金言大啓玉偈宏諒緇徒座夏方九旬毛毛客安禪方三

行課誦長峰有草、階動上清音須毘無毛之

起立去猶申握管之悲司馬強艇尚著題橋之根僧

推邪顯正、艇艱終之扡擲地讚談天、、

天禁呂九旬合持歪石、堅將盖如松、操安居告

深仁、磬寫肺肝特陳秦百、　吟

開教綱　廣与人天敬師　九旬讚咀真文

安居居至　無毛之地既刂　有草之揖呈往

復今護生　長益含靈無量　斷

、難名之憨念之心呈斬寄　禁呈九旬縁物布

角為含靈

P.3618　4. 如來成道九龍吉祥讚　5. 秋吟　（9—6）

難名之憨念之心豈暫停　禁莫之九句緣物布

貴勞令日誅　特將丹懇心話衷情　　增前有草何真　路工典車始散行

漸退凉氣頻施孤鴻叫鳴嗟之聲塞鴈

三韻蟬吟歷歷豈聞分公子樓前砧響偏

侶人坐側風高月冷露結霜裳秋天寫一色之清屏

塵數般之碧硯洪鐘暮聲之而引碎鄉人畫

侶々而傷殘侶夢　　吟

逍迢難可說　撥偏秋怀聲傷唱　曉鐘驚夢肺肝消

魂肝烈　天邊鴈緒去還來　月下螢光生入威

里鄉心　侶客傍惶情惨切　　斷

郎碧雲门青　万里炎光邑漸輕　鴻鴈工吟雜塞韻

收寶藏脆卷金函歡爐羅焚方褊種梘座林施
長論伯亭飛呪石之關白呂高僧住滿權峯
緣道理深奉牟尼聖上王爐羅藝泥種
傳妙義安禪動工鏟遠探之雅韻
別蓮宮遠詣花軒之地舉醮藏儀海
經收梵宇中下離洪徽情悄相將攜步忠運宮
嚴讚三朿義白呂休傳罪宗蒲面惠顏陳瑣薄
詩人風伏惟 念官清同秋水行比春蘭
丁達之歐武擒田之之罍東堂貴客無非朱棠之流
賓並今綺羅之艷茂既辭宋夏賢運新秋希
耳殊郷之釋衆吟露冷新秋已度
一天將暮僧徒謁御情風遠陷坐衢之路
石氏名家德擒田之貴戶以田五利當賞勞

·258·

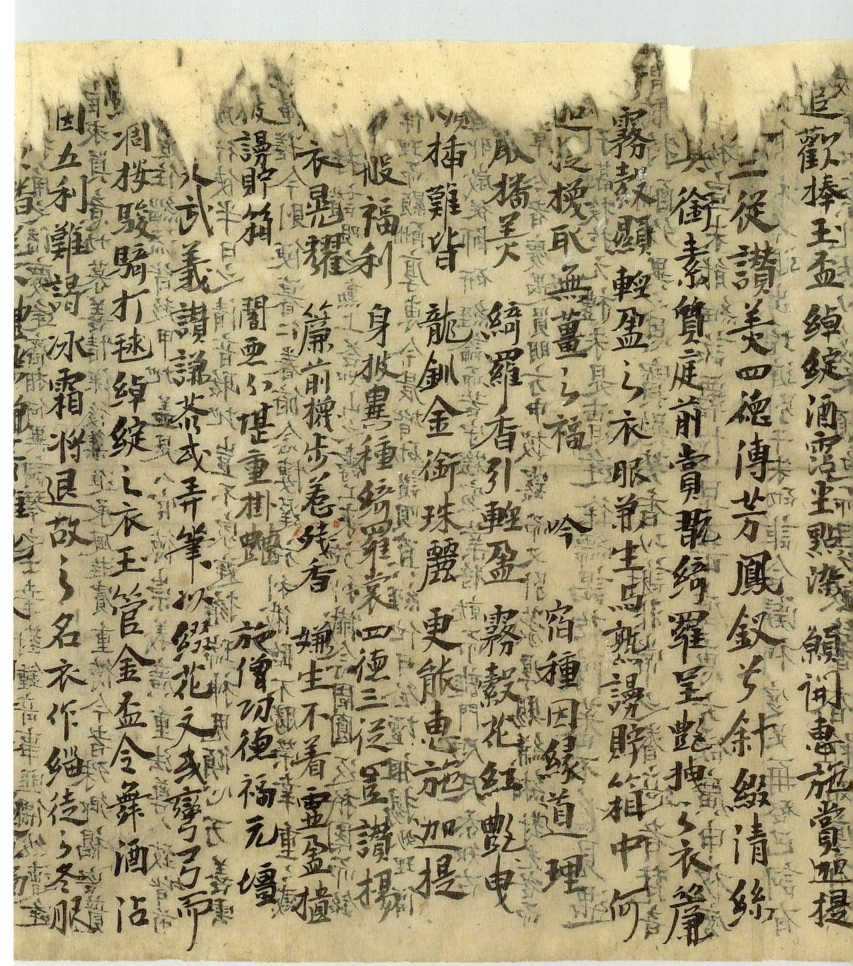

因立利難得冰霜將退故ゝ名衣作緇徒ゝ冬服

又楷羙天神樂諌苼羅北　今舞酒沾半臂

打毬汗透羅裳　　吟詩弄筆題楊

一掛之衣顏施迎捼五利

二世難量　敦賦律文宣五常　詞卸後薗呈武藝

羅衣小掛因重頻　　半臂休穿為酒偁

化下紲文章

王五利　特將丹氎花寒裳

閬素質花頻瓚姿吹笙管以調清音寺純笙

新曲珊瑚室下到鳳凰而悮綉鴛鴦非翠辟廉前

甘成師子詞來花下趂蝴蝶見掛禎ゝ衣詞上朱

鸚而悮傷羅脈　　吟　　畫閣香閬素質

力姿難天　累生宿種因緣　感果荣莘興日

素馨杳　龍劍釵鳳拿日　瑞巖富貴嬌奢

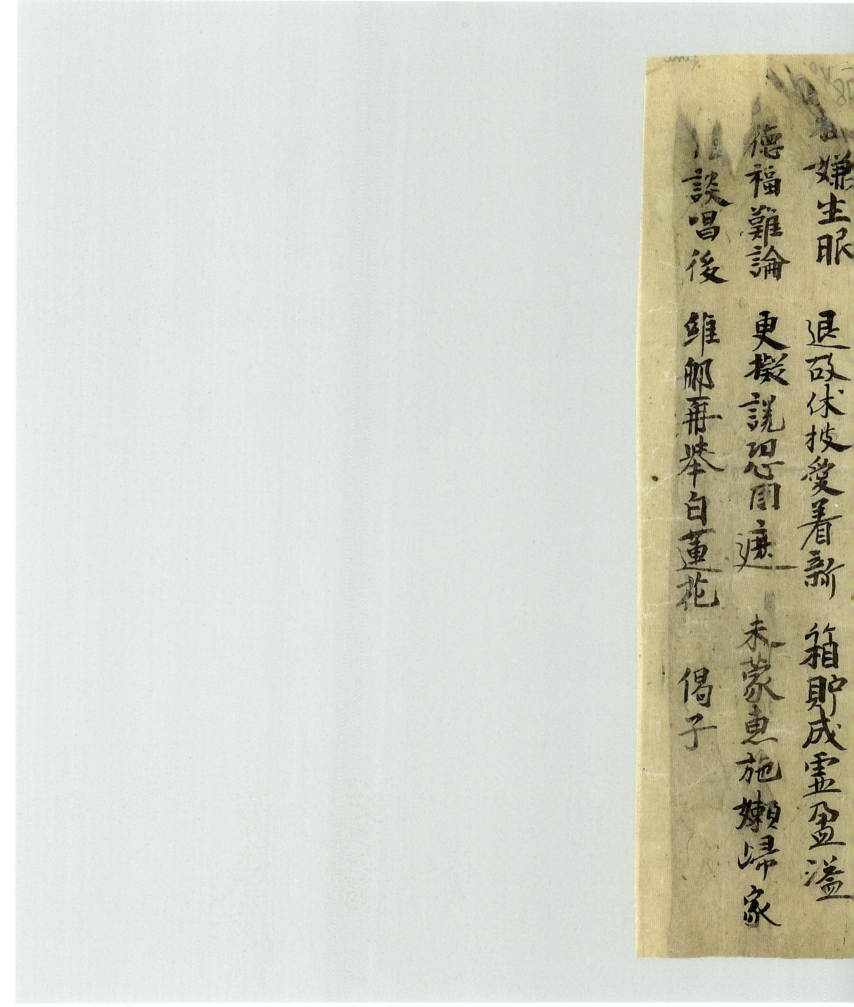

嫌生眼

退敢休投愛着新　箱即成靈盈溢

德福難論　更擬說恐囘遲　未蒙車施孏歸家

談唱後　維郍拜举白蓮花　偈子

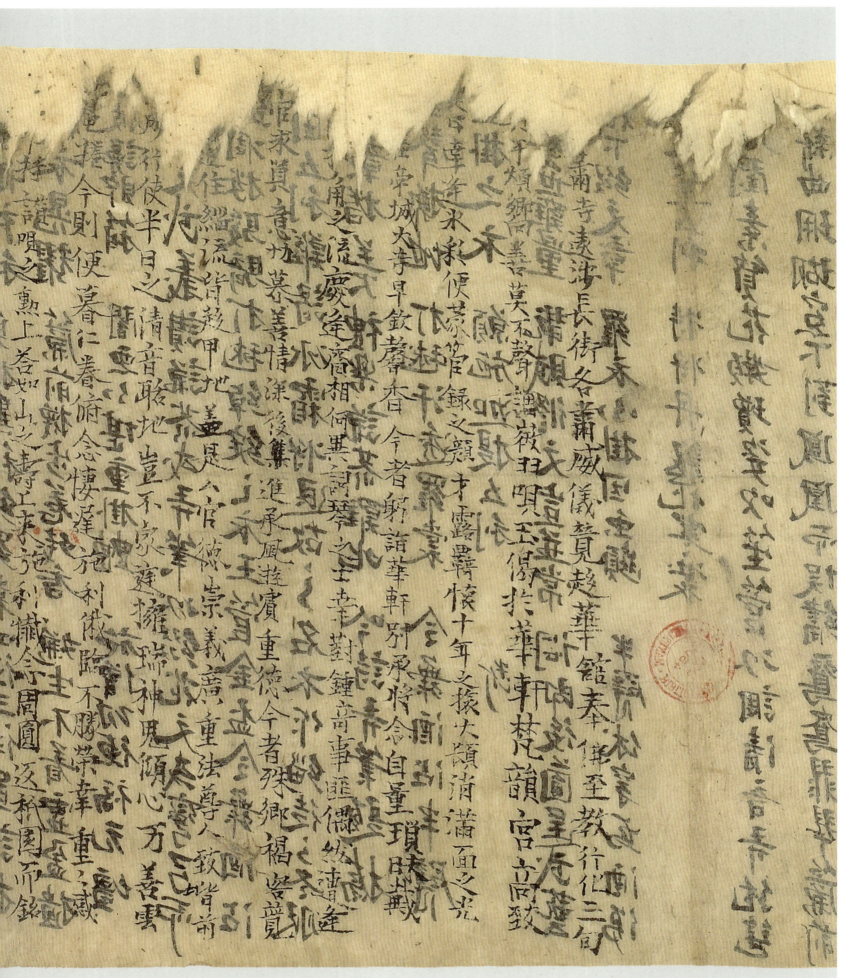

法國國家圖書館藏敦煌文獻

P.3618v 1.秋吟 （3—1）

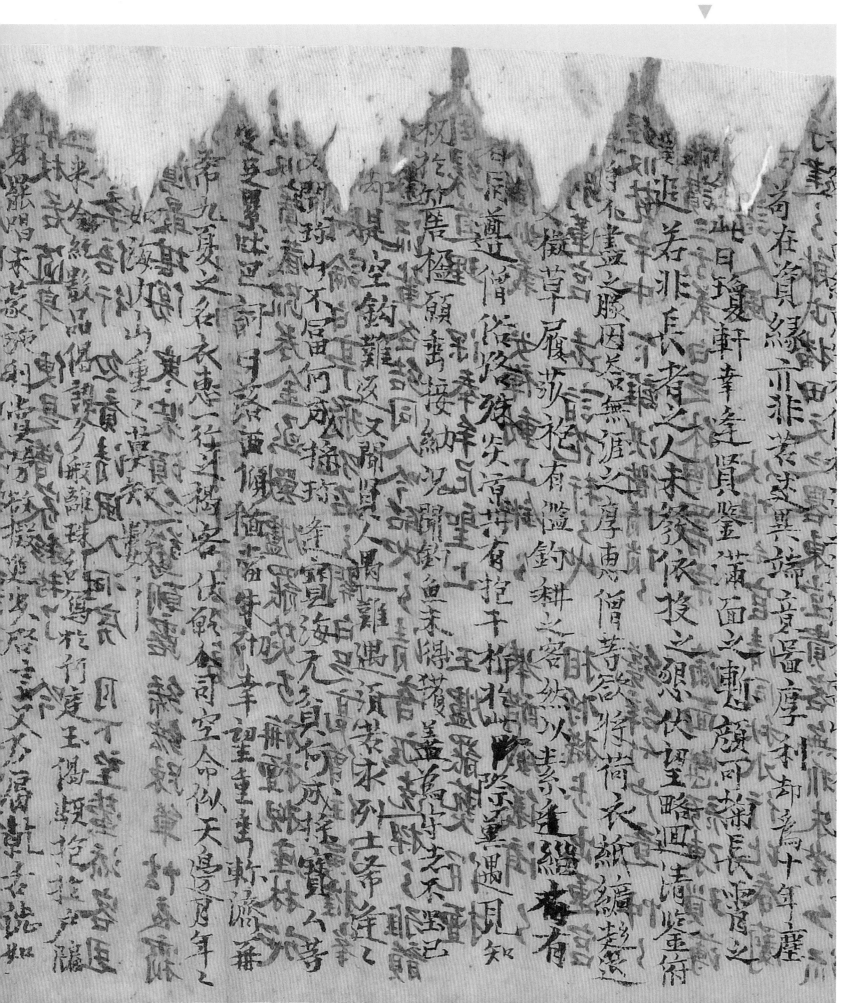

法國國家圖書館藏敦煌文獻

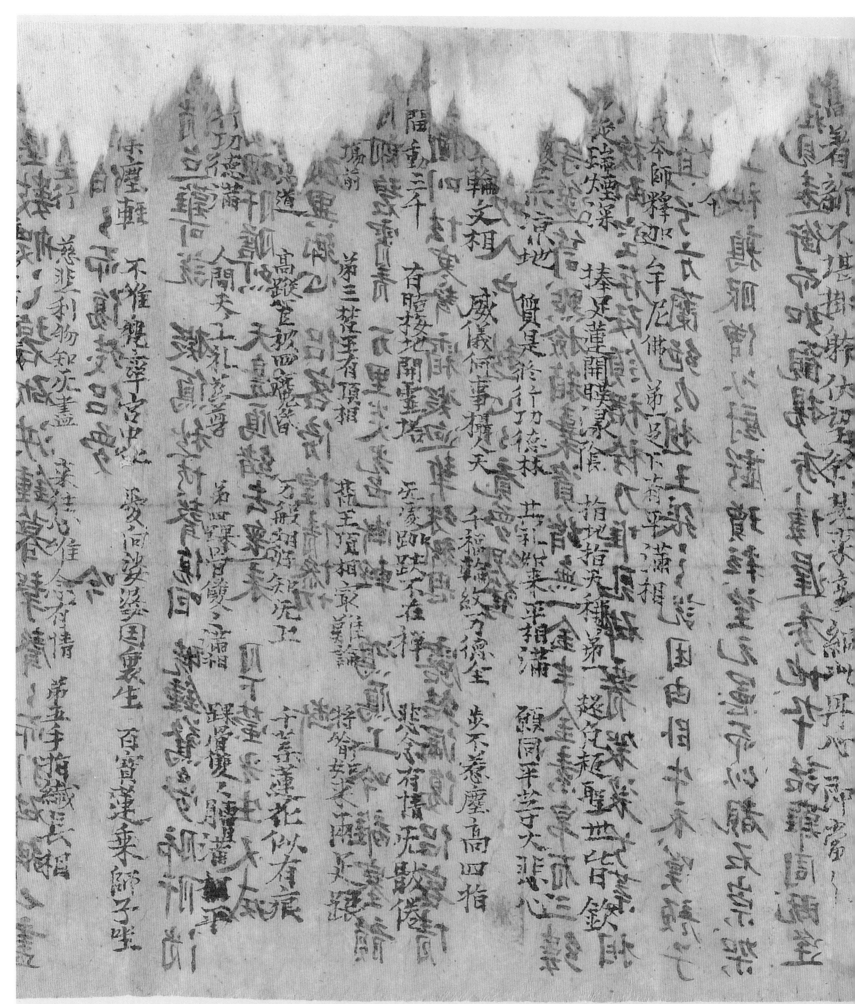

P.3618v　　1. 秋吟　　2. 佛相好讚　　（3—2）

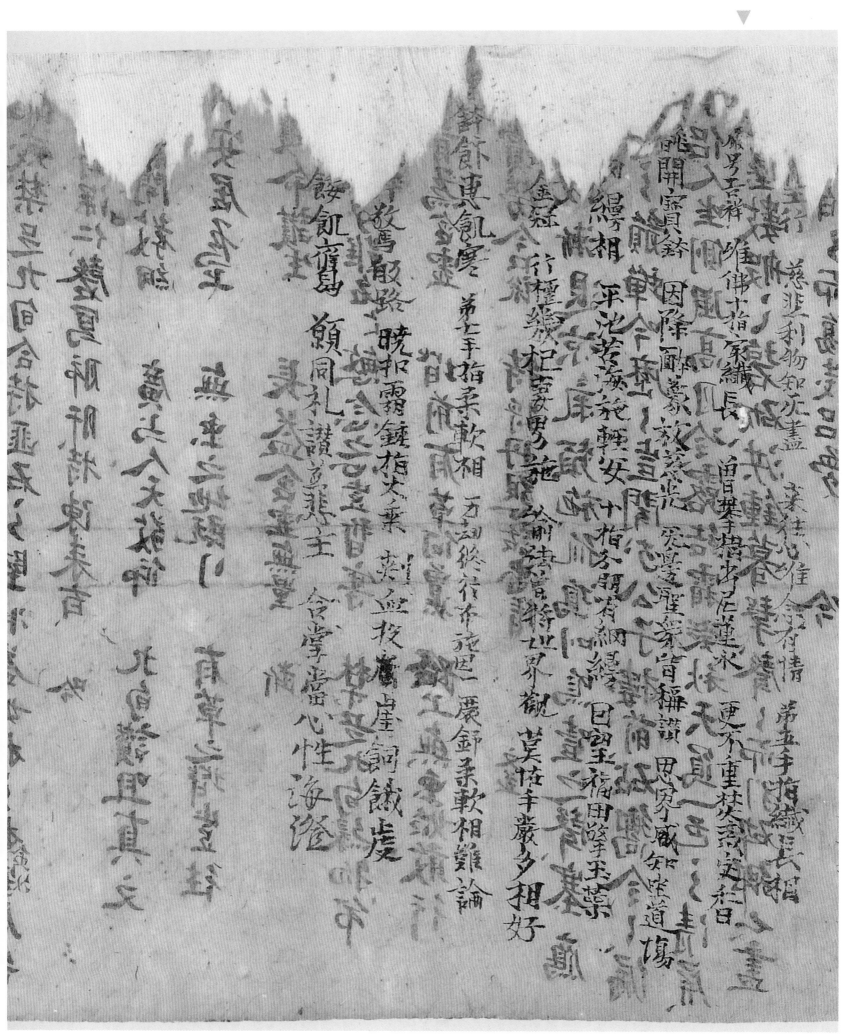

P.3618v 2. 佛相好讚 （3—3）

Bibliothèque nationale de France

Pelliot chinois 3619

法國國家圖書館藏敦煌文獻

P.3619　　唐詩叢鈔等（總圖）　　（一）

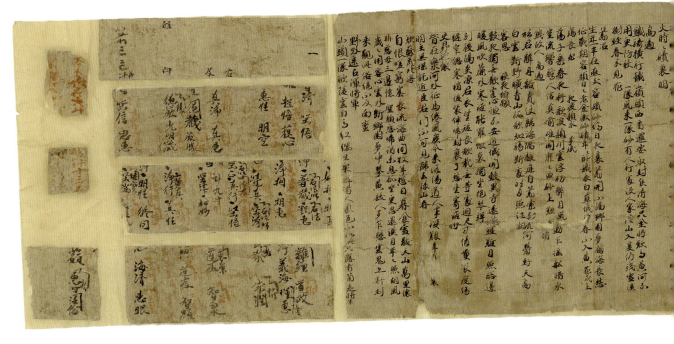

P.3619　　唐詩叢鈔等（總圖）　　（二）

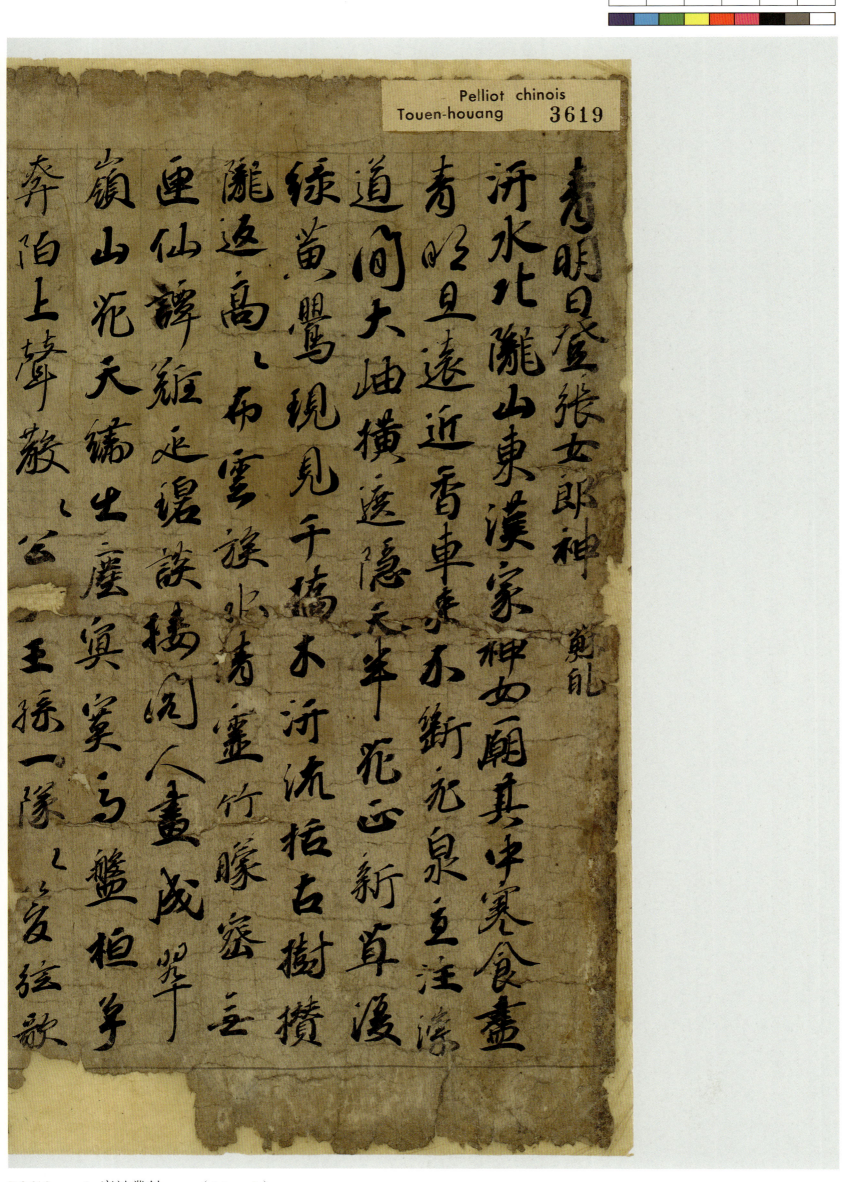

春明日匿張女郎神 勲能

沂水北瀧山東漢家柳女廟真中寒食盡

青昭旦遠近香車東不斷死泉直注潔

道間大岫橫遠隱天半花正新尊後

綠黃鶯現見千𥸸木沂流枯古樹攢

瀧逐高、而雲族水青靈竹朦鑒立

亞仙譚經延琚談橋閒人畫成翠干

嶺山花天繡出塵真笑為盤桓半

奔陌上聲嚴、公王孫一隊、愛弦歌

P.3619　1. 唐詩叢鈔　（16—1）

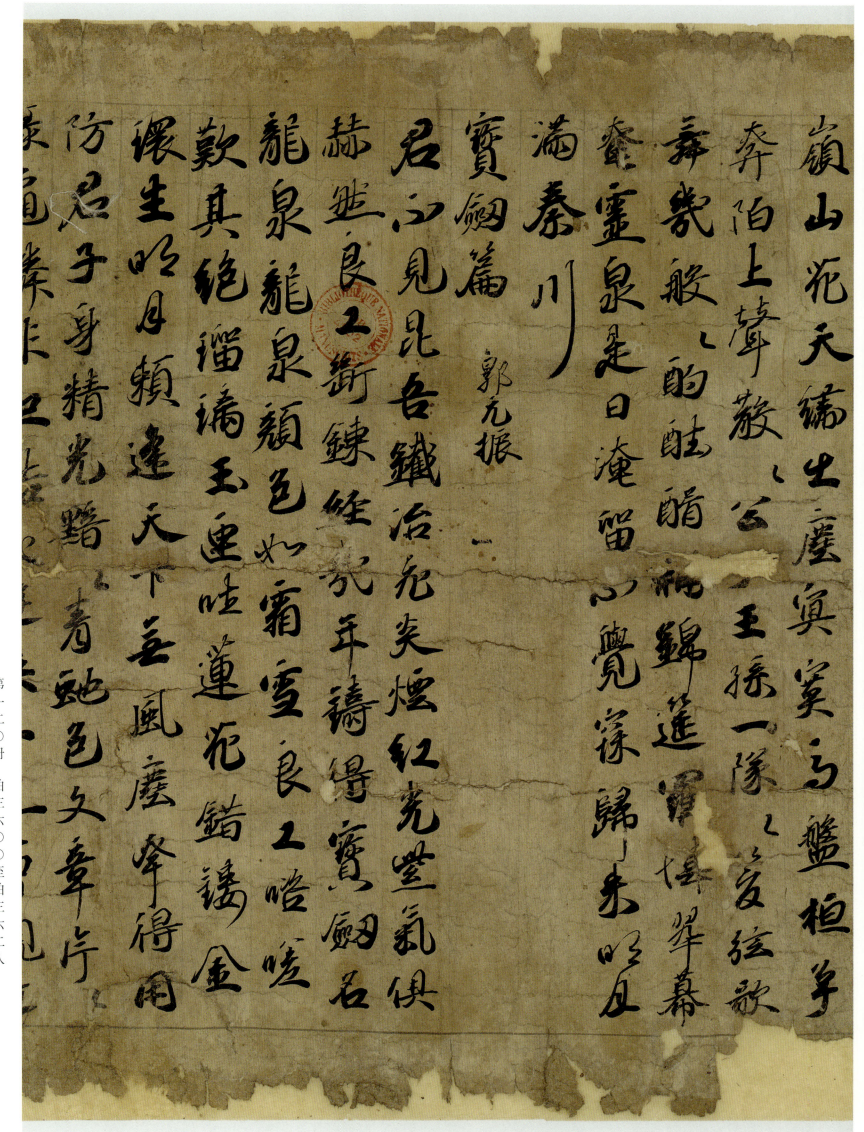

嶺山花天矯出塵真氣為盤桓聳
奔陌上聳歊谷玉孫一隊妾弦歌
舞鼓殷酣醑納錦連偉翠幕
賓靈泉是日淹留心覺滌歸未明反
滿秦川

寶劍篇　郭元振

君不見昆吾鐵冶飛炎煙紅光紫氣俱
赫然良工鍛鍊凡幾年鑄得寶劍名
龍泉龍泉顏色如霜雪良工咨嗟
歎奇絕瑠璃玉匣吐蓮花錯鏤金
環映明月正逢天下無風塵幸得用
防君子身精光黯黯青蛇色文章斤

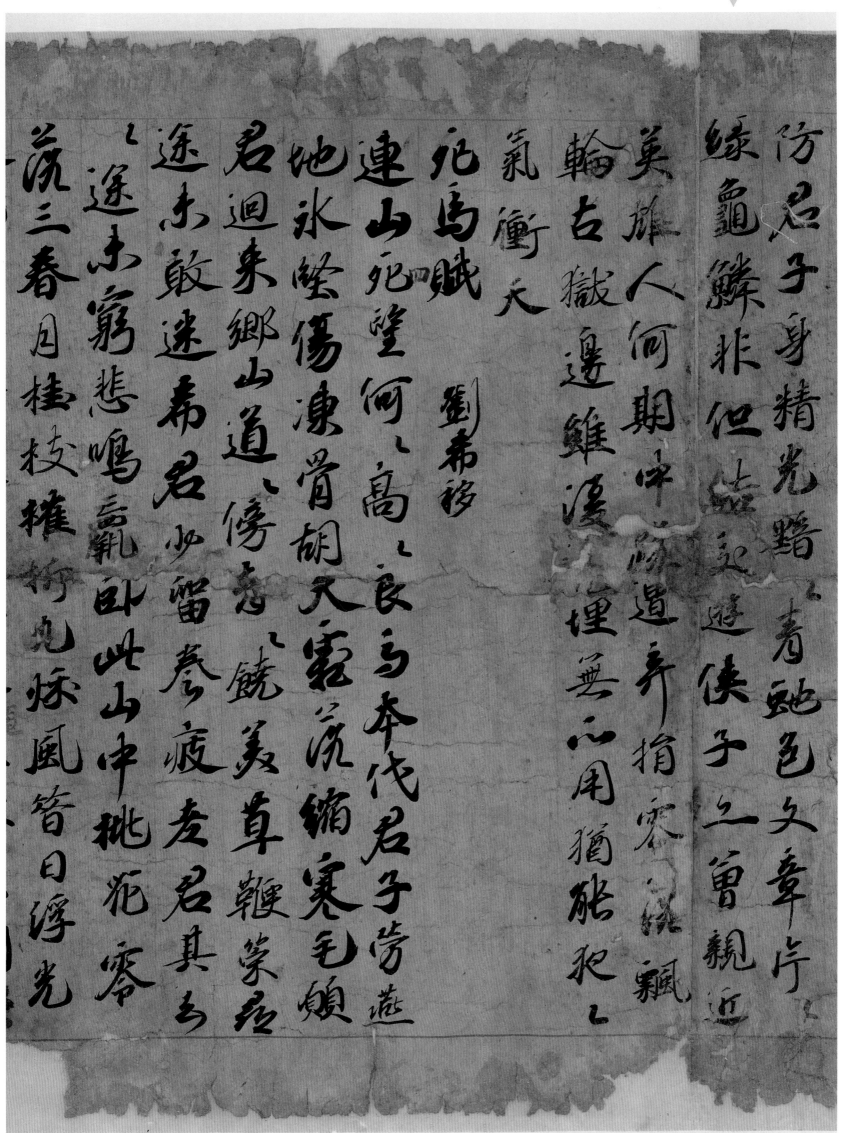

P.3619　1.唐詩叢鈔　　（16—3）

途未窮悲鳴氣卧此山中桃花零

落三春日桂枝權將九鍊風管日浮光

起電練常時躡景如流長撅廢閣刑

景遙上粲日明蹤此備漢如彈強愁

離別楚王興歌者征戰赤血露君心

知白骨辭君心見少年馳射出幽

并云秋攜筑重橫行雲中想見遊

龍顏目下見闖宛鵠韓千里松思浩

如失一代英雄從此必壚車岳身而如平

攤搖畫眉寧記日宛門待對香氣

期達遷橋題往即長辭八後記名終已美

千金賣骨後何時

圓圓馬

劉希昌

白頭翁　　劉希夷

洛陽城東桃裏花来飛去落誰家

洛陽女兒惜顏色行逢落花長歎息

三年花落顏色改明年花開復後誰在

已見松柏摧為薪要見桑田變成海

古人無復洛城東新人還對落花風

年年歲歲花相似歲歲年年人不同寄語

年少紅顏子須憐半死白頭翁此翁

白頭甚可憐伊昔紅顏美少年公子王

孫芳樹下清歌妙舞落花前光祿池台

臺文錦繡將軍閣畫神仙一朝

卧病無相識三春行樂在誰邊宛轉

臺父錦繡將軍擁閑畫神仙一船
邸病差人識平朝遊應在涯邊宛轉
俄眉能教時傾史白髮古雜思但看
古來歌舞地唯見黃昏馬雀悲

北邙篇

姜弓春鼻綠行歌牧征馬行見白頭翁
坐泣青松下敢欲前問之贈余羊苦詞
歲月移今古山河祥盧襄晉家都洛
濱朝庭多近臣辭賦歸潘岳繁華
猿季倫捽澤春芳菲河陽花亂飛
綠珠亦可縶白首向歸萬樓徭
寅處墓林久權折管時歌舞臺今歲孤

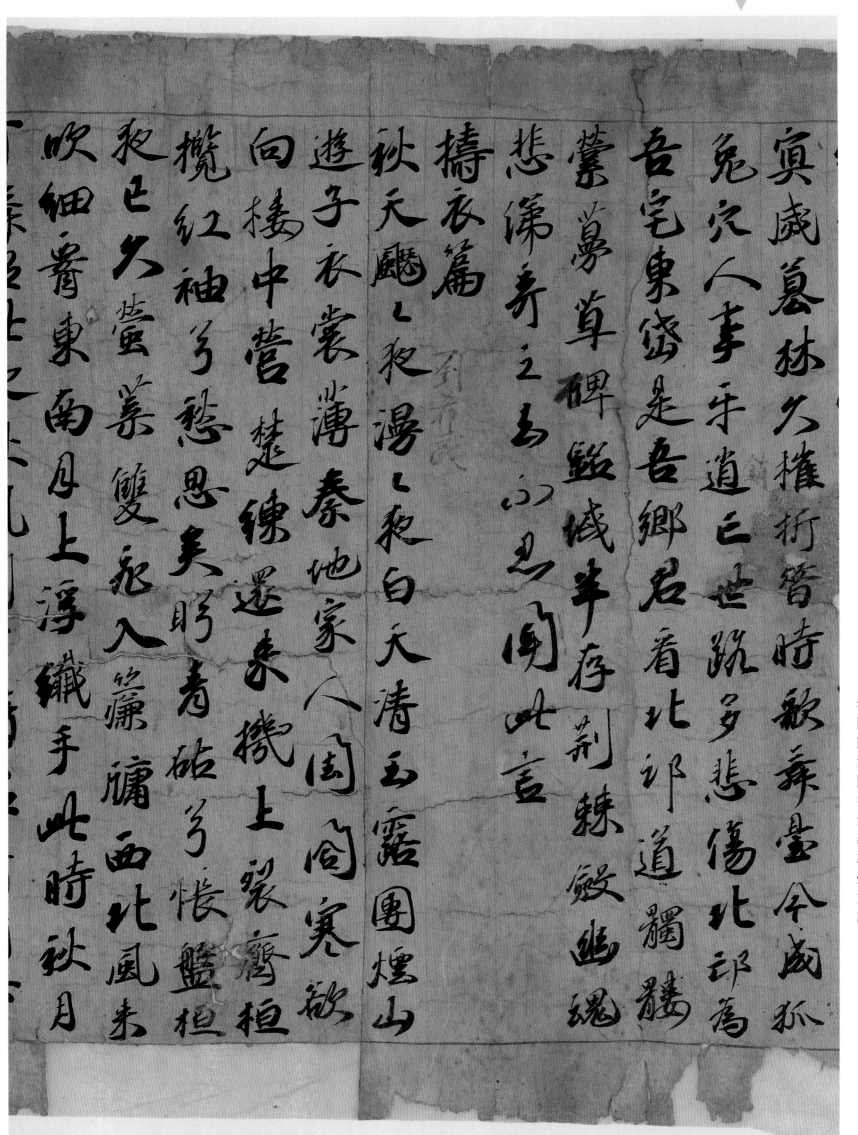

P.3619　1.唐詩叢鈔　（16—7）

吹細蕃東南月上浮織手此時秋月

可憐昭此炙秋風別有情君著月下

參差巖蔿聽風閒斷續聲紓河轉

弓春雲曉永鳥鳴兮行人少攬眉綃

繡思紛對巖穿魂悄闇道還

家由未朝詐湛登隴悵朦朧悲夢見列

容非舊色巳裁縫改舊時織書遠

審又河典須及昭平春草綠莫嬹

衣上有斑直為思君渡松續

登黃鶴樓　　崔顥

昔人巳乘白雲去茲地唯餘黃鶴樓黃鶴一去不復返白雲

千載空悠悠晴川歷歷漢陽樹春草青青鸚鵡洲日暮鄉

閑何在煙花江上使人愁

登見鳥妻暢諸

P.3619　　1. 唐詩叢鈔　　（16—8）

千載空悠〻睛川歷〻漢陽樹春草青〻鸚鵡洲日暮鄉
閑何在煙花江上使人愁

登觀鵲樓　暢諸

城樓多峻趣列酌忿登攀迴林处鳥上高樹代人間天勢團平
野河流入斯山今年菊苑李侍走送君還

登岐州城樓　　皇甫冉

岐羅三秦地登臨實壯哉客心閑外物秋氣靉頋来歸自浮雲辭
寒衣早鴈催他鄉有時菊留賞致人盃

度大史山嶺　宋之問

度嶺方辭國停軺一望家繩随南斗墜鳥淚盡北枝花山雨初含霽
江雲欲變霞但令有歸日不敢恨長砂

城邊間官使早晚發西京来日河橋卿春徐䒖寸生北池水谷緣
御苑草應半緣從頋說教人眼轉明

楊子江夜宴　　蔡希寂

楚水夾京朝半仙舟燭燭明美人欲一盞春不隊倚羅幕香風徼卿巾
舞袖軽遊逅得意雲雨莫来遊　李邕

緑雲篇
緑雲鸞氣飛晚遠遊孤山頋發作立般色曵為一殼悲戢雖㴱間底心
在天際遊風動必花去小應長此留
度可抉

緑雲鬟氣裊晚遠遠孤山頭髮作一股色疑為一股悲嚴難淚洄衣心

在天際遊風動必形去心應長此留

　慶巴硤

客從巴硤度傳子辭行舟是日圓波濤高塘雨半收青山滿蜀道

緑水向荊州永作書相慰何能救別愁

　秋夜泊江諸

夜聞木葉落疑是洞庭秋中宵起拜

山月隱峨楣庭號萬里朝夕流孤

我有方寸心安在六尺軀懷山復

水能降心運鉤用持滾酬珠已含報鳳

貧与富但頗一相孤

見聞　天子訪沈倫萬里迢

渡江南揚柳春

立心食獲帰

　謁河上公廟　祖詠

河上公遺跡荒凉在道邊草主堂廟而

加聖騰空奧表仙李文　皇帝後草句玉含

勅借歧王九娥宮避署　王維

卷鼻山泉入覺中

席子遠辭丹鳳闕　天書遙借翠微官

敕借歧王九成宮避暑　王維

帝子遠辭丹鳳闕　天書遙借翠微官

碧嶂縹緲山泉入鏡中巖下水聲□□語嗅林間□曙□

未必能臻此何事吹簫訪碧堂

孟顥述

北闕休上書南山歸弊廬　心□

年老青陽逼歲除　永懷愁不寐松月夜窗虛

九月九日登高　　高適

籬前白日應可惜　蕪下黃花為誰有客子迎□君末撲衣主人得錢

姬沽酒歔秦頻頻時多歷泰澤拋運世者醜縱登高只斷腸心

以獨坐堂搔首

大桐軍行　李斌

驅馬出門思孤身邊思盡風傳萬里去□常兩鄉情北望單于

道臨東大武營塞閑燥艅谷山淨花泉昭

宋之問

汀上越王臺登高望幾迴南名天外谷北□日邊閑地溫煙常起山

青霧半來冬花掃蘆摘夏葉摘楊梅

登靈巖寺　沙門日進

青霧半来冬花掃蘆樵夏菓摘楊梅

登靈巖寺　沙門日進

靈岳多奇勢藏山負聖圖谷中清澗響峯宗白雲孤石龕
宵溪長松流澗拓澄心香院下煩慮舜遊臺

謁聖容　陳維明

法雨震天雷祁山一半顏鱗乙瑨玉色窂乙現如来螺髻德壇合
圓光滿月開從茲一頂謁水紛去塵溪

早行東京

早行星土在數里天未昭心辭雲林色唯聞風水聲月臨山欲曉河
入升間橫斷向重巖望依稀見沉滅

採蓮篇

遊女沉江睎蓮紅水漫清覺多愁日暮爭採晨船頃波動鼗釵
流風飄舞袖輕松看心盡意歸浦棹歌聲

哇蕃黨谷八編刑　李斌

生死涯能兔噫君最可憐幼男猶在抱燈母未齡年爲漢真徒往爲
當命合埏設將泉下事時向夢中傳

鯽謂

我有一長鯽磨来十餘年但藏玉重裏未向代人傳鍔露星將轉環
開月共懸霜鍔暎牛升雲刀倚長天每欲清萬國常懷定四邊希
君持取用方謂識龍泉

我有一長劍磨來十載平但藏玉匣裏未向代人傳鍔露星將轉環
開月共懸霜鋒暎牛斗雪刃倚長天每欲清萬國常懷定四邊希
君持取用方謂識龍泉
我有夜光寶自趙明月〻堪獎漢祖劍曾上魏王臺五色人
雜辨千金匣始開小逢　天子照卻漢庭開來
曰南王
附臣通趙國奉使拜遼燕蒼海行無驛窮路毀千猛風空裏飄
明月浪中懸水与天同色山共白雲連隨潮去〻遠來〻先有歸舟
比來聞漢使一別似張德
遊苑　蘇乩
庭院開金鑠周迴賞遍堂池添流水湧岸洵引橋長遇石磬勝
息逢林擒菓嘗更呼園子問何處可是涼
破陣樂　哥舒翰
西戎最沐恩深犬羊違背生心神將驅兵出塞橫行海畔生擒
石堡巖高萬丈鵰窠霞外千重一喝盡屬唐國將和應合天心
燕支行營　崔希逸
天平四塞盡黃沙塞冷三春少物華忽見天山飛下雪疑是前庭
有落花陽鳥黯〻暎山平陰兔徽〻光漸生戍樓往〻雲間迥烽
火時〻磧裏明
高適

火時□磧裏明

高適

鐵騎橫行鐵嶺頭西看邏逤取封侯清海只金將歛馬黃河亦
用史防秋一隊風來一隊砂有人行處沒入家雲山入畏伤殘雪溪
樹經春不見花

　塞下曲

生年半在燕支山邏邏磧平作日夜襄籥閱□□鄉園夢飜海長戀
征戰期窗顏日己老金微砂磧碛平卧鐵衣白草岈冰春心入黃花戈上

渡潁水　　李頎
我行歌渡潁川雲浮初齋月風動下搖船暗水
暘子栗春歧信莫前維聞靡曲砂上欲□□
宣流響鷩人信莫前維聞靡曲砂上欲□□
餞故人高適

客思白雲斷野曠青山孤欲如腸斷□□照沍湖何簳纤天高
衣君辭母歸海隅離庭自籥素影沍何簳纤天高
秋夜桓顯
數犬獨□歡窗心恒不安道俄聞鼓異寺遠遊□□鐘行目照窗邊
暖風吹簾外寒涯能羅帳裏獨坐抱琴弹
別後獨笑涼君衣望裡長歌式王寺襄迴足寸倩董裳瘦傷
縫窗憶寒悄後裝伴啼封襄了懸坐寄涯帆
史昂□悵
□在衆河□征馬倦風塵今來滯陽道入李漫浪草行

懷

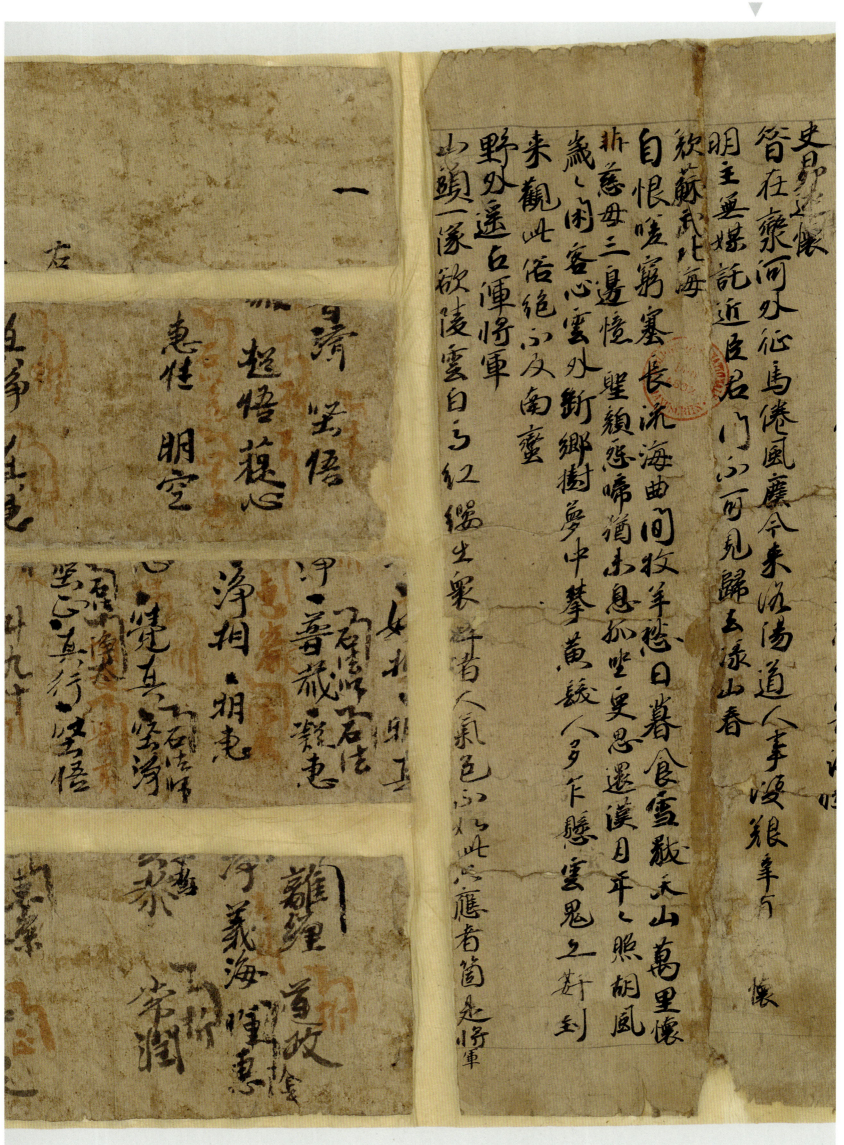

P.3619　　1. 唐詩叢鈔　　　2. 某年沙州某寺狀　　　（16 — 15）

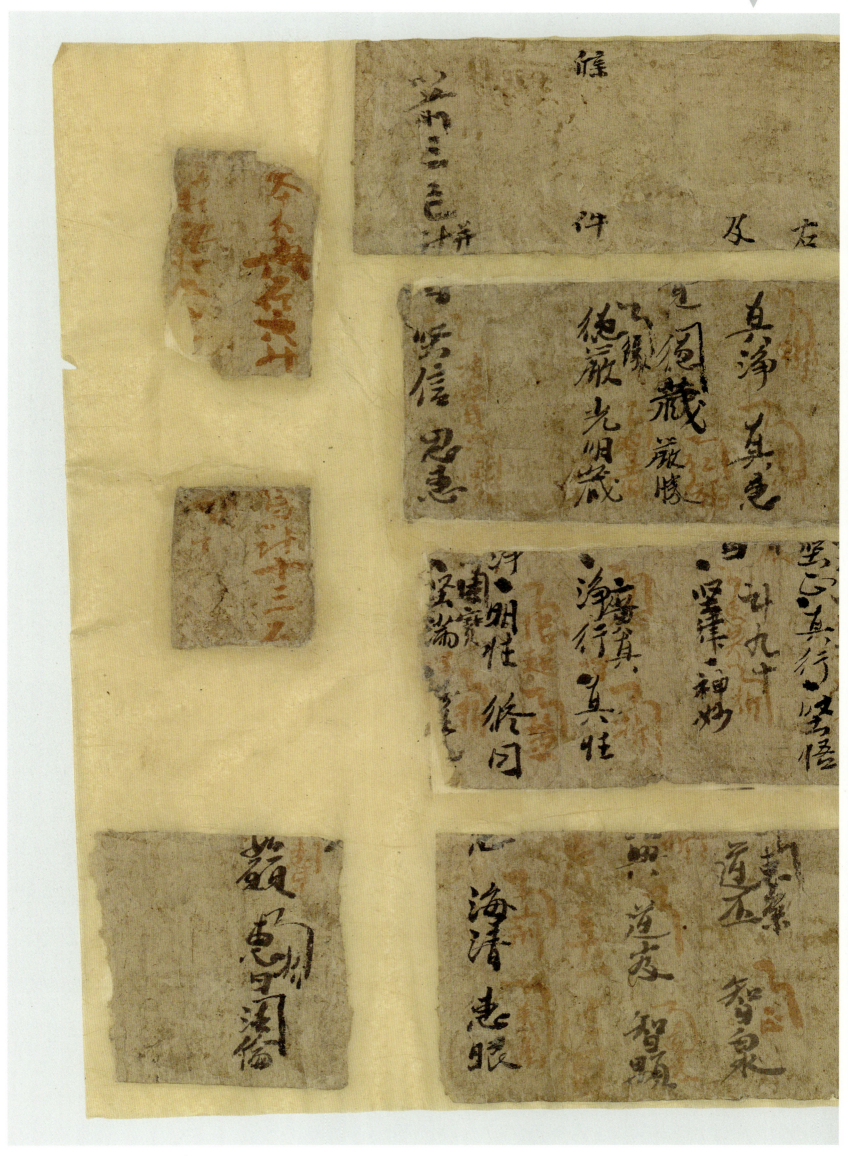

法國國家圖書館藏敦煌文獻

P.3619v　　　陰仁貴人名（總圖）　　　（一）

P.3619v　　　陰仁貴人名（總圖）　　　（二）

P.3619v　　陰仁貴人名

Bibliothèque nationale de France

Pelliot chinois 3620

國家無備臣今將死抗表陛下若已臣在失得之

後任委為詞臣今將死謝　思陛下以臣破畫

所忠肝瞻見察臣之死陛下不輕此賊無

臣言忝冒社稷復安達朝震敗臣之旦兵衛天

飲酖向日封表頭為屍諫之臣死作　聖朝之

覬君殁有知必擬結草軍前迴風陣上列王師

之旗敢平寢盜之文鋋死生酬恩不任感激臣

常情無任承躍聖代非悲竊之志謹奉表以聞起

首死罪

諷諫令上破鮮于叔明令狐峘等請試僧尼及不許交易書

龍集乙未九帝唐興月任□言言曰行南道流離山澤草蠹

P.3620　　1. 封常清謝死表　　2. 諷諫今上破鮮于叔明令狐峘等請試僧尼及不許交易書　　（10—3）

諷諫今上破鮮于叔明令孤峘等請試僧尼及不許交易書

龍集巳來九帝唐興月遊立言曰行南道流離山澤草蒙

比上无名僧死剕清浸遠投　丹關西北獨立高聲叫天

緣後跪膝捧書進上諷諫塵騎　程德招解　天感萬

死不貪道聞未直立應繩　程君後諫豈不然也伏惟

陛下屏天怒攬狂書有道縱死立為多幸貪道祇合

牛吲草莽豈作羈羊辭蕃見　陛下攬不忠言之敗

大君之化以此不忍敢上對言貪道亦知曰是言身之細貪道

言逐不避截舌名注豈懼喪身伏顏　陛下察之美

陛下不知賴有非常之君野有非常之士貪道自具是非常

之士不能諷諫　陛下有對福德何以八國之亭金鐵四

王　陛下審思焉貪道過必死言直切謂不忠何者旦金輪

王壽命八萬焦王四天下常以十善化人銀輪王壽命四萬焦

王

陛下審思焉省過必免言直切謂不忠何者且金輪

王壽命八萬歲王四天下常以十善化人銀輪王壽命四萬歲

王三天下常以十善化人銅輪王壽命一萬歲王二天下常以十

善化人如上四王並七寶隨身千子圍遠位登八地極樂諸

天猶上轉循超就仏果況　　陛下位早栗散薄屬鐵輪

地狹九州境方万里雖有梯山之藏猶有未賓之長索

何於此位中而生退墮育道漾為惜哉　陛下不聞

尸毗王剝　权鴿剝身燃燈是求輪王之福也　陛下不能如

是何不學克祖相王捨定戒寺而求臺奉　陛下又不能如

是何不旦度僧尼賜少安樂並有福田　陛下何得納鮮

于卿明令孤岠之管見塞其大罸育道雖恩加持來

可何者且鮮于卿明生居竈野雖有子路之易而无

韶迥之人只如猬寞不能讓仲尼之文耳如鷄塒不能

聽釋迦之典專事生殺恣意禽荒請試僧尼此崇

朝迴之任口如獨寐不能誣仲尼之文耳如雞塒不能
聽釋迦之曲專事生延恣意喬荒請試僧尼此業
可其倉廩雖有少尖而无大量掌輸言不能直諫
攝禮部曲取人情擇明進走必有才惠僧尼先聞
矯狀意擬陷君无信殊不知自身不悉只如嘗在交易詞
頌徑論於園何咎而食禁緣　陛下言天下寺舍甕作
軍營所在伽藍例无僧飯不許交易且將遣何生伏惟
　陛下聖慈矜察之其尼師或有名家子女　帝族王孫
忽被俗士輕陵奴兵斛突便道有　勑不許經論棖
　令受屈如則自泯風教何開裨補皇猷　陛下湏審
詳表跡細閱封文可行則行可止則止何得收此无稽
三怃以為天下　勑文外園聞主實為可嘆耳不知
　陛下何以收之省道恥之丘亦取之省通聞孔武言吾
非魏禿也氣焉能繼而不食僧尼皖斷交易不許營
求　陛下福田二則僧尼得食僧尼皆是
堂淦一則成　陛下將在常住放其三寶地人合置
先朝幼索彩臻並不言經業　陛下若試先

堂澄一則成　陛下福田二則僧尼得食僧尼皆是
先朝幼稟取錢並不言經業　陛下若試先
朝所度年月已深計日驅功亦合成業省道切謂不
然只如俗士出身之後幾人作刺成文得入超絕便以方
圍取人不失且事若試經業亦恐遺却僧尼京
然審若試練京須三學取人且學法或有持律
者全若不得長衛市收則不失先　皇之信一則轉
益　皇帝福田何乃如是且僧尼手畫皆有功如何
知矣且如　上皇去國光壓靡有保蜀無田校異不可
真需京宮室已披焚燒天下庫並皆劫盡通儒軼緩京邑
凱祐鼠竄河中子儀舉軍南代兵盍無顆糧懷目將甲西
衡馬無丁草充　朝權討賣度取義直得舍立票
羸糧財帛山積故使兵肥馬佐將勇師徑一舉無遺
弃收天下　陛下今日有國莫不國斷其是僧尼有功何要
経業不求優當章靖存而勾福　陛下儉宮室律百
寮使僧裝不衣食內諸自無生著免被割剝黎
庶曹見　權安何忍制僧尼斷交易令菜食不足

庶曹見權安何忍制僧尼斷交易令莱食不已
短禍不遏而已武肴道切見鮮于叔明令狐峘等矯身

竊位妛居而會崇以清羅栽盜其情管絃竹乱
直聽魚補畋獵笑其惡何論謟媚縱其忘抗酒於乱
色之聞緩息於華堂之上不能借國家少理不能助
國家少憂且西郊未宵何不畫業令自留斧鏻
東山高耕何不鼓討令束身環朝其僧居盛於林麓
武在於山居崇以持盂代耕自給朝夕於國家何害
專念薩隙不見自家妻既純衣綃羅之服廚中燎
婬長淦釜挑李之雜攘伊一面粉偵直之價成僧
居十自之報身上賣珠衣均然習得僧居一生之業
玩之不能自律其過舉他人非國賊也伏願陛
之矣攘伊弓公行事自憑私家亦能藥倒陰陽齲
霄復天地　陛下亦不停不防矣肴道亦非但郤宮及並非
瘞諫君臣紙為經事夕為徒斯互語　上皇破国中所
武操山隙謝破國乱邦于今末定　陛下不自擊矣晩食
庸心愛人出震想括六爪之危　耀九五之尊覆業

武探山隆謀破國亂邦于今未定　陛下不自擊而晚食
庸心憂人出震想括六凡之德躍九五之尊覆業
漢主當日之平為道履望主一生善色燕不作坟宫
棄其美女琴琴不為五方放其殊戴吳布二皇
之德内鎮五章之功伏願長保聰明永揚寇讓靜
朝庭而使獬豸辨中外而令聰馬傳化賣之道
投書在一匦用申諫諍之文陛下護若依行伏聽領
示天下　无名冒免以聞伏聽　勅旨
鄒鄴爵判　見惡務去從善嘉流越降百祥復經
千古況口无血食存生之短旦尊目不色觀絕世之
情可尚玩蒙割度復是精絹少壮者見要径持老
弱者不堪役力蕭馨羊幸何忍改作
勅批　李婦明余峴等亚奏並傳祷立僧名令知暵意
无名歌　天下沸㳊積年燕来到千錢人失許附擲穜
得二佰田磨折不盡土税令乗苗稼看更弱捘榆產

P.3620　　2. 諷諫今上破鮮于叔明令狐峘等請試僧尼及不許交易書　　（10—9）

無名歌　天下沸滕積年燕未到千錢人失計附擲種
得二佰田塵折不克士祝今年苗稼看更弱拾榆產
業消拋却不知天下有幾人祇見波逝如雨腳去
如同不繫身隨波水逝流長流漂泊已経千里外誰人
不葉雨郷悲憐安庭前獻頭肉未知乃柱饿眠宿君不見城
得空墻主　將軍祇是養竹君看城外栖惶處踉
芊花如柳藻海鷗衝涯輕作業空堂無人苔飛去一所
在君侯勿須亂花言憙言彼不知自傷此世糖得恩
名當来必酬苦果

半年三月廿五日學生張議潮寫

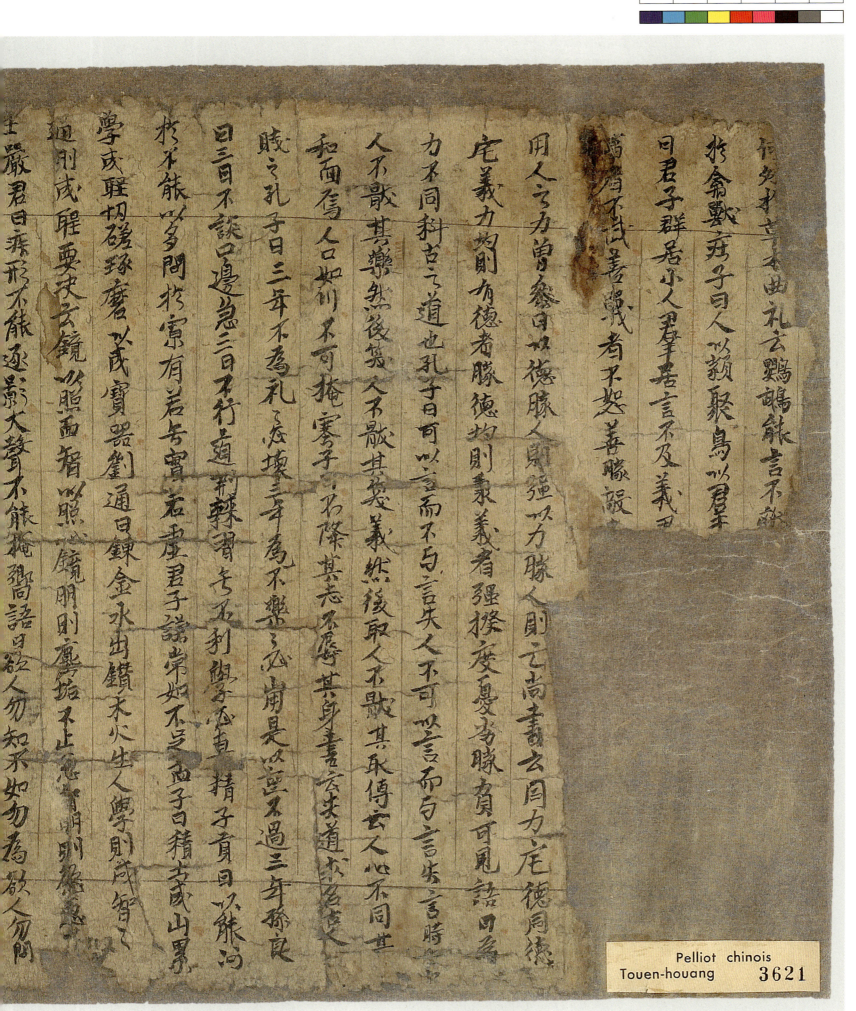

無辜之善死罰不以怒而誅必賞不以喜而賞於主功賞不加無罪書曰寧失不經

喜所當賞不以怒而誅必賞

不伏九諫曰賞以切則人喜四諫……過則人怒……孔子云怪智留臾人清淨性可要

靜耳而不聰聞……而不言弃心而電老子云大譬若訥大巧若拙澄心淨性而不視

不伏九諫曰賞以切則人喜

神警……身劉過可譯以聲自譽薰以書自減龜以智自割羽羊以明自

殘高曾以朋自煎名以玉碎何貴孔子曰吾日三省其身見賢思齊焉見不賢

而內自省孔子曰人誰無過過而能改過而不改是爲過矣要決玄聞過不改是惡

人恩無益不如學也要決玄脈走復病……機必是察過之主尚書云以誼制事以……

恩無益不如學也

孔子云君子有九思視思明聰……恩溫自恩恭言思忠事思敬思難見

德恩義三思如渡行……孝子曰金玉滿堂莫之能守少人不知天命而留貴多求

諸葛武侯曰賢而多財則損其志愚而多財益其過尚書云玩人喪德玩物喪

孔子曰吾以志道爲實不以金玉爲實又曰才能害身已盔訪遠之色能敗身慾須長之礼玄慾

不可終之怨隔才不可親之慾速辱妻子曰嗜欲傷神財多累身故不頒留貴以多頒主味曰

不妄視目不妄語則無怨惡劉通曰知是則然玉□則身全語曰巳死不頒勿施於人

P.3621　　新集文詞九經鈔

P.3621v　　1. 錦衣篇抄　　2. 七言闕題詩（隨造更有孝子□）　　3. 春座局席社司轉帖抄

Bibliothèque nationale de France

Pelliot chinois 3622
(+Pelliot chinois 4034)

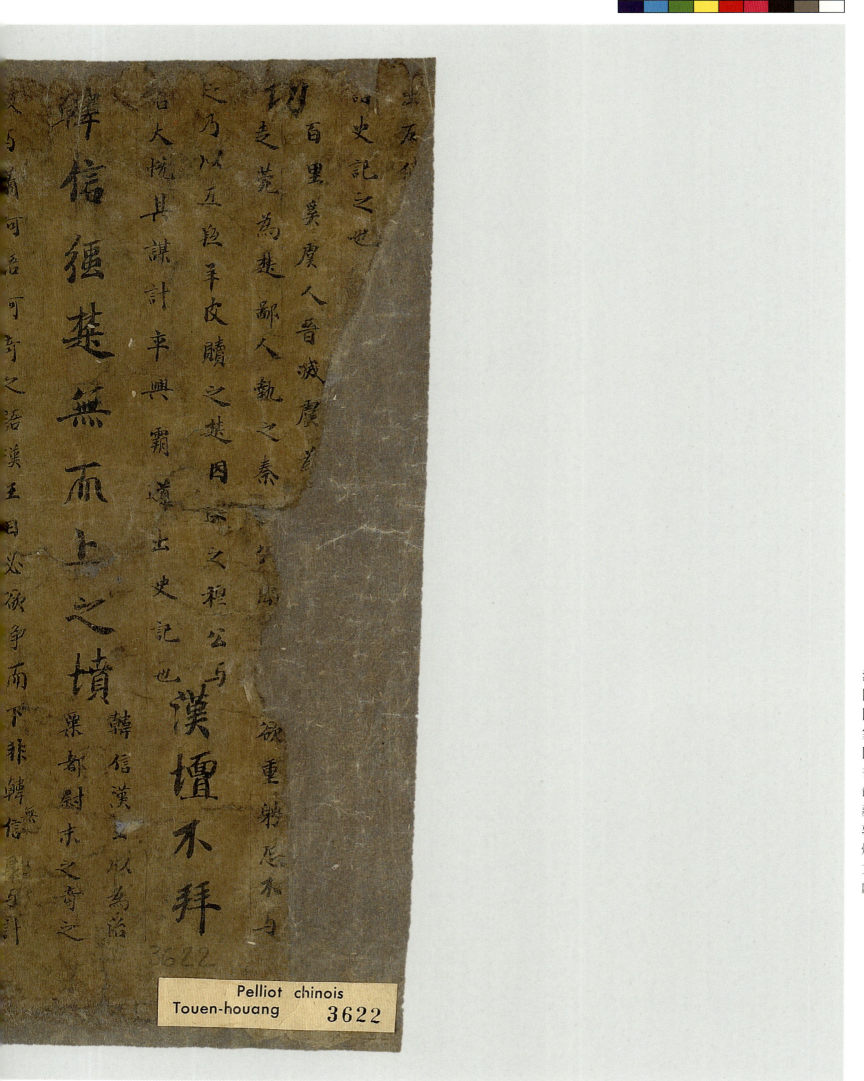

韓信猶楚無而上之墳
信而韓信漢王以為滋
粟都尉未之奇之

韓信漢王以為滋
漢壇不拜

百里奚虞人晉滅虞善
趍走菟為楚鄙人執之秦
之乃以五羖羊皮贖之楚因
與之穆公與
晉大悅其謀計卒興霸道士史記也

史記之世

法國國家圖書館藏敦煌文獻

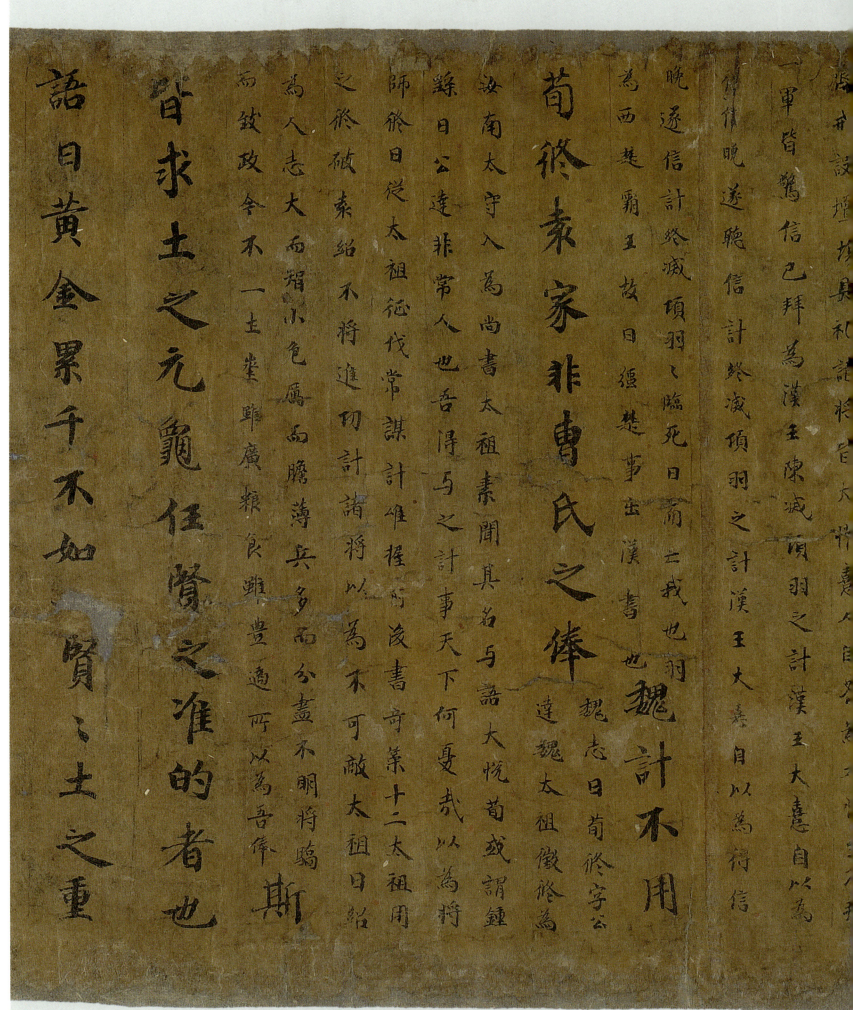

一軍皆驚信已拜為漢王陳滅項羽之計漢王大喜自以為

師作晚遂聽信計於滅項羽之計漢王大喜自以為將信

晚遂信計於滅項羽之臨死日吾悔羽為西楚霸王故曰彊楚事也漢書也

荀彧袁家非曹氏之俸　魏計不用
魏志曰荀彧字公達魏太祖徵彧為

海南太守入為尚書太祖素聞其名与語大悦荀彧詔鍾縣曰公達非常人也吾得与之計事天下何憂哉以為將

師徐曰從太祖征伐常謀計維握前後書奇策十二太祖用之破袁紹不將進切計諸將以為不可敵太祖曰紹

為人志大而智小色厲而膽薄兵多而分盡不明將驕斯

而致政令不一土卒鞠廣糧雖豊適所以為吾俸斯

昔求土之元龜任賢之准的者也

語曰黃金累千不如賢土之重

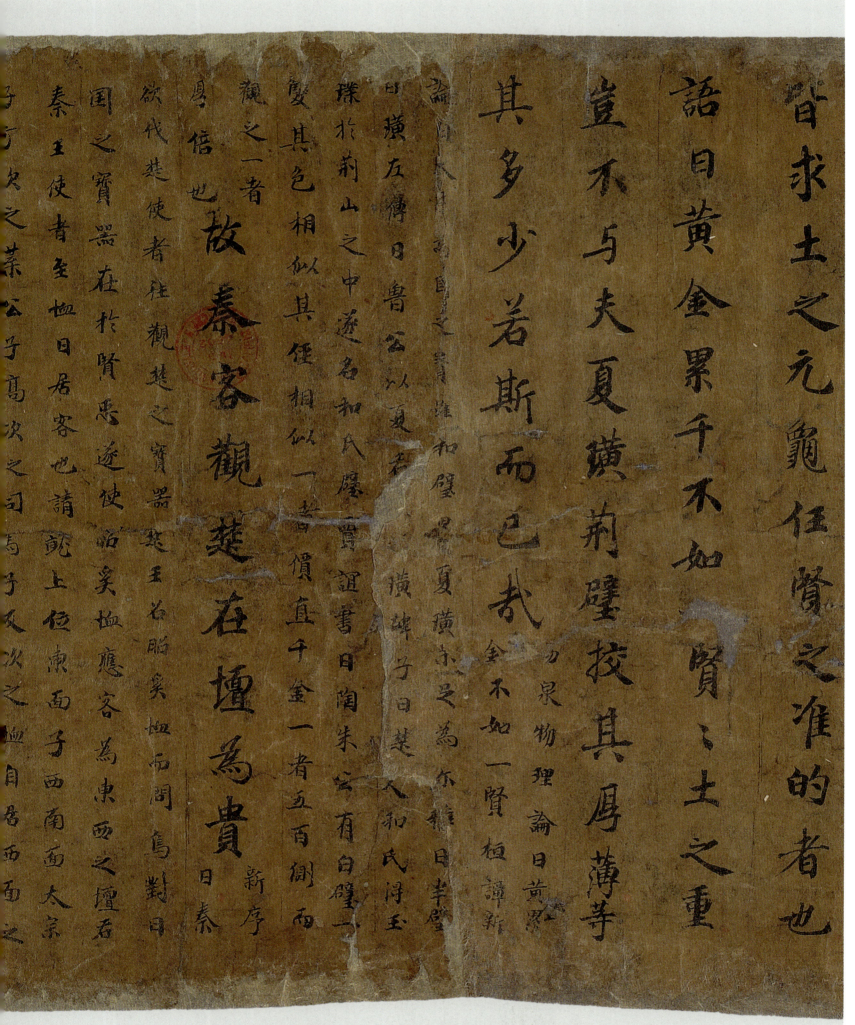

昔求土之元龜任贅之准的者也

語曰黃金累千不如賢之土之重

豈不与夫夏璜荊璧挍其厚薄等

其多少若斯而已哉

金不如一賢桓譚新

論曰人物理論曰黃金

厚倍也 故秦客觀楚在櫝為貴 新序曰秦

觀之一者 似其任相似一者價直千金一者五百倜而

璨其色相似其任相似一者價直千金一者五百倜而

璨於荊山之中遂名和氏屢賢詛書曰陶朱公有白璧二

曰橫五傳曰魯公以夏春 橫璜子曰楚人和氏得玉

論曰天情柔曰珍和璧琢夏璜東尕為作稽日半璧

欲代楚使者往觀楚之寶器楚王若脫笑恆而問烏對曰

閨之寶器在於賢思遂使帛笑恆應客為東西之壇君

秦王使者至即日居客也請就上伍康而子西南為太宗之

子丁矢之葉公子高次之司馬子反次之血目居而面之

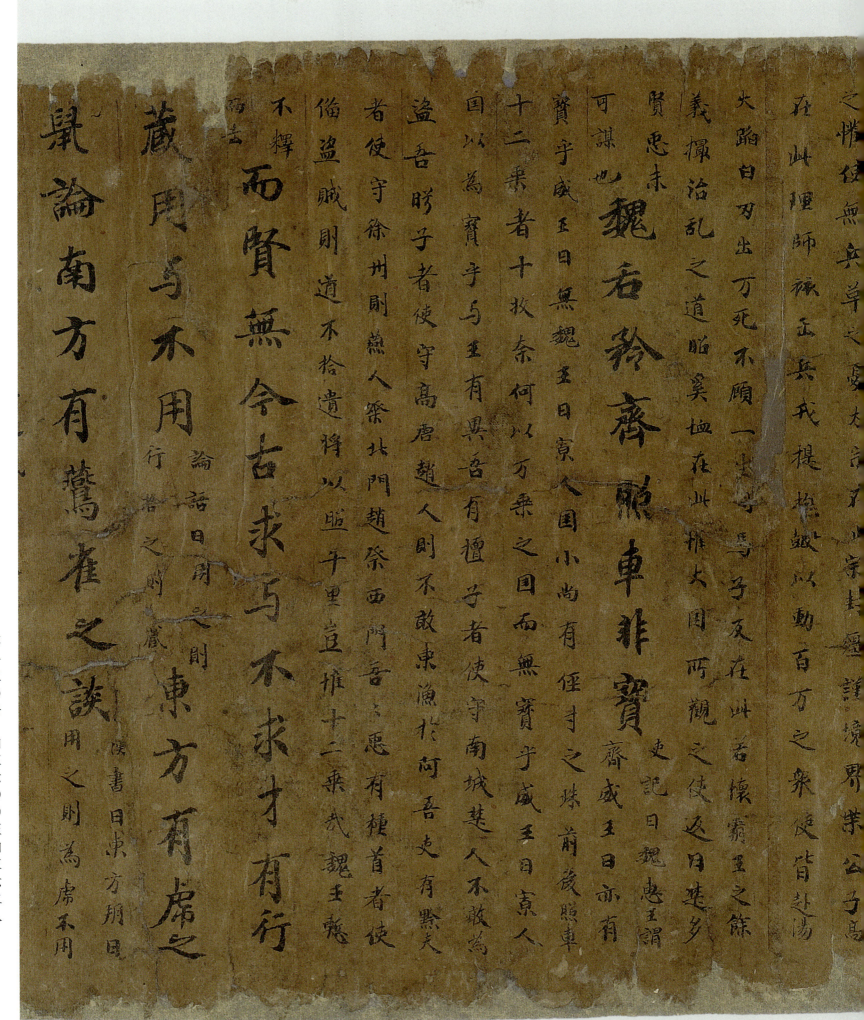

之惱使無兵草之憂大爰大宗□□其疆謹境界群公子烏

在此陣師祇正兵戎提枹鼓以動百萬之衆使皆赴湯

大踣白刃出万死不顧一生者焉子反在此陣善懷霸王之餘

義憚治乱之道眡吴地在此陣太囯兩觀之使返曰甚多

賢思未

魏君矜齊照車非寶　齊威王曰亦有

可謀也

賓于威王曰無魏王曰寡人囯小尚有徑寸之珠前後照車　史記曰魏惠王謂

十二乘者十枚奈何以万乘之囯而無寶于威王曰寡人

囯以為寶于与王有異吾有檀子者使守南城楚人不敢為

盜吾盼子者使守高唐趙人不敢東漁於阿吾走有黔夫

者使守徐州則燕人祭北門趙祭西門惡有種首者使

倬盜賊剛道不拾遺將以眡于里豈堆十二乘哉魏王慚

不輝而出

藏用与不用　論語曰用之則行舍之則藏　東方有席之

而賢無令古求才不求才有行　漢書曰東方朔曰用之則為虎不用

鼠論南方有鸞雀之談

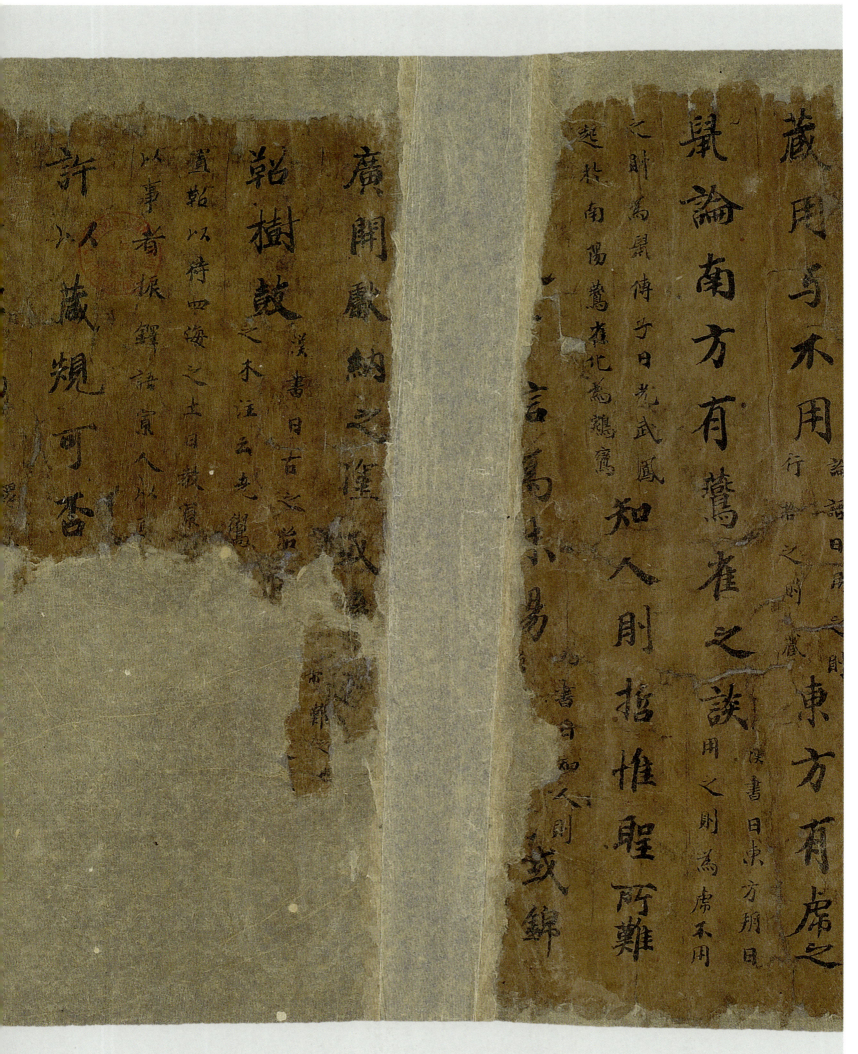

P.3622（+P.4034）　　類書　　（3—3）

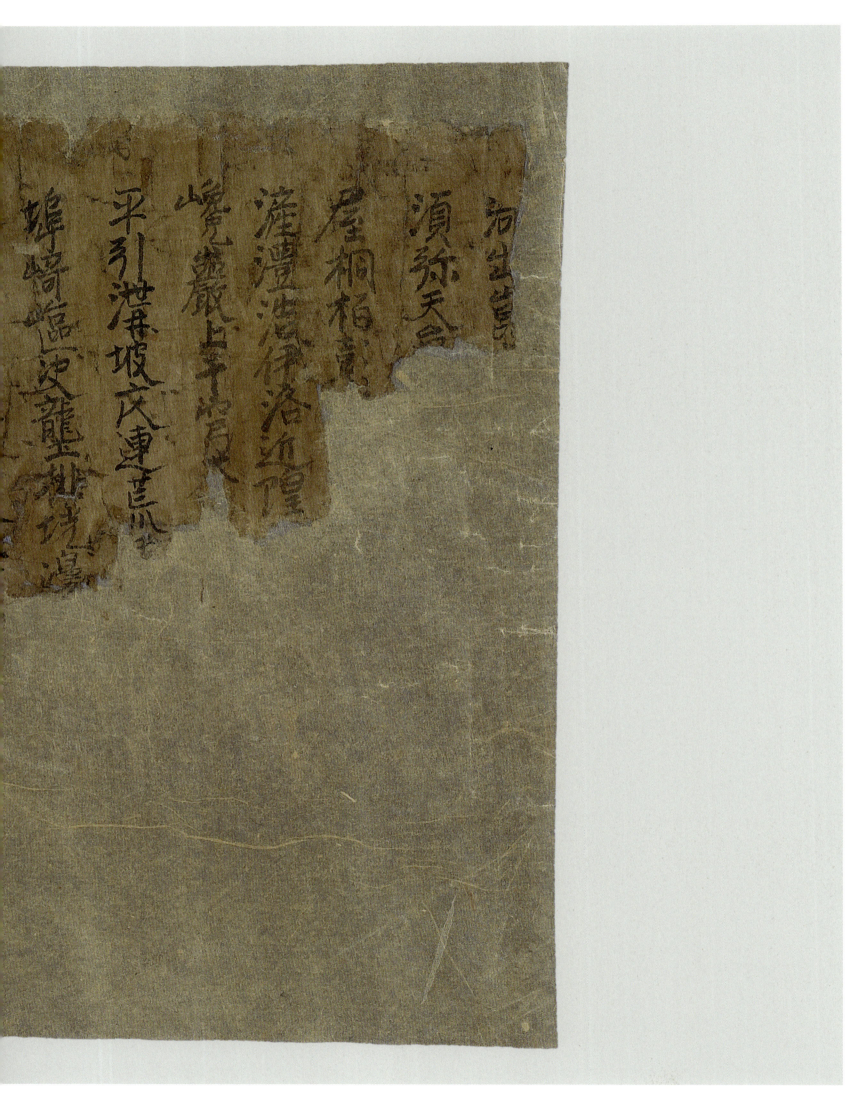

右生崇
須彌天
屋桐柏
薩澶法伊洛近隍
嵬嶷嚴上千官
平引泄坡戊連崑
埠嶋臨史龍王排珠濱

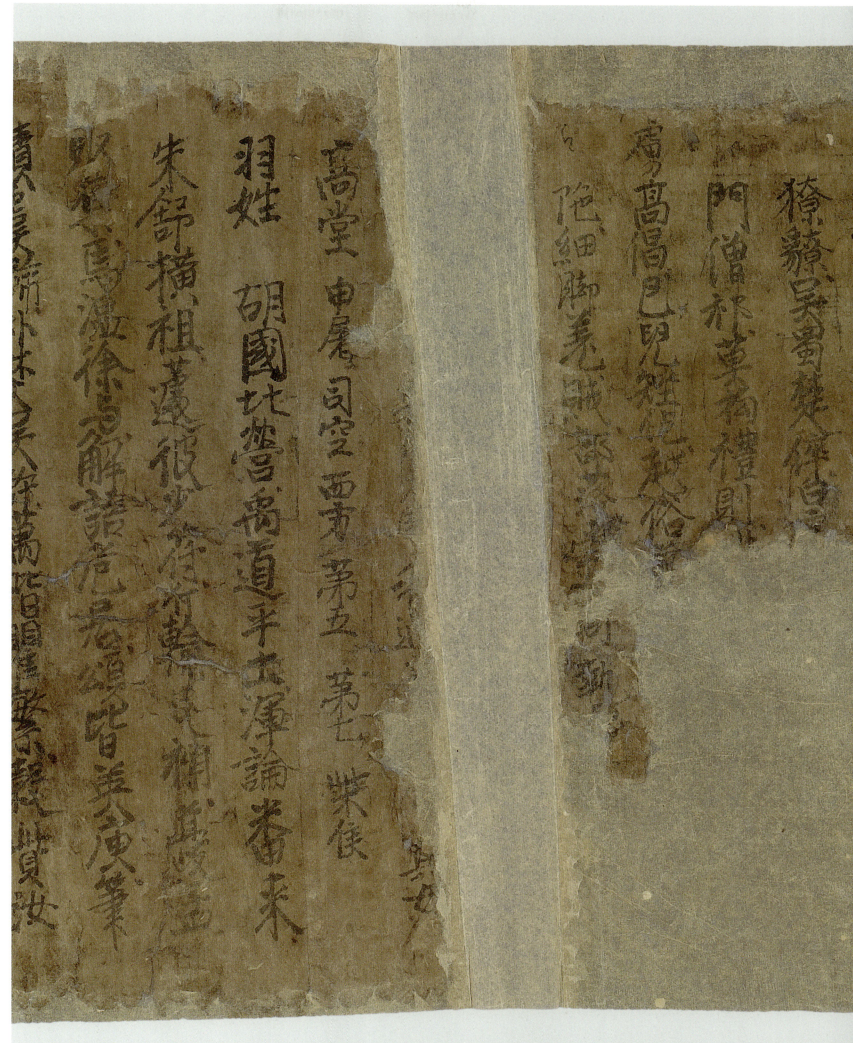

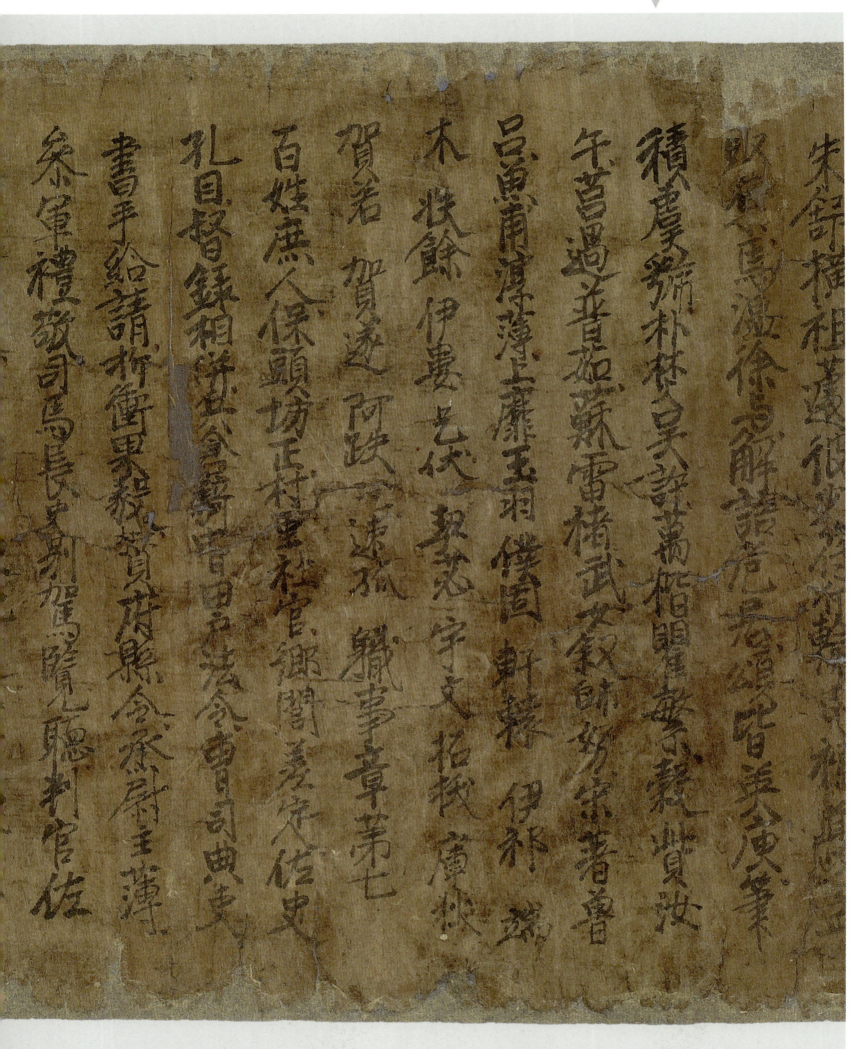

朱舒糧祖藏伋□□□修府軍□
□城高涇徐文解請右□頌官美金庾索
積書□孫朴林人吳誅萬楷瞿毋宗索貲汝
午菖過並蓍茄蘇雷槽武乂彀師幼宋者魯
呂魚甫月守薄上廉王羽僕固軒轅伊祚□
木狀餘伊曼先伏翠芯宇文招拔寧枚
賀若賀逡阿跌□速孤職事章第七
百姓庶人保頭坊正村重村官鄉閭義定佐史
孔目督錄相譯□□曾令曹目司典史
書平給請析衡東裁賀苟縣令丞尉主薄
參軍禮敬司馬長史判賀隴元聽判官佐

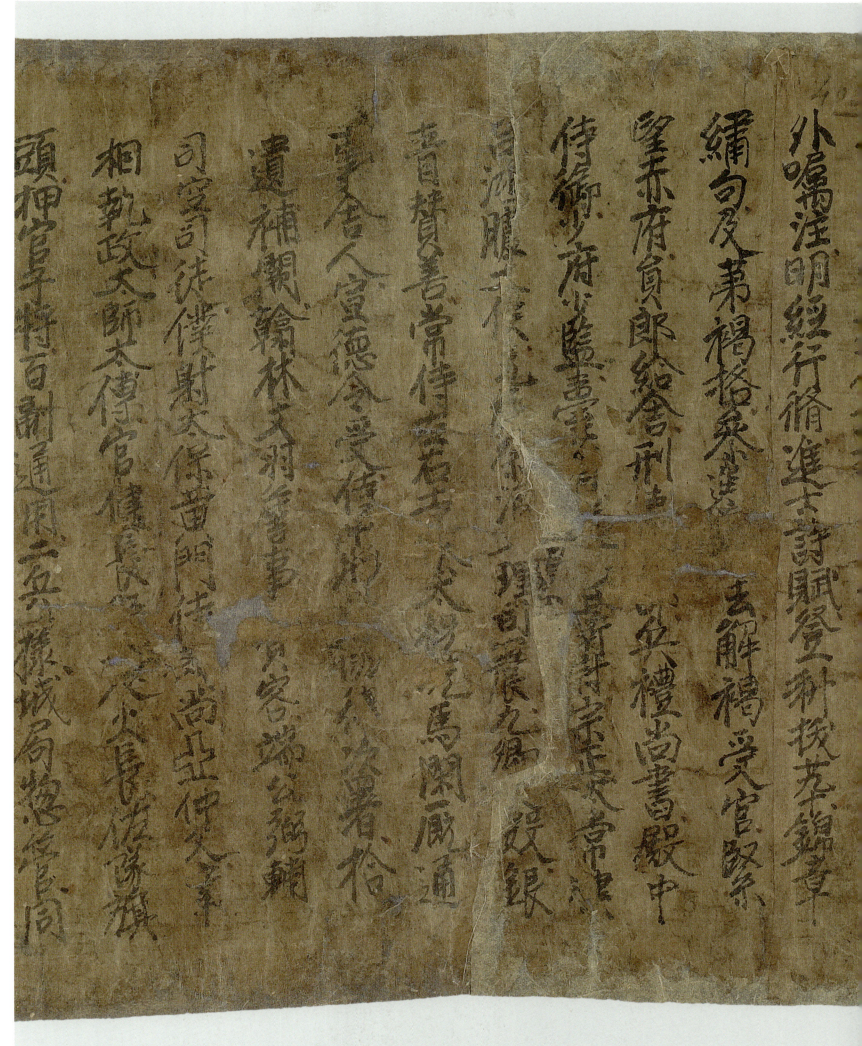

外唱注明經行循進士詩賦登科授左編章

繡句及第褐衣入選

玄解褐受官服紫

望亦府貞郎給紹刑吏

兵禮尚書殿中

侍卿少府少監書......

......膽千夜......

......理曰......

黄賛善常侍君玉

父紹先......

......馬關廐通

孝舍人宣德令受使行判......論署拾

遺補闕翰林天羽兵等事

內容端公福輔

司空司徒僕射太保曹門侍......尚書

相乾政太師太傅官健長及......仰文

頭神官子特百副通開二兵........械局慈......同

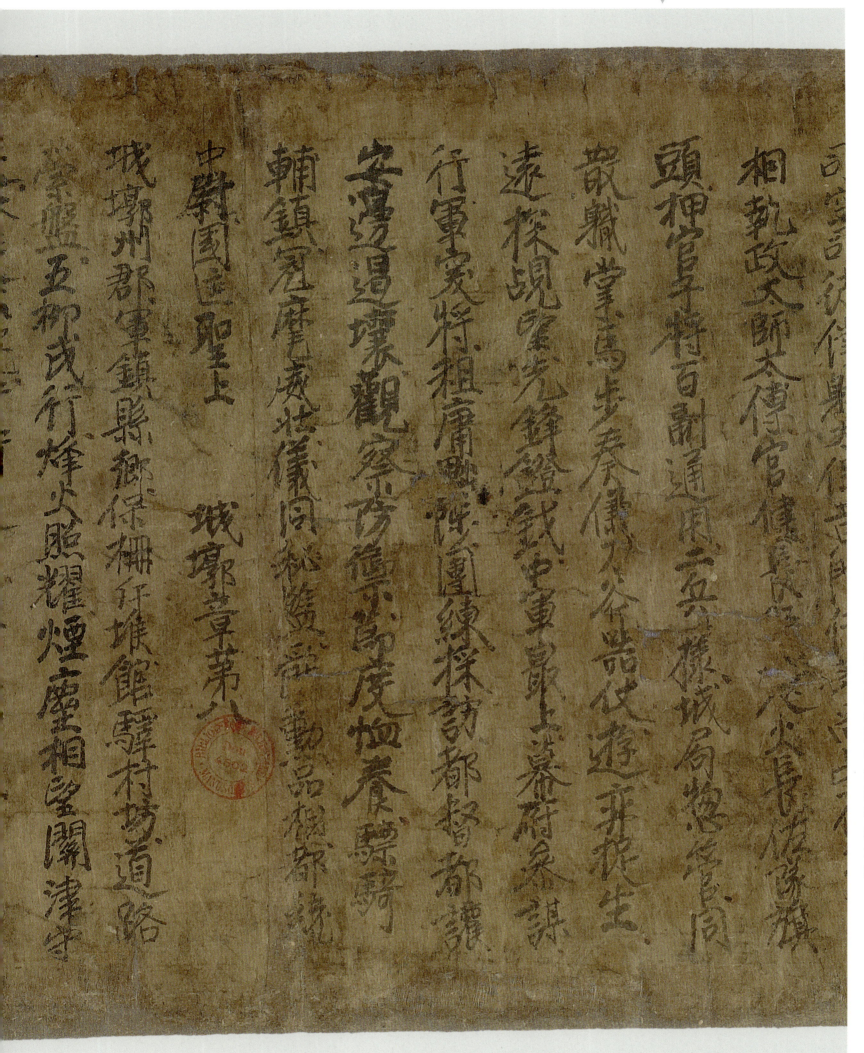

桐執政大師太傅官健⋯⋯⋯⋯火⋯⋯

頭押官千特百副通用三兵樣城局惣管同⋯⋯

敶藏掌馬步奏儀九谷器伏遊弄捉生

遠探覘室先鋒鉑戟弔重嘉上幕付叅謀

行軍寞將相肩⋯⋯圍練探訪都督都讓

安逞逩遏壞觀察防德示高度恤春縣騎

輔鎮冠歷盧狀儀同秘盚⋯⋯勅品機郡城

中尉國⋯聖上　　城塞章第八

城塞州郡軍鎮縣鄒保柵迕堆館驛村塢道路

⋯監五柳戍行烽火照耀煙塵相望關津守

（P.4034v＋）P.3622v　　類書　　（3—3）

Bibliothèque nationale de France

Pelliot chinois 3623

Bibliothèque nationale de France

法國國家圖書館藏敦煌文獻

P.3623　　太公家教并序（總圖）　　（一）

P.3623　　太公家教并序（總圖）　　（二）

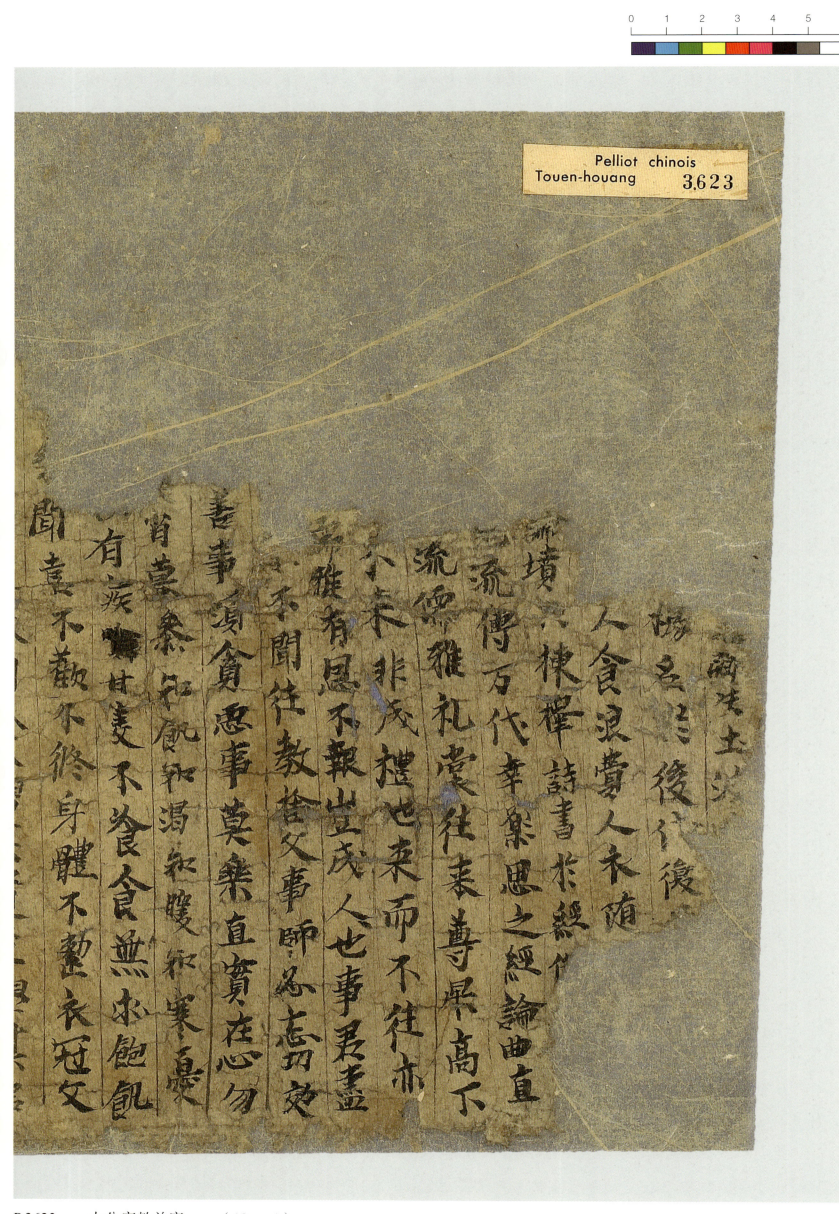

法國國家圖書館藏敦煌文獻

聞喜不歡不終身體不勤衣冠父
肖喜羹和飢和渴和暖和寒憂
有疾甘麦不食食無求飽飢
妻事須貪思事莫乐直賣在心勿
不聞往教於父事師忿志切効
雅有恩不報出豈成人也事君盡
小未非成搜也来而不往亦
流儞雅礼慶往来尊卑高下
二流傳万代韋詩書作經論曲直
境六棟禪詩書作經思之經論曲直
城名告後不復
人食浪費人永隨
翻至土災

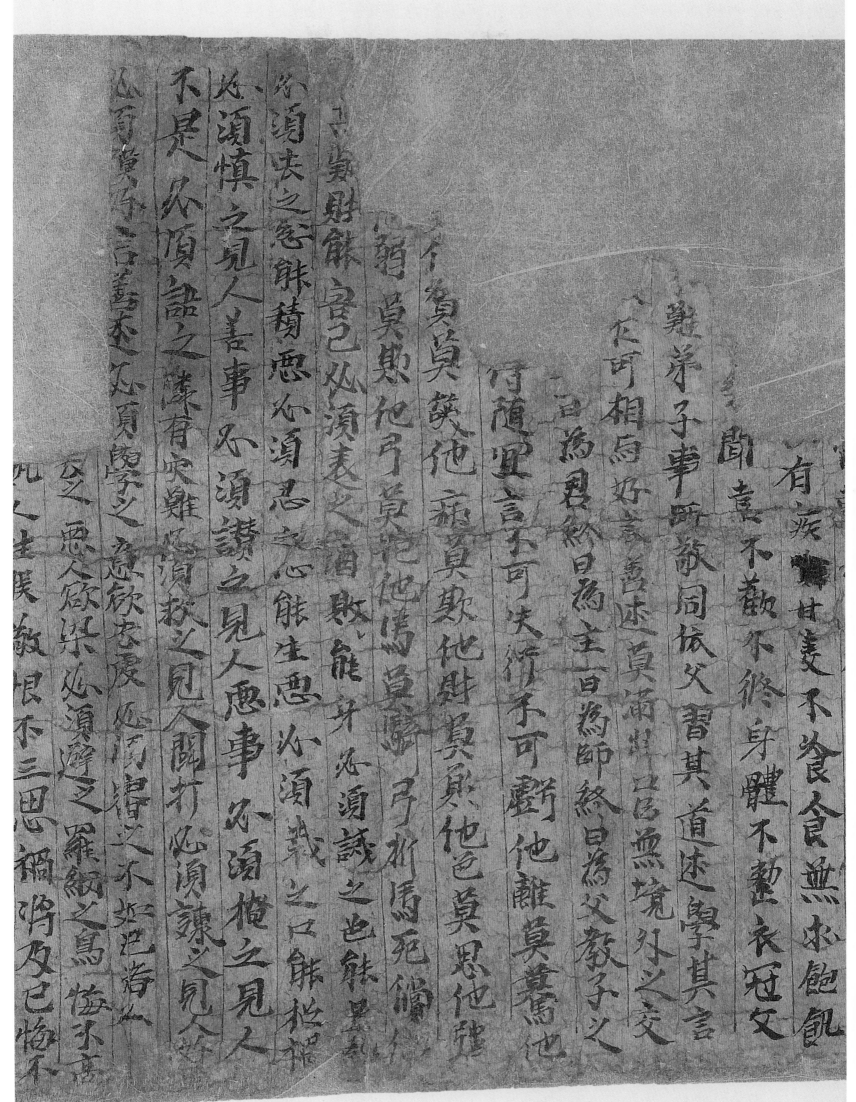

有疾甘美不食食無求飽飢
聞喜不歡不終身體不勤衣冠父
難学子事師敬同於父習其道述學其言
不可相烏好善述莫浦興樂居無境外之交
曰為君終日為師終日為父教子之
可隨更言不可决衍子可斷他離莫慕也
貌莫欺他病莫欺他尉莫欺他色莫思他健
莫斯他行莫把他馮死鬺
喜己必須表之心能生惡必須栽之口能松權
須失之怨躰積惡必須忌之心能生惡
須慎之見人善事不須讃之見人惡事不須檀之見人
不是不須讓訟之須教之見人閧打必須諫之見人
必為黃好言善惡必須學之遠欲云慶欲得之不致若
之惡人必須避之羅網之鳥悔不高
凡人主医根不三思禍渦乃已悔不

礼而養之前子不得此揣對食之前不得嗽口憶而慎之然身若
吾立身之本義讓為先賤莫与貴交貴莫与親他奴莫与婢其
為言高及之家莫与普市資僕利莫与隸敢工受下元受尊卑
孤兒寡婦処及身養女之法莫聽与酒女手長大莫聽雜母丈夫歛酒宣
同會婚処及身養女之法莫聽与酒女手長大莫聽雜母丈夫歛酒宣
奉附肘行不得地言不得古擅完尊資閥乱用女女人遊走迸其
宜男女雜合風聲大醜懃恥宗親積至閂戶婦人送客莫出州閣庭
哥有語言下案後弊出行逐伴隱影藏刑前刑前有客莫出
齋聽一行百行俱御能依礼孟事不類新婦事君同於夫
哥有語言不觀夫之婦完不得對語孝養苟婆敬尊
夫主教侍男女行則緩步処言細語勤事女切莫學子學

為人子長為人父...

俯路降尊者斜脚餧手尊者賜酒即
既人生慊敢恨下三思禍消及已悔不
乌搊尊者賜菓傾俠在于勿得齊之
之惡人窓架必須避之羅綱之乌悔不喜

必有黄泉之言善本必頂學之遠欲衣度処而得之不知已若此

夫主教持男女行則緩步从言細語勤事女工莫學子

為人子長為人父出則斂容動則朝

敬慎言終身世莫希兒令騎賀家貧食不作好

甌疲走女年長大鄉為人師不教君亦不要夫主夫人使令就平道

世夫鷹言及雁下順辱先步連累父母本不是人收同猪狗十

諸兒衆不語者勝小為人子長為人父養必擇床善近良友側之廳

傍後行賓客侶無親踈来者當豆食合酒為食合酒與酒問門不看

不聞猪狗枚貧作富了頂方寸看若不貧百今實話亞俗

之獨苦於刀斧當道作舍普於岩旅不慎之家

此冷先有掌廣閉門不肖不取猪狗高少樹苦於風雨露傍

苦於官府牛羊不圍苦於狼虎熟不收苦於雀鼠座

涌不霞壞於梁甚兵將不慎敗於軍低人生不學貴

其二言行余吾赤近重墨者里塵遂生麻中不状自直白主板

漏不覆壞扵梁柱　兵將不慎敗扵軍　依人生不學其言語近朱者赤近墨者墨　蓬生麻中不扶自直　白玉　

不霎壞扵梁柱兵將不慎敗扵軍依人生不學貴

不汙其匹　近佞者諂　近偷者賊　近愚者　

近聖者明　近賢者德　貧人由顛　富人愍　

力勤耕之人必豐衣食　勤學之人必居官　

廢頃田不耕頓人功力　養子不教貴人　

食向人共食慎莫先嘗　兄向人同飲莫先　

把常行不當路坐不背堂　路逢尊者　

謝立道傍　有諸堂未　對必須審詳子從　

外來先須就堂　未見尊者　

若得飲食慎莫先嘗　問其宗祖始到

外來，須就堂未見尊者莫八私房
若得飲食慎莫先嘗向其尊祖始到
耶孃次霑兄弟後及兒郎食必先讓汲
必自當知過必改得餘莫忘所人相識
先整容語稱名道性尚後相知倍年
已長則父事之少者已革已長則兄事之
五年弓長則肩隨之三人同行必有我
師焉擇其不善者而從之其不善者
而政之滯不擇職貧不擇妻飢不擇食寒不擇
衣少人為尉相然君宰以德義相之欲末其鄰
先取其長欲末其圓取先其方次求其善

衣

少人為尉相熊君字以德義相之欲求其鈲

先取其長欲求其圓取先取其方欲求其礴

先取其弱欲求丑剛先取其柔欲求处歐

先須内防欲防人處遂是自陽傷人之語罢

是自傷丸人不可貞相海水不可斗量茅芳

之家或出公王高芝之下死出蘭香助

茶得余助副得傷人慈者壽瓷暴者亡清

清之水為玉使傷濟之人為酒使砍聞人美

事止可稱揚知人有過密俺淩藏是故忘談

很矩靡是己長鷹鶴雖已不胅快於

镞矩靡是已長鷹鶴雖已不飽快於

遶而日月難期不照覆盆之下唐虞雖聖

下能諫其暗君此千難足不能自免其身蛟龍雖

聖不能然岸上之人刀劍雖利不斬無罪

之人羅納雖細不能執無事之人非矢橫禍

不入慎家之門人無遠慮必有近憂斜

遶販東田讒言欺於善人君守以貪鳴鳥

大海水淡博納為深覓覓則得眾慈刑切有

以法治人民則得安國信讒言臣必死忠臣溫家信讒家必敗

兄弟信讒別居夫婦信讒男女生穴用友信讒必至死怨天

兩五表期

兄兄信讒弟信德信讒男女生六用交信讒必至死慈天

雨兄哀期蘇家昆抱薪救火必戎煙湯湯之水不當負心

帝薪於人雄門不而一人秋開一人潘令刀矢不當貪心

宅已利口傷身衣田不畫利犁下不官聖君須

渴不飲道泉之水暴風疾雨下入宾婦之門孝子

不隱情於父忠臣不隱情於君法不加於君子禮太

下於小人軍溜則用武軍清則用文多言不益其體

百後不妨其身明君不慶邪佞之語慈父不慶不

孝之子道之汉德之汉礼九人負重不擇地所貴君

子困窮小人窮斯屈之人不著執鞭之仕

飢寒在身不著亡食之羞貧不可其冒不可停

陰陽相催周而後始太公志達釣魚於水相見未幸

買藥於市棠文居山路車海水孔明駐桓後時而樂鶴鳴

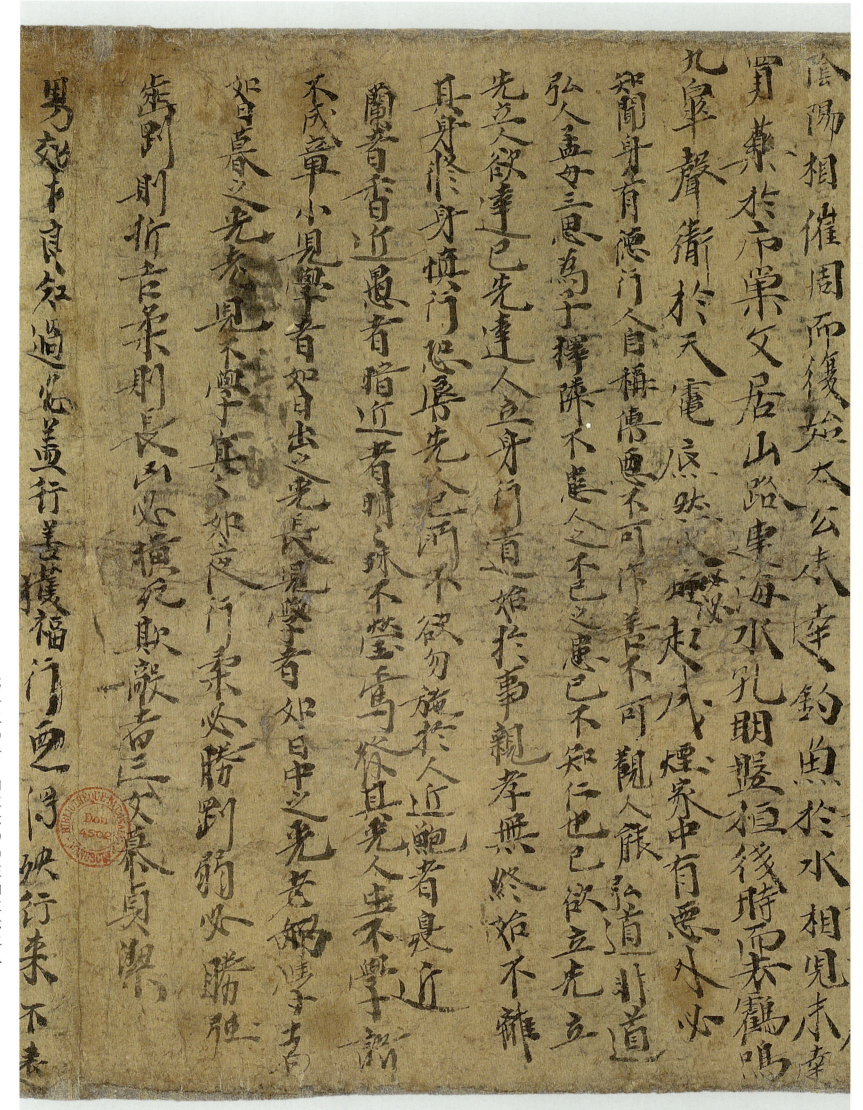

陰陽相催促周而復始　太公未達　釣魚於水相兒未達
賣菜於市　巢父居山路　東海水孔明隱於後時而來鶴鳴
九皐聲衛於天　電疾於　　　煙家中有惡人必
忽聞身有德行人自楊德惡不可作善不可　觀人張弘道　非道
弘人孟母三思為子擇鄰陳不達人之至已不知仁也已欲立先立
先立欲達立已先達人立身已先達於事親孝無終始不離
其身於身慎行忽辱先父之前不欲勿施於人近鮑者臰近
蘭者香近　　過者宿近　者　　不鶯鶯　　　人生不學　
不成章　小見學者如日出之光長見學者如日中之光若　　
如日暮之光參見不學子　如入闇門乘　必膳
　則折言　　則長　　必横　　　言三文慕賓
馬　牛良知過　　　行善獲福行　　得　　行来不表

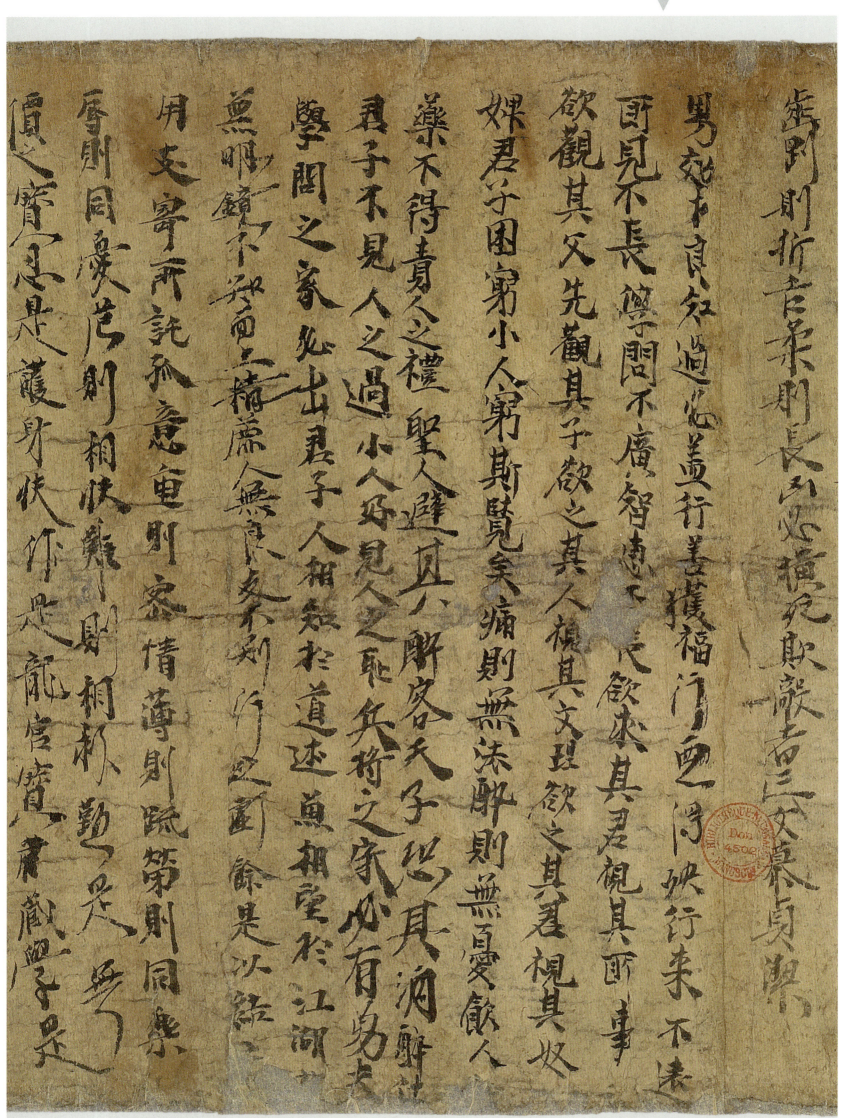

齒則折言柔則長□□必損花衰香□□莫覓樂
馬瘦毛長知過必改善獲福□□映行來不遠
酌見不長學問不廣智患□□欲求其君觀其所事
欲觀其夫又先觀其子欲之其人視其文退欲之其君視其收
娛君之子困窮小人窮斯覽矣痛則無淚醉則無憂飲人
藥不得責人之禮聖人避凡人斷客天子以其洞醉□□
君子不見人之過小人每見人之恥兵術之家必有勇夫
學問之家必出君子人相知於道述真相望於江湖
無明鏡不知而二精席□無良友不知行必斷餘是以誌
用文寄所託於意重則家情薄則□第則同樂
辱則同憂范則相伏難□相杯勤□是□□
順之寶富忍□是薩財伏作□龍官寶藏蓋子足

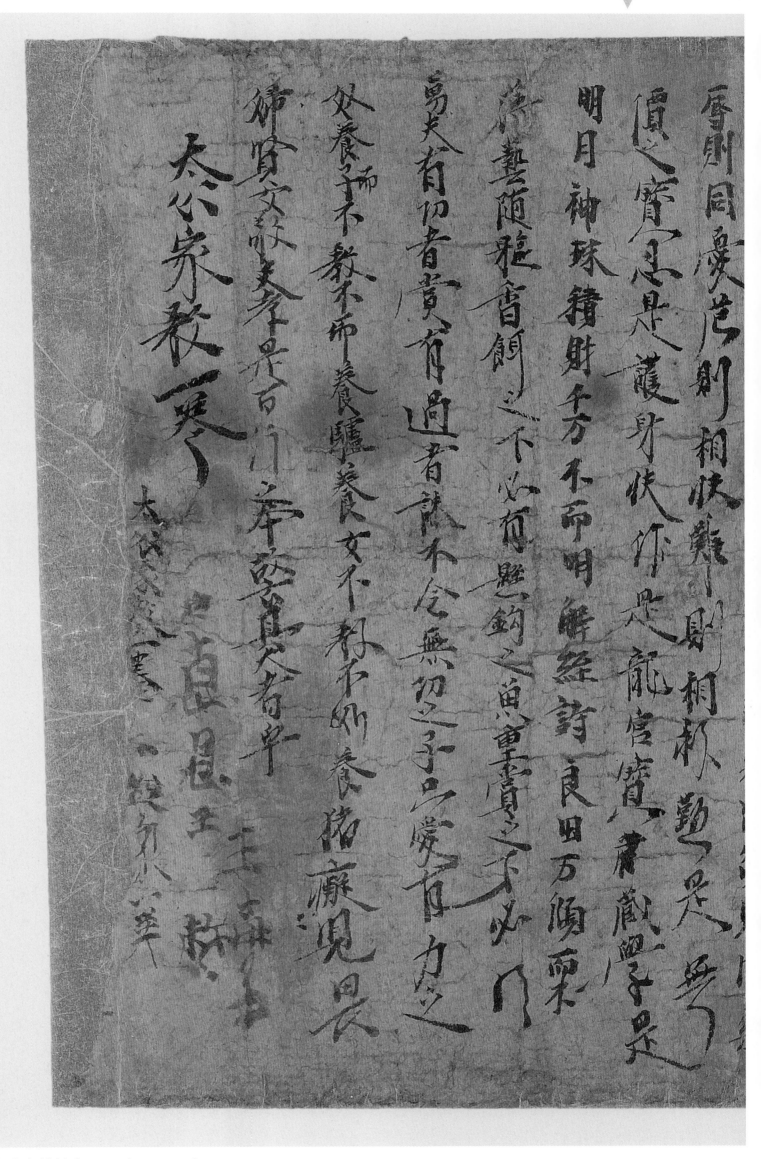

太公家教一卷

P.3623v　　秋座局席社司轉帖抄等　　（5—1）

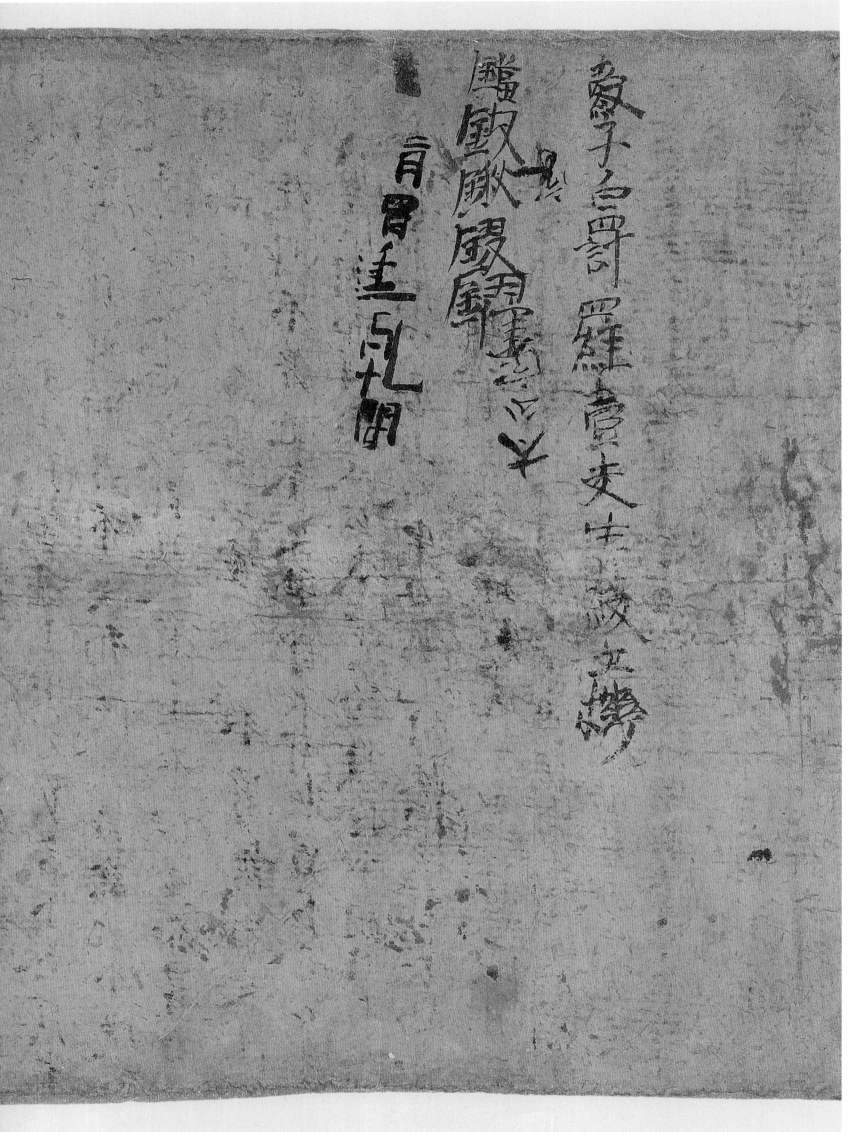

P.3623v　　秋座局席社司轉帖抄等　　（5—2）

香兄其身

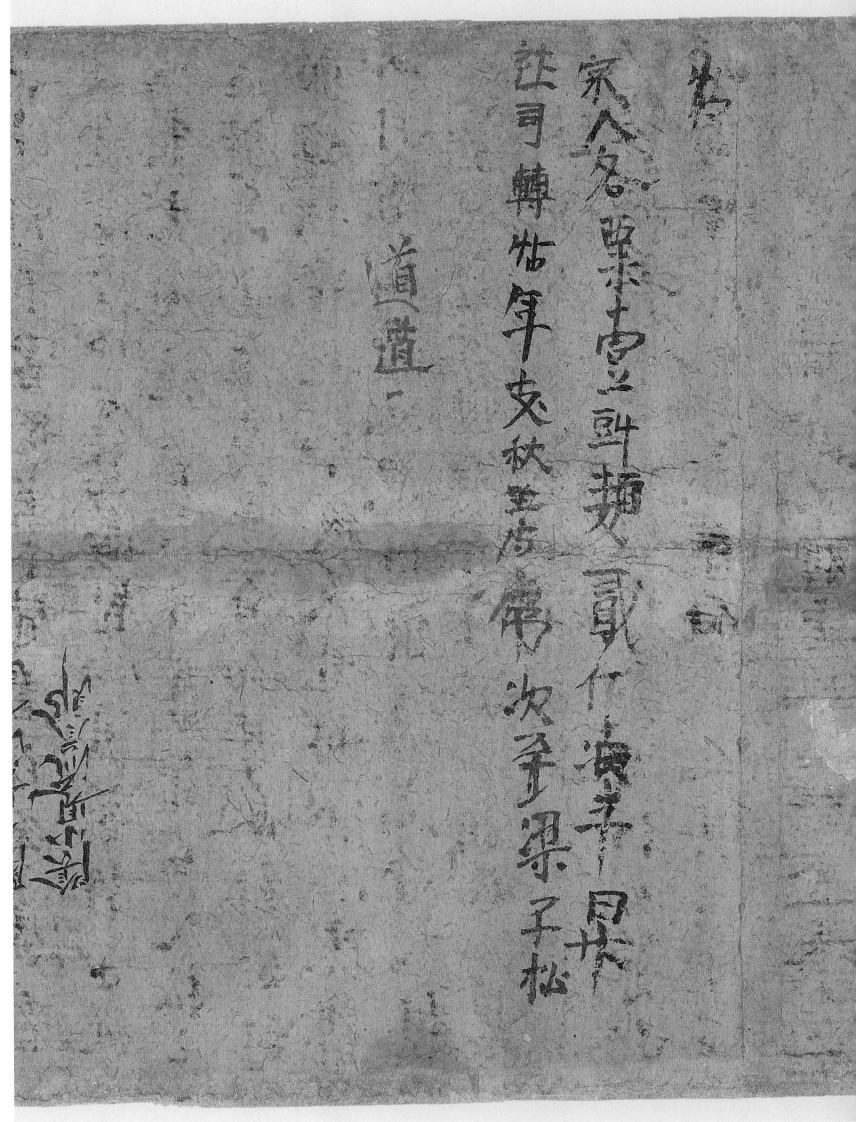

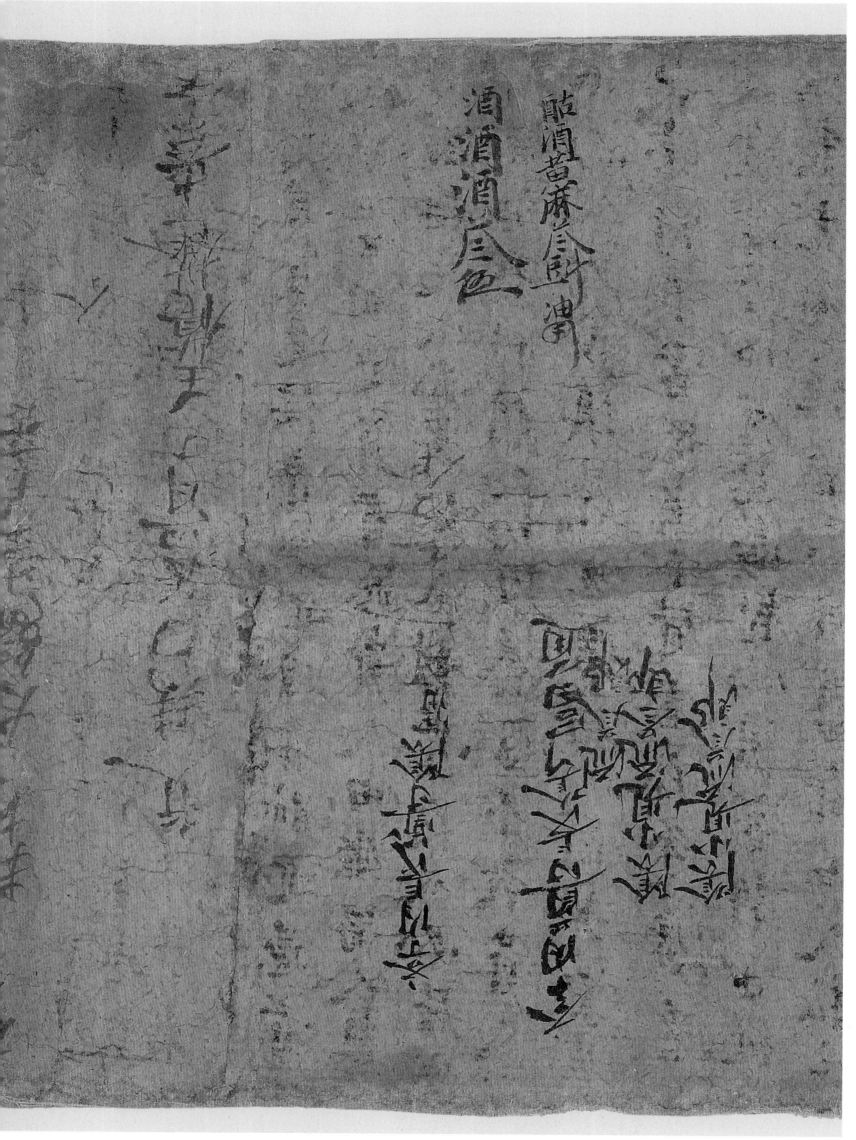

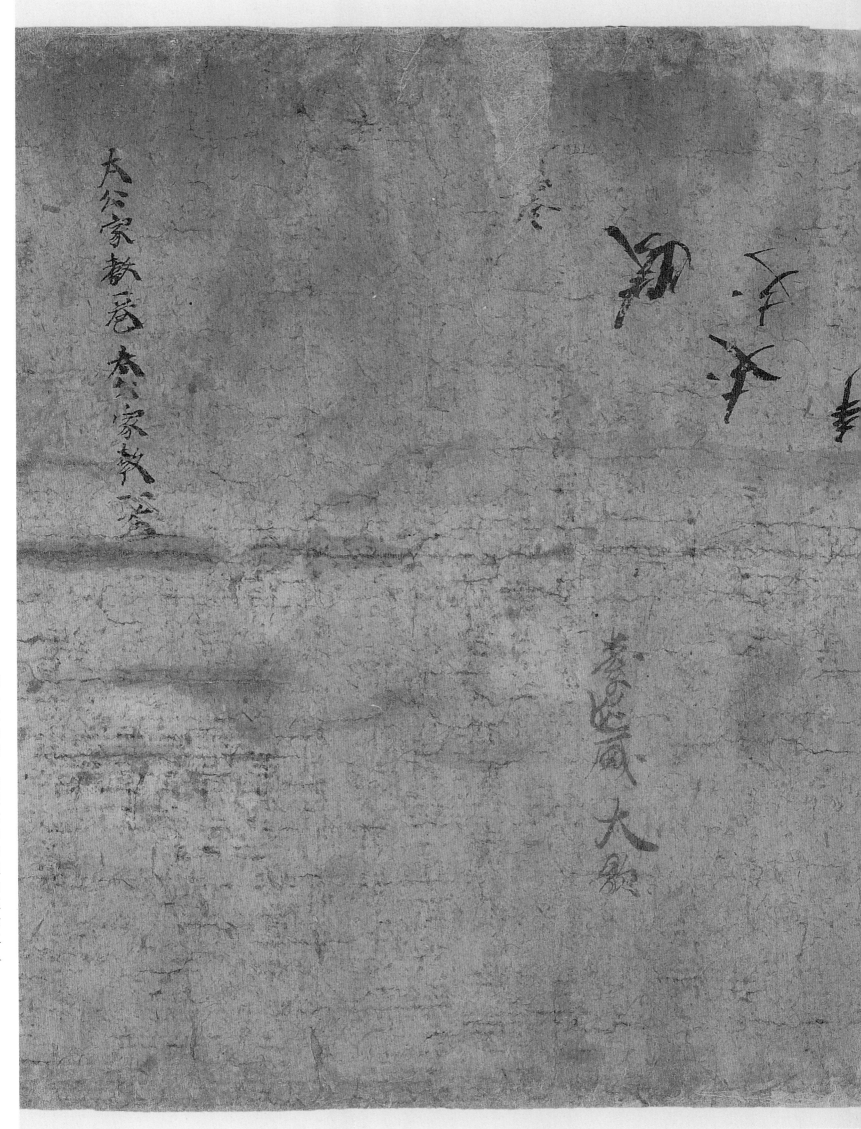

P.3623v　　秋座局席社司轉帖抄等　　（5—4）

太公家教卷　本文家教卷

P.3623v　　秋座局席社司轉帖抄等　　（5—5）

Bibliothèque nationale de France

Pelliot chinois 3624

Bibliothèque nationale de France

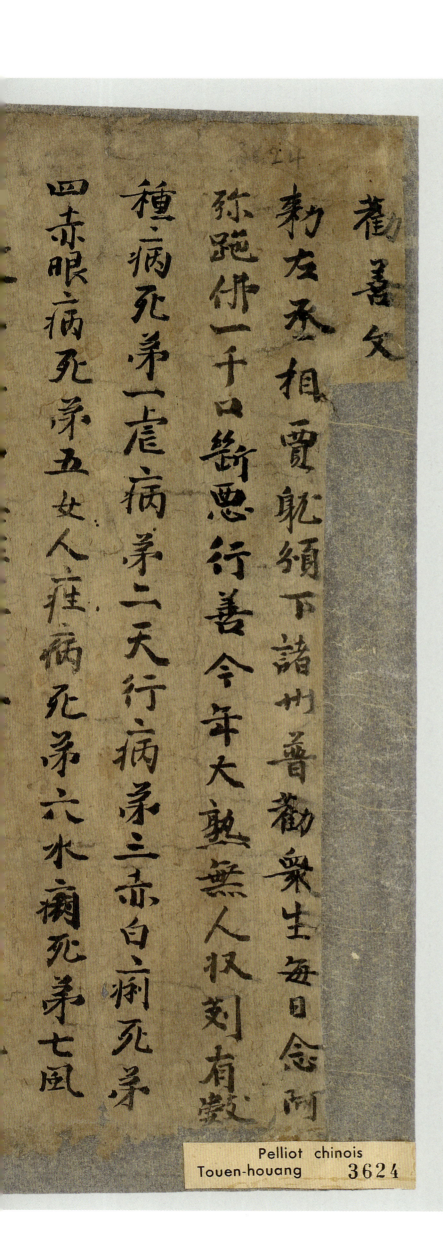

勸善文
勑左丞相賈耽頒下諸州普勸衆生每日念阿
弥跎佛一千口斷惡行善令年大熟無人抂劉有數
種病死弟一虐病弟二天行病弟三赤白痢死弟
四赤眼病死弟五女人産病死弟六水痢病死弟七風

得見此經從南来正月八日雷電霹靂空中有一童子年
四歲又見一老人在路中見一把身長万万尺人頭鳥足逐
呼老人曰太山岼要人万万衆牛万万頭着病者難差写
此經得免此難不信者但看四月一日後三家使一牛五男同
一婦僧尼巡門勸写此経流傳若被風吹却不免此難哩
人流傳真言報諸衆生莫信邪師見閉者近相勸
念阿弥跪佛不久即見太平時

貞元十九年甲申歲次正月廿三日

P.3624　佛説勸善經

Bibliothèque nationale de France

Pelliot chinois 3625

Bibliothèque nationale de France

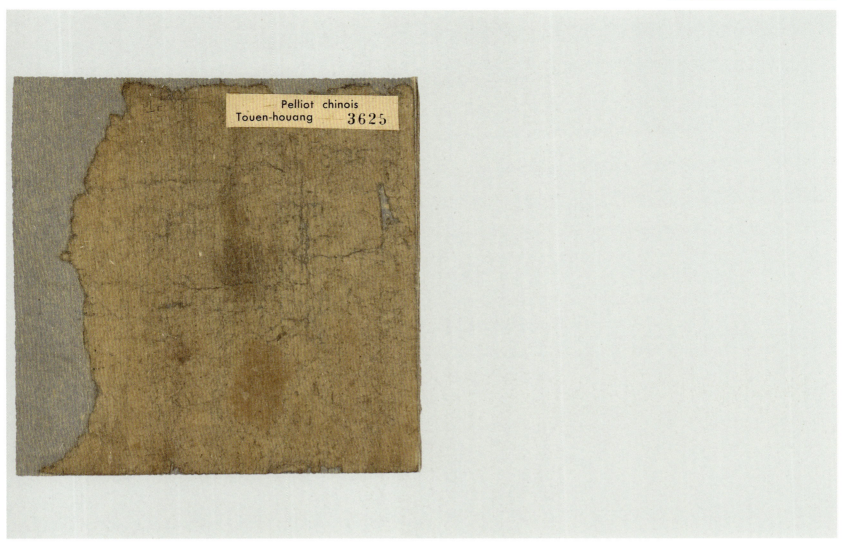

P.3625　　封面　　（9—1）

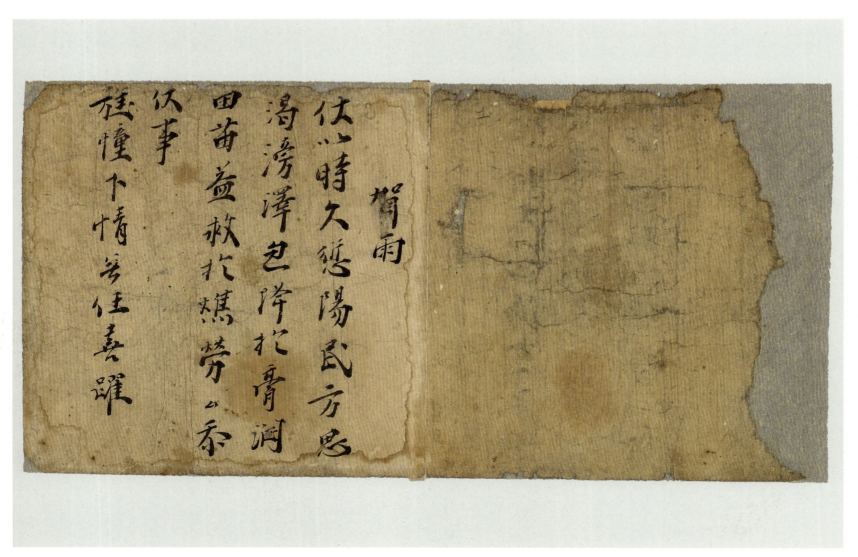

P.3625　　書儀　　（9—2）

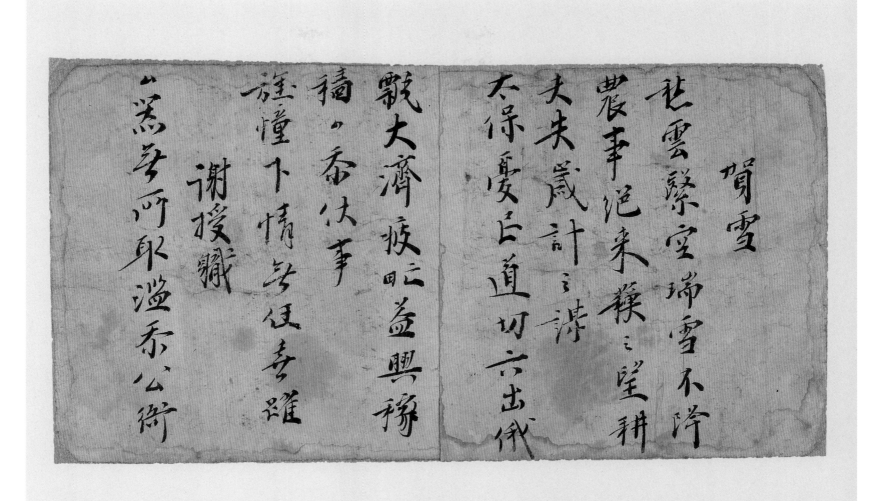

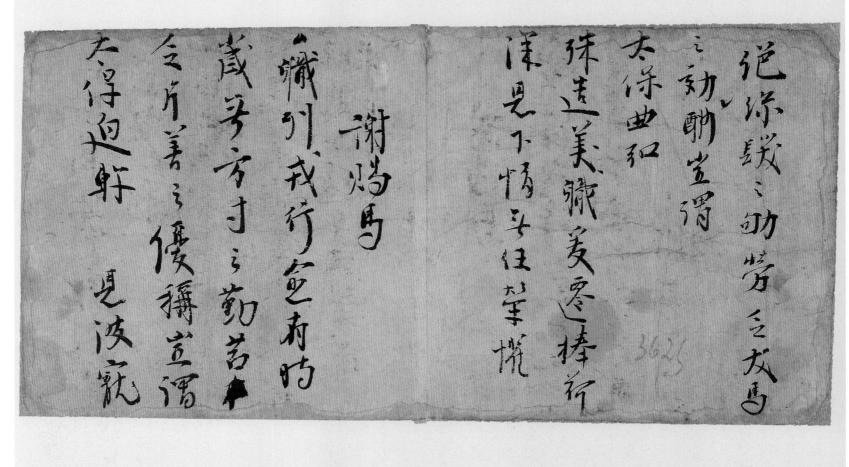

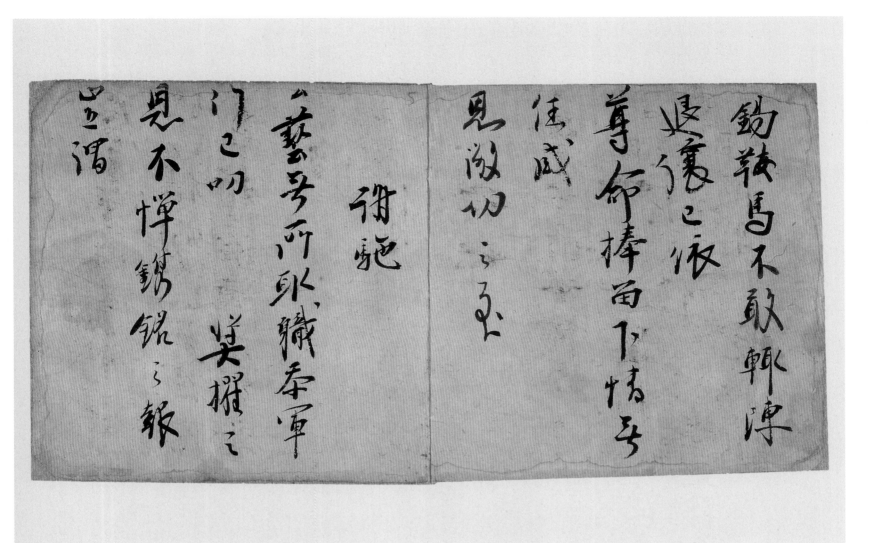

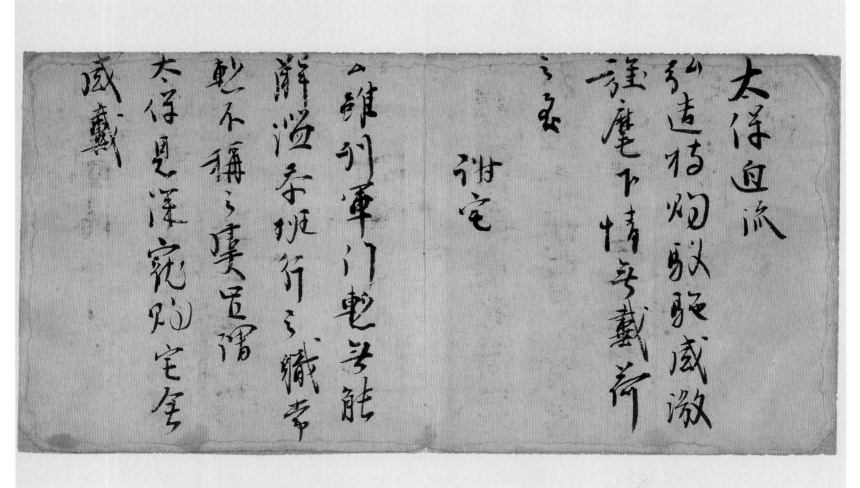

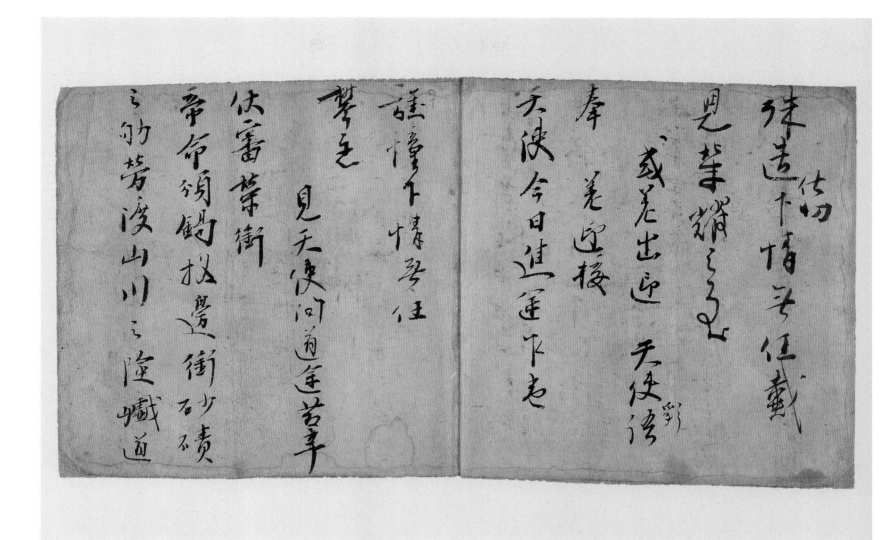

P.3625　書儀　（9—7）

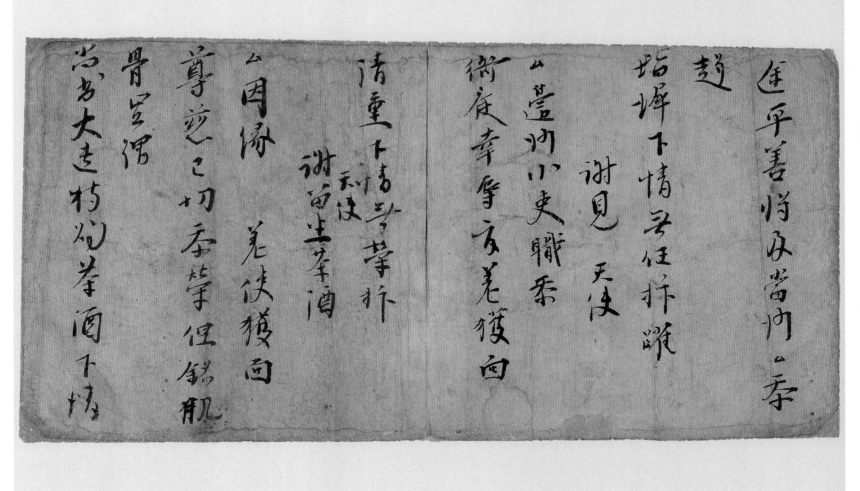

P.3625　書儀　（9—8）

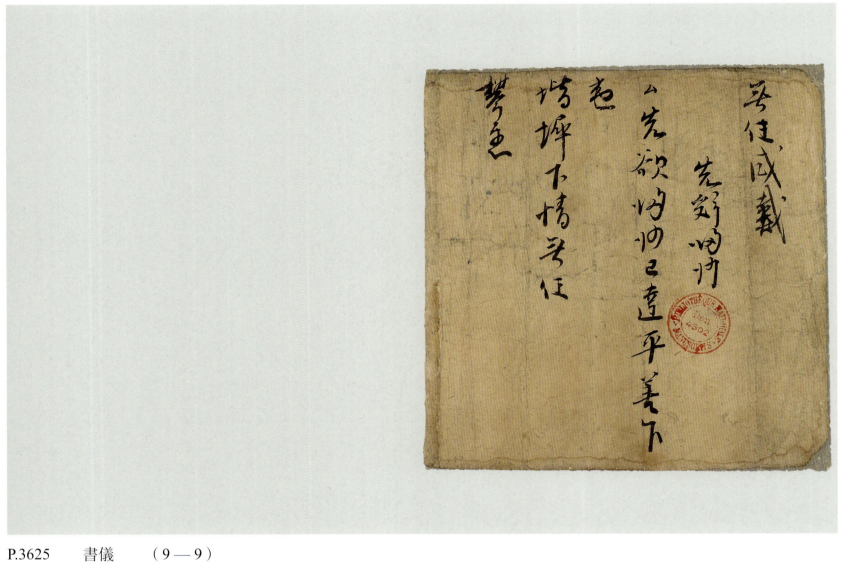

P.3625　書儀　（9—9）

Pelliot chinois 3626

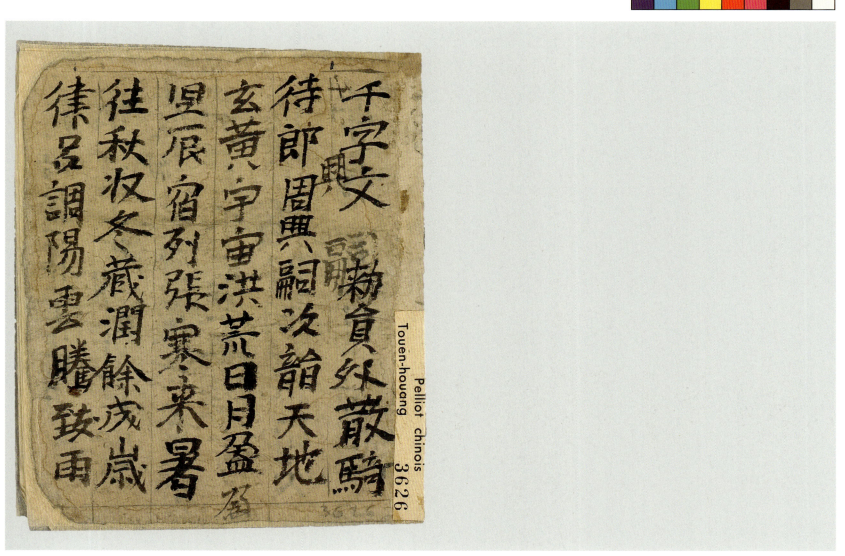

千字文　　勑員外散騎
待郎周興嗣次韻　天地
玄黃宇宙洪荒日月盈昃
辰宿列張寒來暑
往秋收冬藏閏餘成歲
律吕調陽雲騰致雨

P.3626　　千字文　　（10—1）

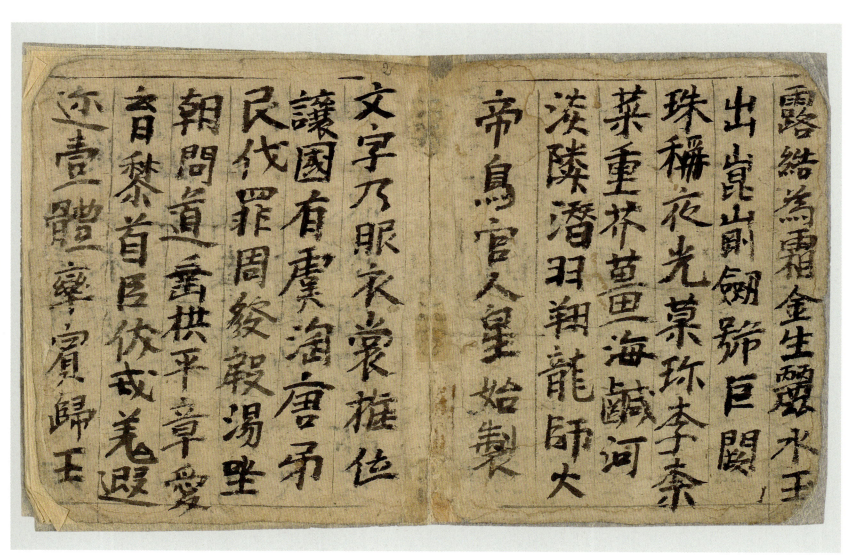

露結為霜金生麗水玉
出崑山岡劍號巨闕
珠稱夜光菓珍李柰
菜重芥薑海鹹河
淡鱗潛羽翔龍師火
帝鳥官人皇始製

文字乃眼衣裳推位
讓國有虞淘唐弔
民伐罪周發殷湯坐
朝問道垂拱平章愛
育黎首臣伏戎羌遐
迩壹體率賓歸王

P.3626　　千字文　　（10—2）

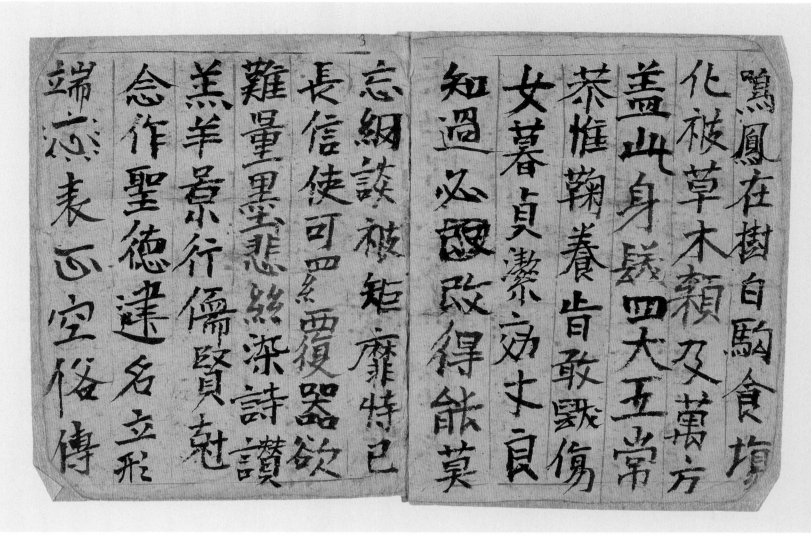

鳴鳳在樹白駒食場
化被草木賴及萬方
蓋此身髮四大五常
恭惟鞠養豈敢毀傷
女慕貞絜男效才良
知過必改得能莫忘
罔談彼短靡恃己長
信使可覆器欲難量
墨悲絲染詩讚羔羊
景行維賢克念作聖
德建名立形端表正
空谷傳聲虛堂習聽

P.3626　　千字文　　（10—3）

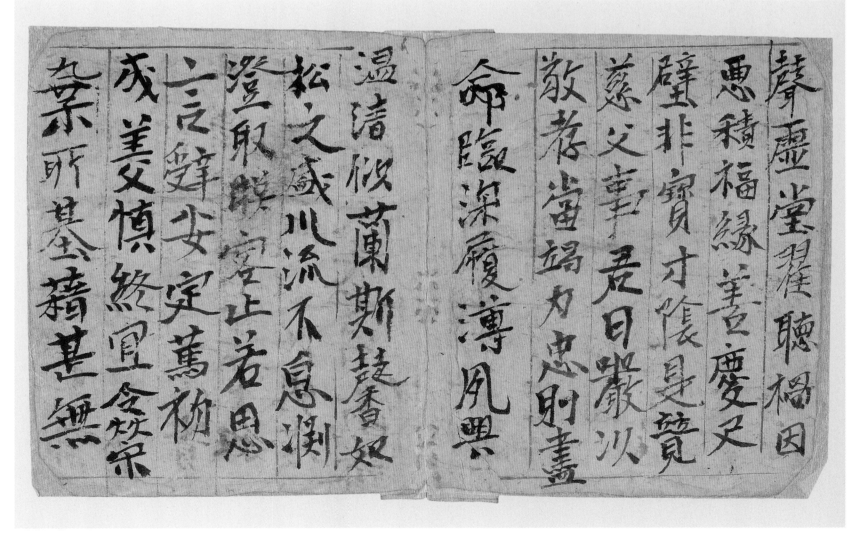

禍因惡積福緣善慶
尺璧非寶寸陰是競
資父事君曰嚴與敬
孝當竭力忠則盡命
臨深履薄夙興溫凊
似蘭斯馨如松之盛
川流不息淵澄取映
容止若思言辭安定
篤初誠美慎終宜令
榮業所基籍甚無竟

P.3626　　千字文　　（10—4）

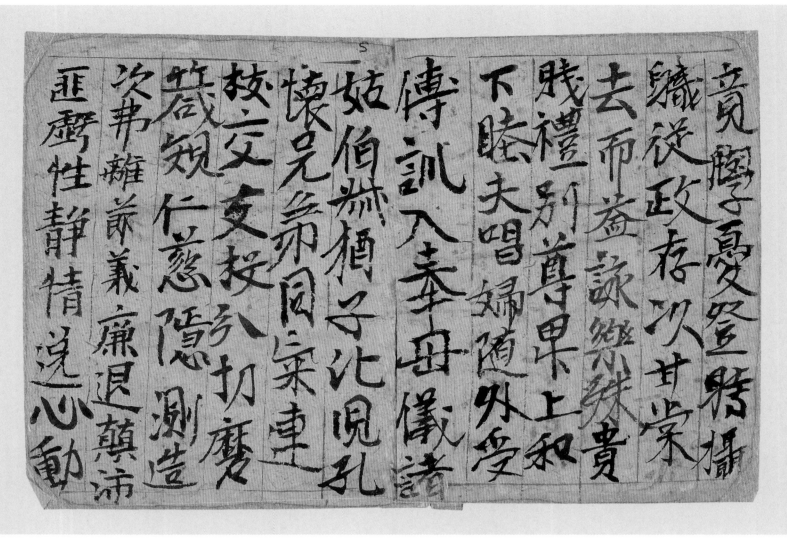

P.3626　千字文　（10—5）

P.3626　千字文　（10—6）

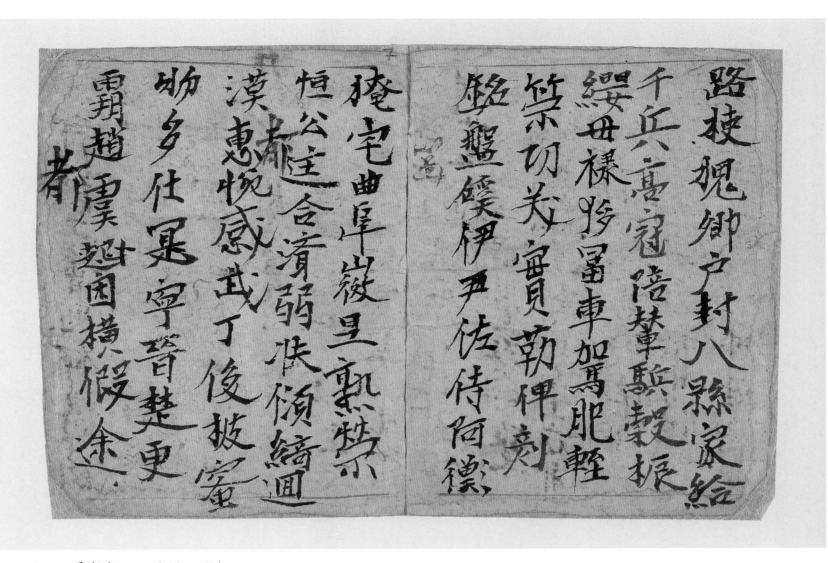

路俠槐卿户封八縣家給
千兵高冠陪輦驅轂振
纓世祿侈富車駕肥輕
策功茂實勒碑刻
銘磻溪伊尹佐時阿衡

奄宅曲阜微旦孰營
桓公匡合濟弱扶傾綺迴
漢惠悅感武丁俊乂密
勿多士寔寧晉楚更
霸趙魏困橫假途
者

P.3626　　千字文　　（10 — 7）

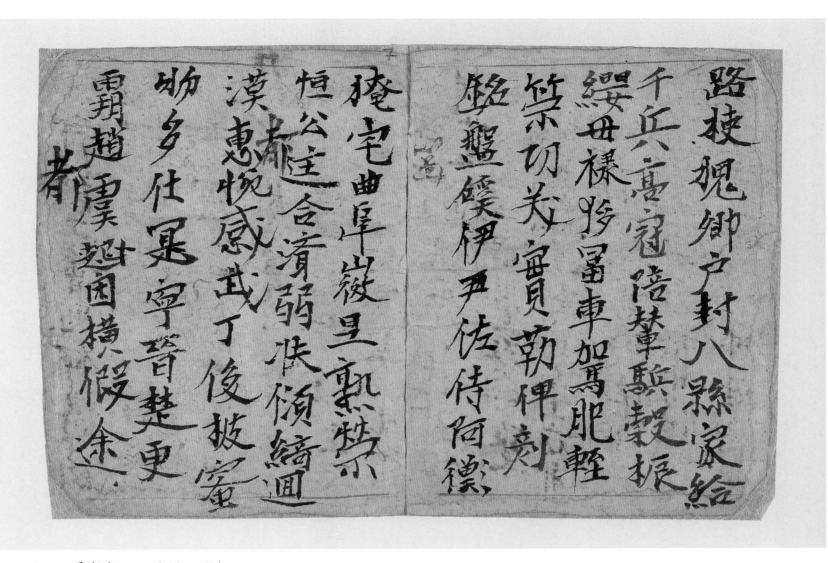

滅虢踐土會盟何遵約
法韓弊煩刑起翦頗
牧用軍最精宣威沙漠
馳譽丹青九州禹跡百郡
秦并嶽宗恒岱禪主云
亭雁門紫塞雞田赤

城昆池碣石鉅野洞庭
曠遠綿邈巖岫杳冥
治本於農務茲稼穡
俶載南畝我藝黍稷
稅熟貢新勸賞黜陟

P.3626　　千字文　　（10 — 8）

第一二〇册　伯三六〇〇至伯三六二八

P.3626　千字文　（10—9）

孟軻敦素　史魚秉直
庶幾中庸　勞謙謹敕
聆音察理　鑑貌辨色
貽厥嘉猷　勉其祗植
省躬譏誡　寵增抗極
殆辱近恥　林皋幸即
兩疏見機　解組誰逼
索居閑處　沈默寂寥
求古尋論　散慮逍遙
欣奏累遣　慼謝歡招
渠荷的歷　園莽抽條
枇杷晚翠　梧桐早凋
陳根委翳　落葉飄颻

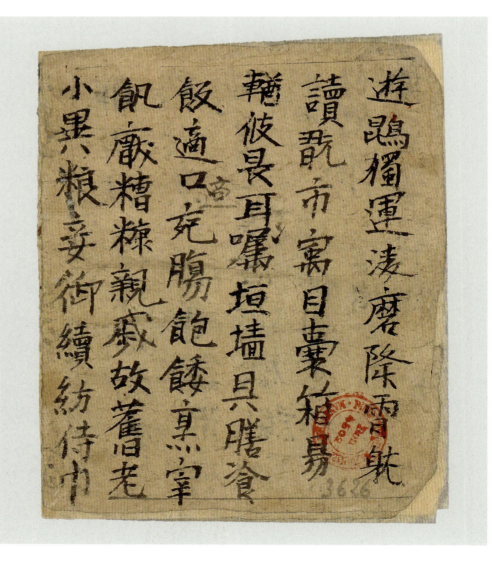

P.3626　千字文　（10—10）

遊鵾獨運　凌摩絳霄
耽讀翫市　寓目囊箱
易輶攸畏　屬耳垣牆
具膳餐飯　適口充腸
飽飫烹宰　飢厭糟糠
親戚故舊　老少異糧
妾御績紡　侍巾

Bibliothèque nationale de France

Pelliot chinois 3627
(+Pelliot chinois 3867)

Bibliothèque nationale de France

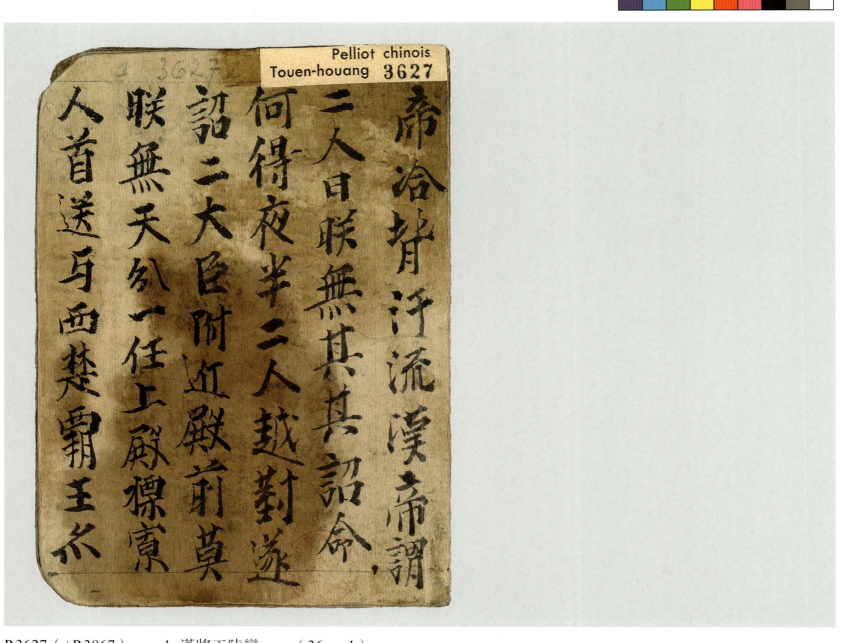

帝冷身汗流漢帝謂

二人曰朕無其其詔命

何得夜半二人越對逐

詔二大臣附近殿前莫

朕無天分一任上殿標寮

人首送与西楚霸王尓

P.3627（+P.3867）　　1. 漢將王陵變　　（36 — 1）

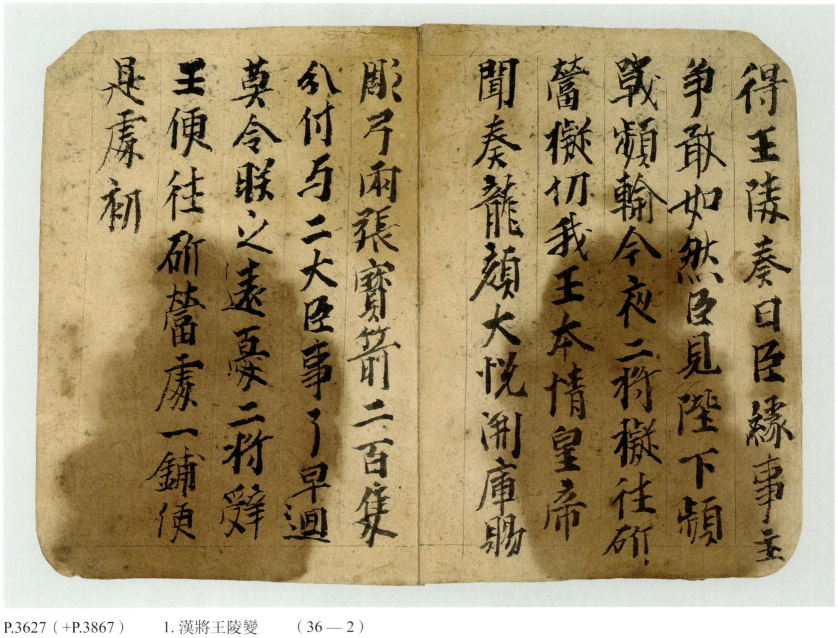

得王陵奏曰臣緣事主
爭敢如然臣見陛下頗
戰頻輸今夜二將欵往研
薺欵切我王本情皇帝
聞奏龍顏大悅渕庫賜
彫弓兩張實箭二百隻
分付与二大臣事了早迴
莫令朕之遠憂二將辭
王便往研薺康一鋪便
是虜初

P.3627（+P.3867）　　　1. 漢將王陵變　　（36 — 2）

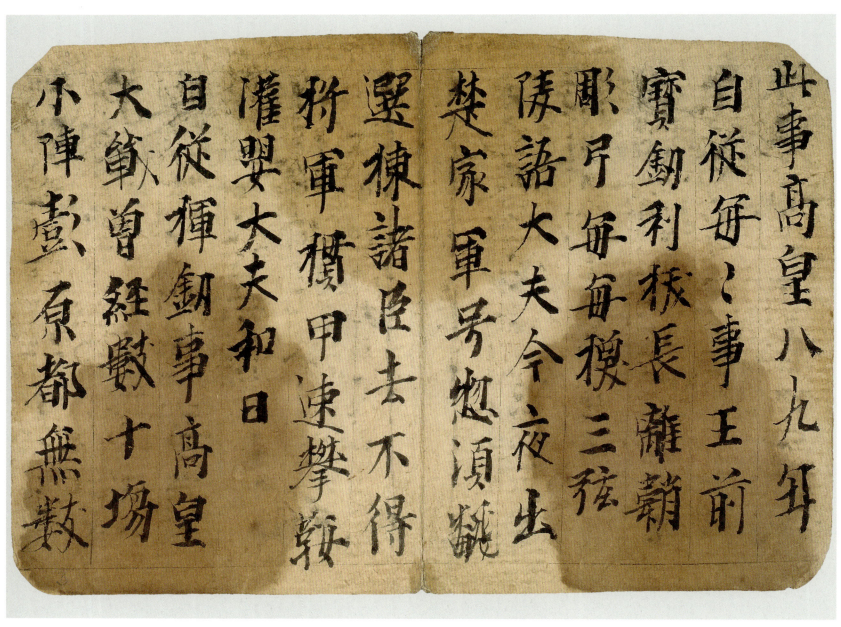

此事高皇八九年
自從每ㇵ事王前
寶劍利枝長離鞘
脡弓每每穩三弦
陵語大夫今夜出
楚家軍号忩湏觌
選揀諸臣去不得
將軍擐甲速攀鞍
灌嬰大夫和日
自從揮劍事高皇
大戰曾經戰十場
小陣畵原都無數

P.3627（+P.3867）　　1. 漢將王陵變　　（36 — 3）

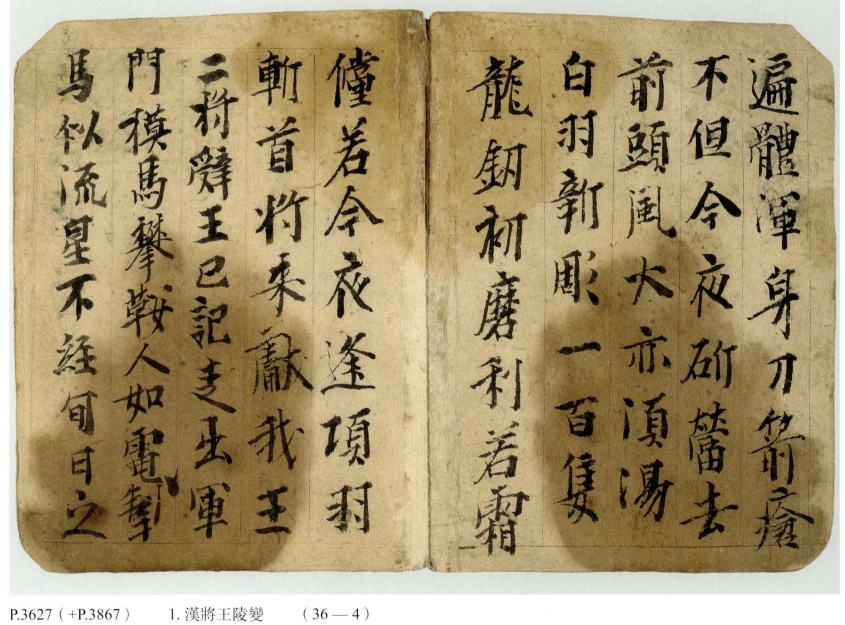

遍體渾身刀箭瘡瘢
不但今夜研鐺去
前頭風火亦須湯
白羽新刪一百隻
龍釰初磨利若霜

憧若今夜逢項羽
斬首將來獻我王
二將聲王已記走出軍
門模馬攀鞍人如電掣
馬以流星不經旬日之

P.3627（+P.3867）　　1. 漢將王陵變　　（36—4）

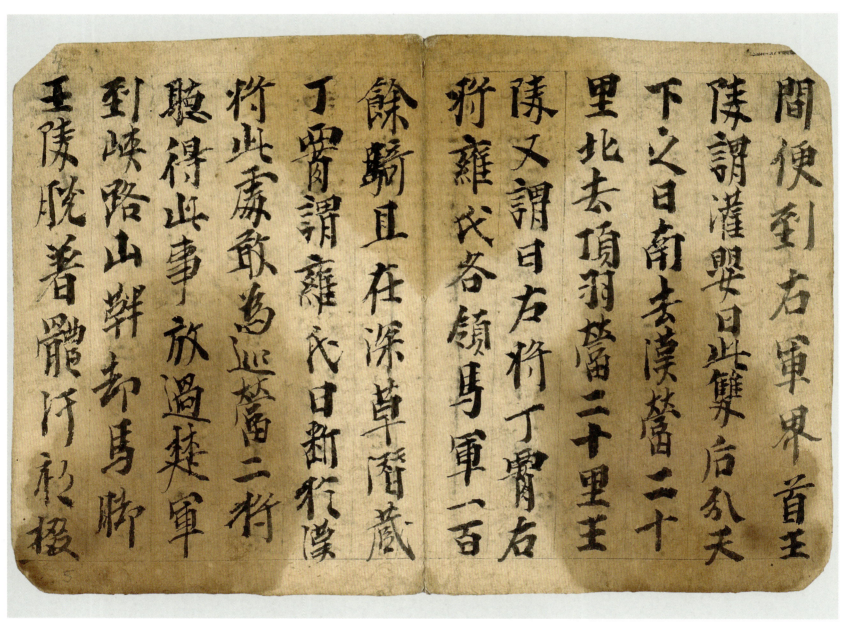

間便到右軍界首王
陵謂灌嬰曰此雙后分天
下之曰南去漢營二十
里北去項羽營二十里王
陵又謂曰右將丁覇右
狩雍氏各領馬軍一百
餘騎且在深草裏藏
丁覇謂雍氏曰斷行漢
將此處敢為巡蒦當二將
聽得此事放過楚軍
到峽路山斬却馬腳
王陵脫著髑汗乳榱

P.3627（+P.3867）　　　1. 漢將王陵變　　　（36—5）

法國國家圖書館藏敦煌文獻

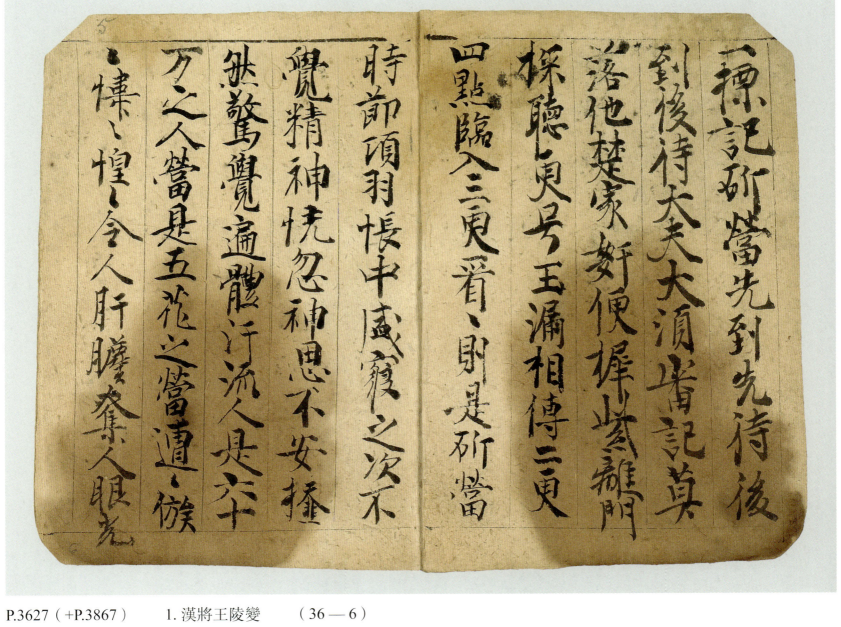

懆々惶々令人肝膽乗人眼苦。

刀之人當是五花之當遭々傍

然驚覺遍體汗流人是半

覺精神怳忽神思不安捲

時節頂羽帳中慮寢之次不

探聽之叟弓玉漏相傳二更

落他楚豪奸便握嵯離門

到後待大夫大須當記莫

一標記所當先到先待後

四點臨入三更看々射是所當

P.3627（+P.3867）　　　1. 漢將王陵變　　　（36—6）

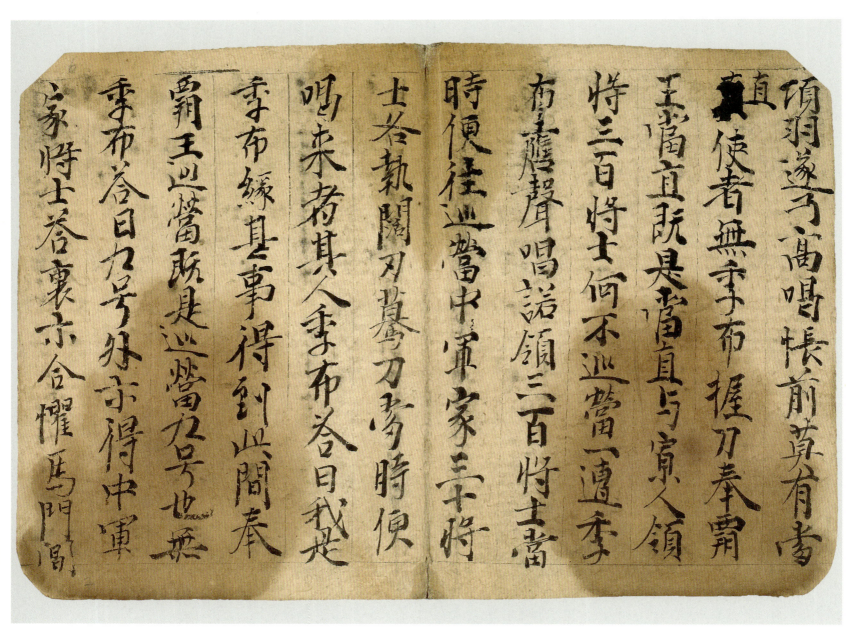

項羽遂■■唱帳前莫有當
直使者無季布握刀奉■
王當直既是當直与家人領
將三百將士何不巡當一遁季
布■應聲唱諾領三百將士當
時便往巡營中軍家三十將
士各執闌刃擎刀劳時便
唱來者其人季布各曰我是
季布緣其事得到此閒奉
霸王巡營既是巡營在号也無
季布各曰号外求得中軍
家將士各裏求合懼馬門閇

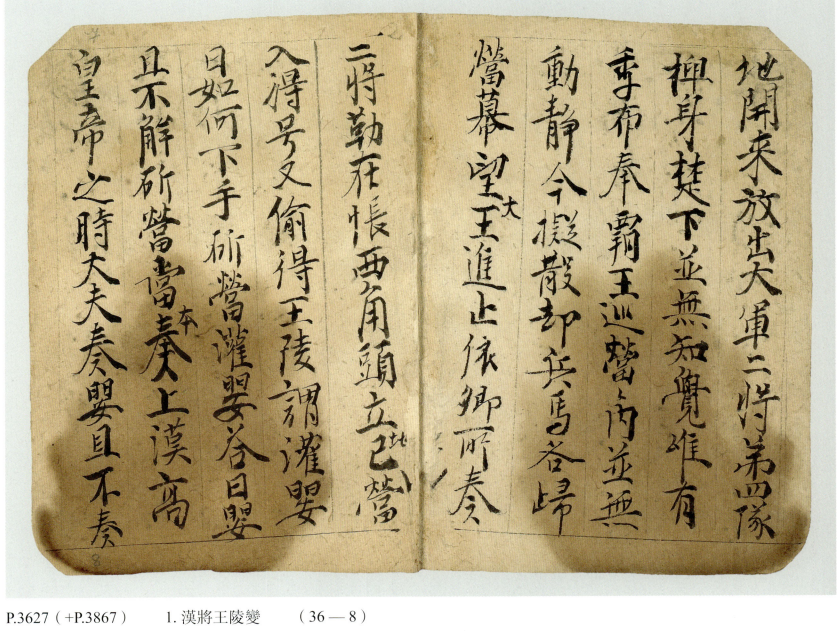

地開來放出大軍二將弟四隊
押身楚下並無知覺唯有
季布奉霸王巡營之內並無
動靜令擬散却兵馬各歸
營幕望王進止依鄉所奏
二將勒在帳西角頭立已營
入得号又偷得王陵謂灌嬰
曰如何下手斫營灌嬰荅曰嬰
且不解斫營當奏上漢高
望帝之時大夫奏嬰且不奏

P.3627（+P.3867）　　1. 漢將王陵變　　（36 — 8）

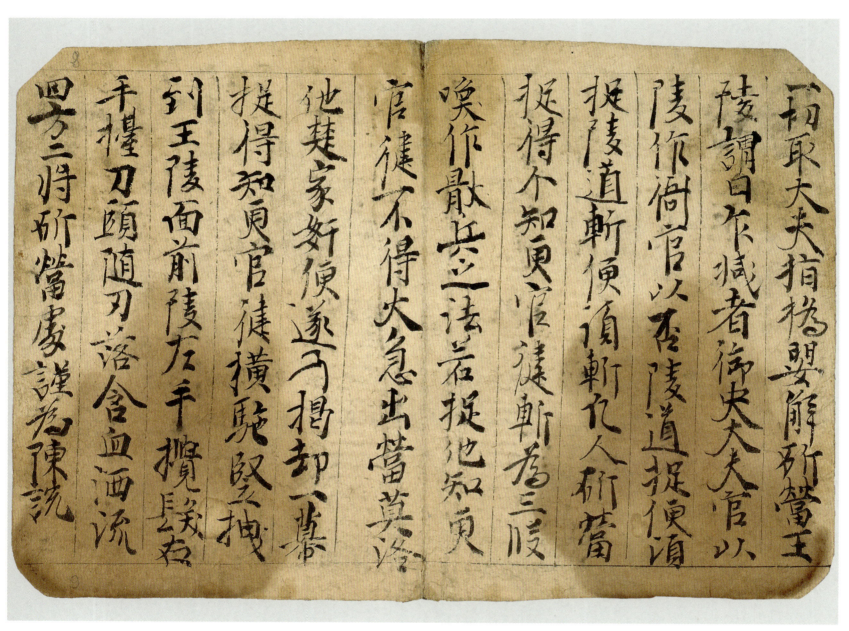

初取大夫指稱嬰龍所當王
陵調曰作牌者御失大夫官以
陵作俏官以在陵道捉便頂
挺陵道斬便頂斬九人所當
挺得个知更官健斬為三叚
唤作散兵□□法若挺他知更
官健不得火急出營莫落
他娉家奴便遂了搞却一幕
挺得知更官徒橫馳取捉
到王陵面前陵左手攬腰右
手棍刀頭道落合血酒流
罗方三將所當處謹為陳說

P.3627（+P.3867）　　1. 漢將王陵變　　（36 — 9）

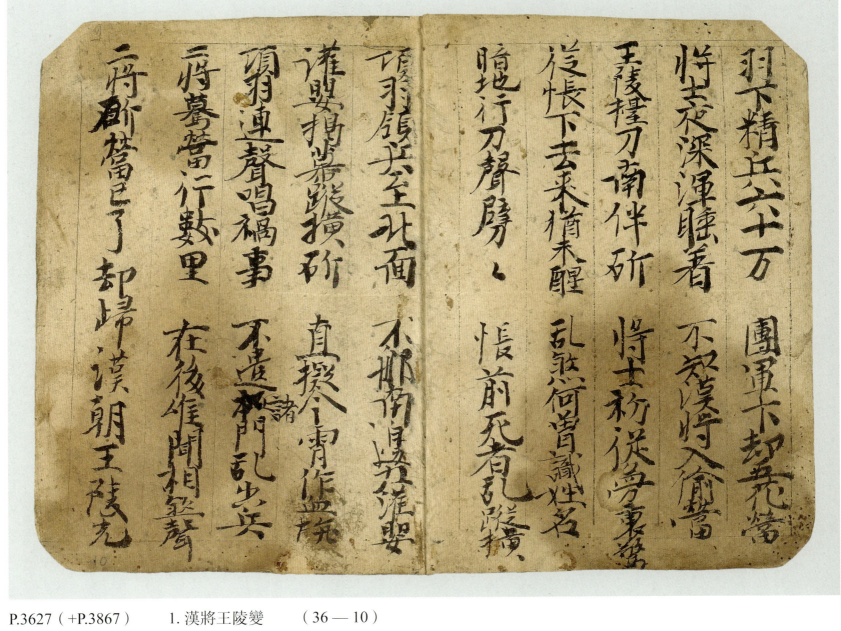

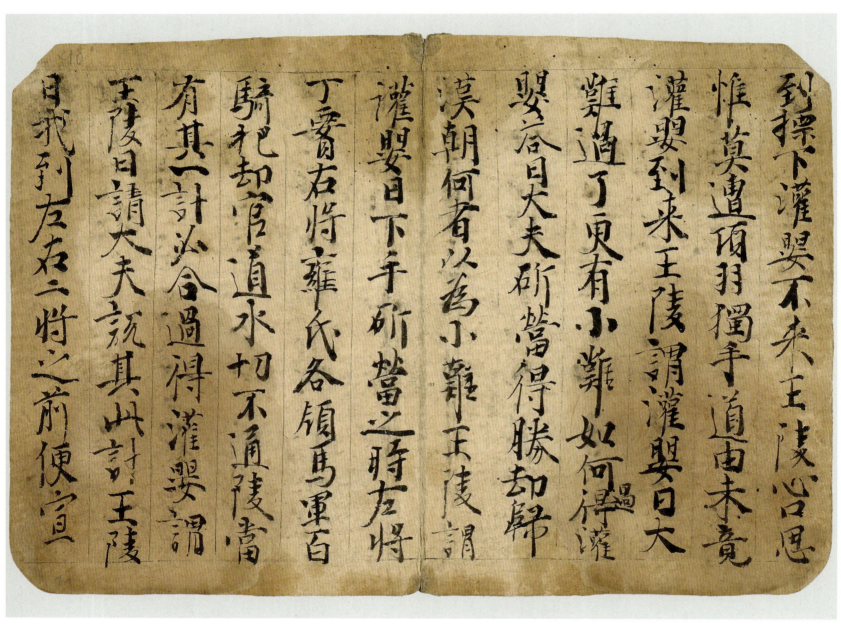

到標下灌嬰不來王陵心忌思
惟莫遺項羽獨辛道由未竟
灌嬰到來王陵謂灌嬰曰大
難過了更有小難如何得灌
嬰含曰大夫所營得勝却歸
漢朝何者以為小難王陵謂

灌嬰曰下手所營之將左將
丁霽右將雍氏各領馬軍百
騎祀却官道水切不通陵當
有其一計必合過得灌嬰謂
王陵曰請大夫究其此討王陵
且我到左右二將之前便宣

P.3627（+P.3867）　　1.漢將王陵變　　（36—11）

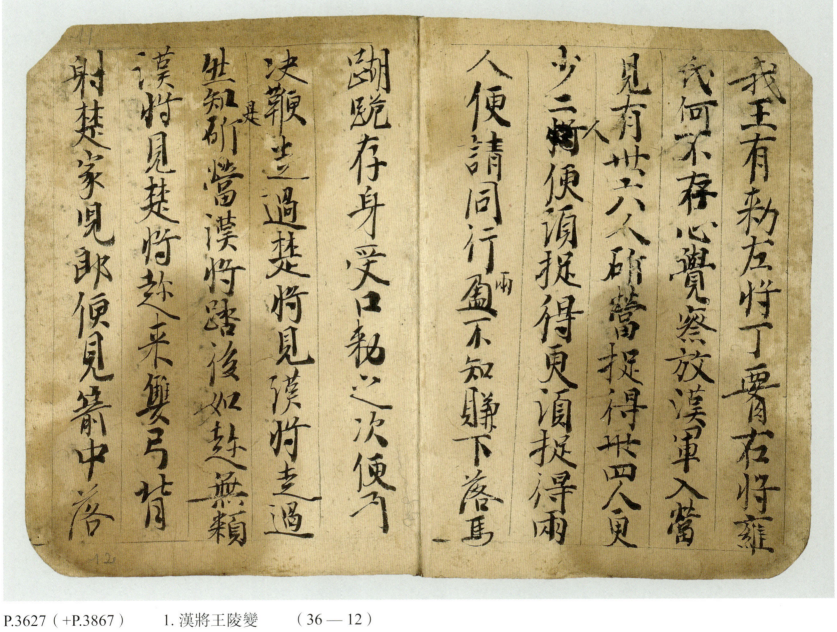

射楚家兒郎便見箭中落
漢將見楚將趁（來）雙弓背
尴尬知所當漢將踏後如趁（無）賴
決鞭走過楚將見漢將走過
蹴跌存身受口敕之次便与
人便請同行盈不知臕下落馬
少二箇便須挺得臾須挺得兩
見有卅六人硐當挺得卅四人臾
我何不存心覓察放漢軍入當
我王有敕左將丁要右將羅

P.3627（+P.3867）　　1. 漢將王陵變　　（36—12）

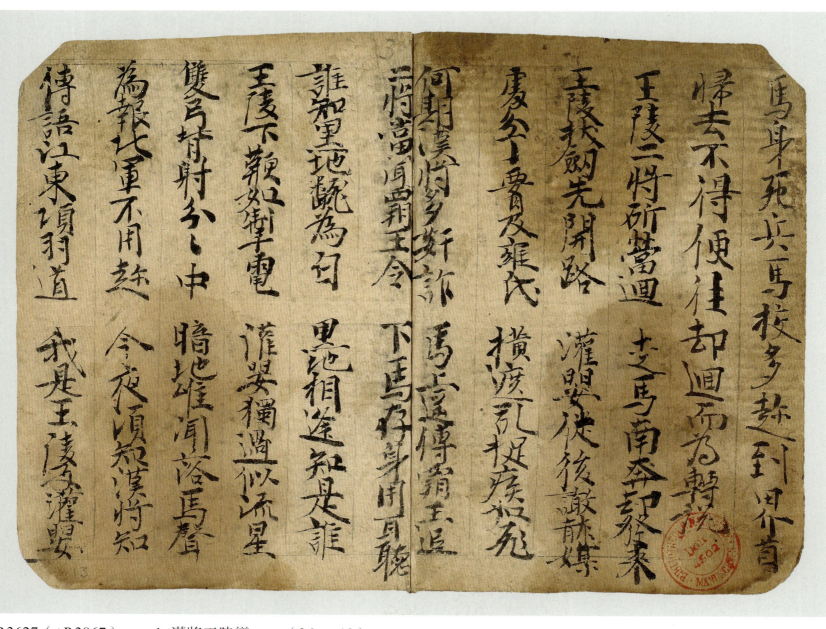

P.3627（+P.3867）　1. 漢將王陵變　（36—13）

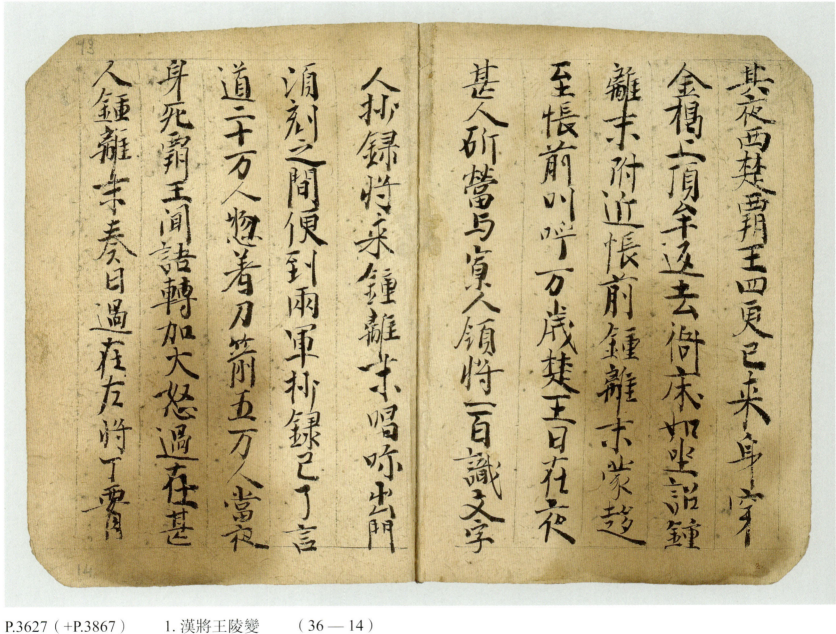

其夜西楚霸王四更已来身守甲

金幞六頂牢逐去得床如坐詔鍾

離末附近帳前鍾離末蒙趁

至帳前叫呼万歳楚王曰在衣

甚人斫營与賞人領將一百識文字

人抄錄將来鍾離末唱咏出門

湏刻之間便到兩軍抄錄已了言

道二十万人惣着刀箭五万人當夜

身死霸王聞諮轉加大怒過在甚

人鍾離末奏曰過在左將丁覆

P.3627（+P.3867）　　1. 漢將王陵變　　（36 — 14）

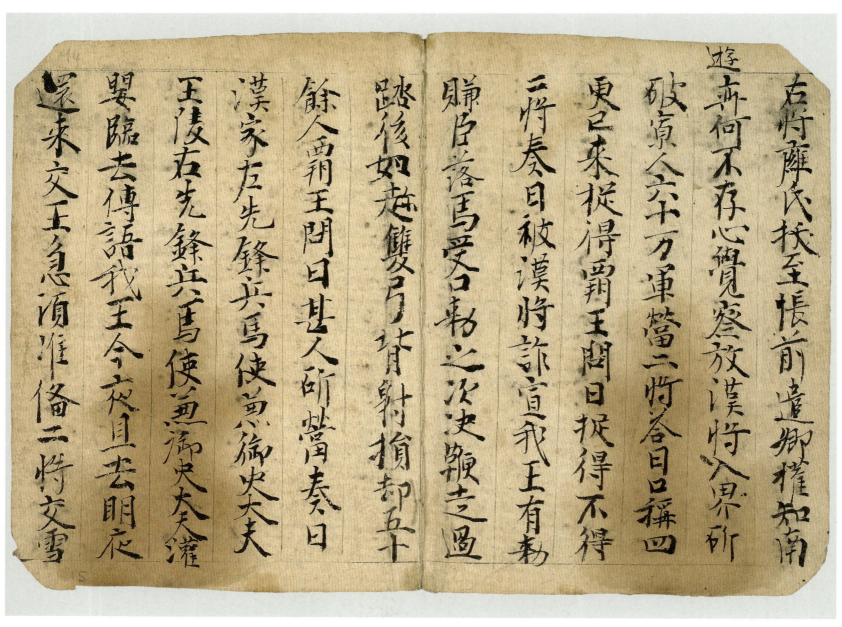

罷過□在鍾離末霸王曰援至帳

前何不存心放漢將所破真人軍

營顧出軍門斬為三段鍾離末

昝曰臣啟陛下与陛下挺王陵

去楚王曰其陵所營得勝却歸

漢朝甚虜捉他鍾離末奏曰

王陵□是漢將住在綏州茶城

村若見王陵捉取王陵若不見

挺取陵母將来營內告楚□黃

瘵嬰待挺王陵不得之時取死不

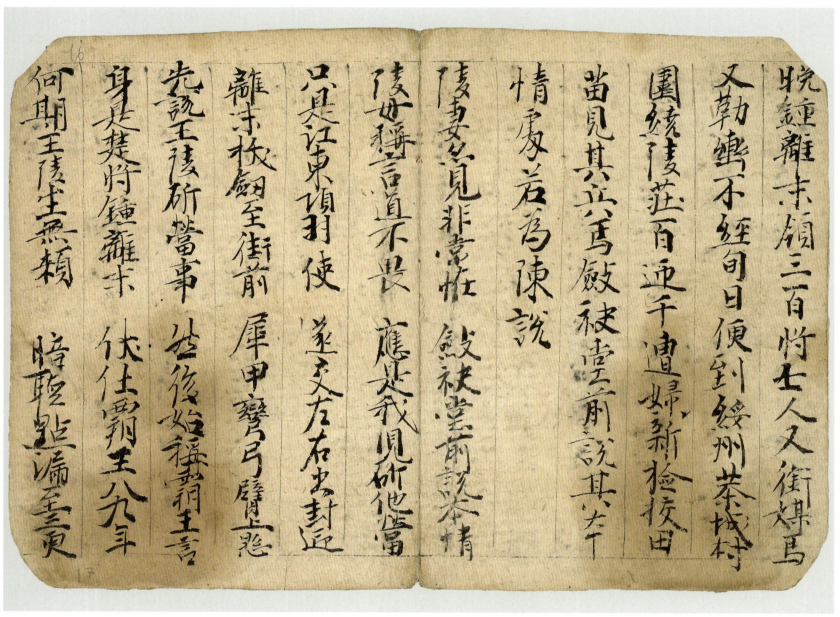

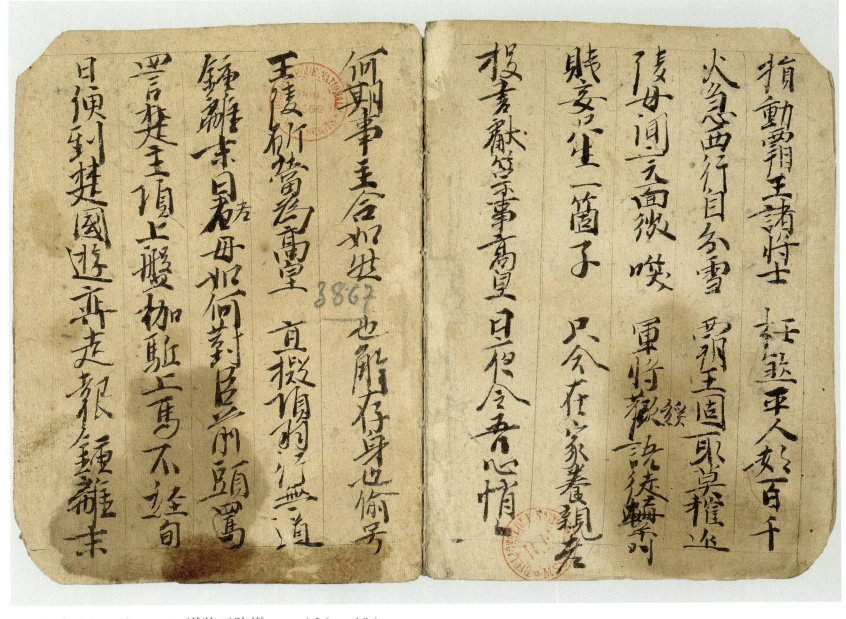

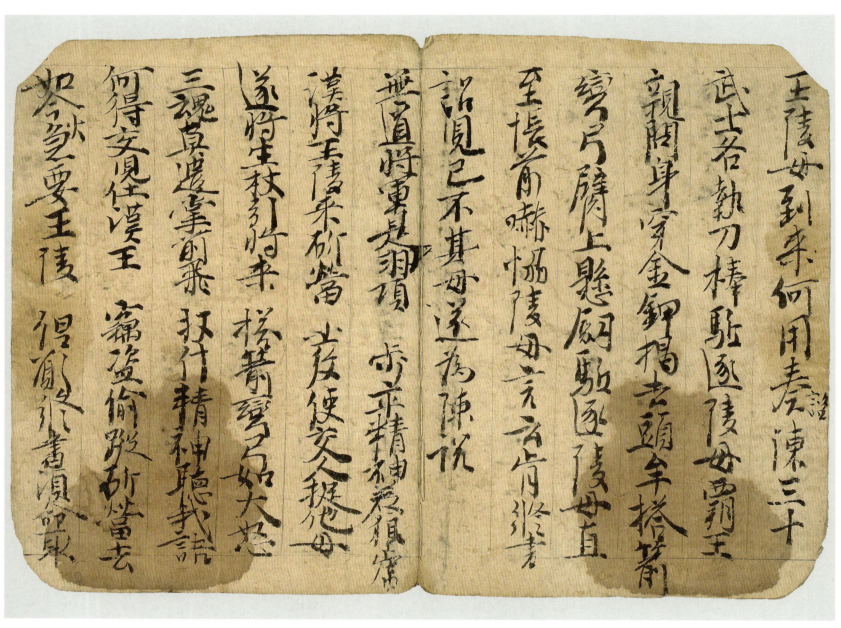

P.3627（+P.3867）　　1. 漢將王陵變　　（36—19）

法國國家圖書館藏敦煌文獻

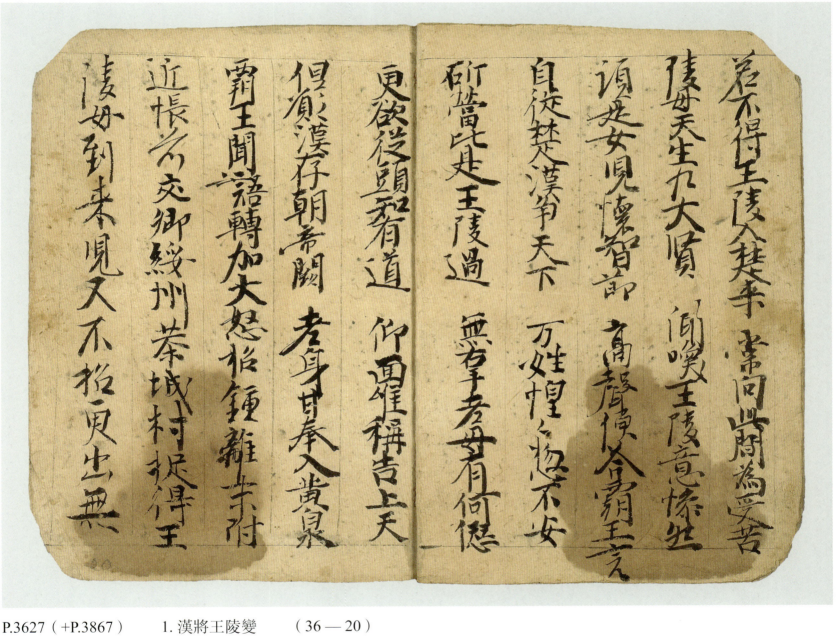

君不得王陵入楚來　常向此間為受苦
陵母天生九大順　向嘆王陵意悵然
頭妄見懷智部　高聲傳令霸王云
自從楚漢爭天下　万姓惶々終不安
斫營此是王陵過　無半春母有何懤
更欲從頭知看道　仰囉稱告上天
俱領漢存朝帝闕　老身甘奉入黄泉
霸王聞語轉加大怒招鍾離苿付
近帳方交鄉幾州荼城村捉得王
陵母到来見天不招更出無

P.3627（+P.3867）　　1. 漢將王陵變　　（36—20）

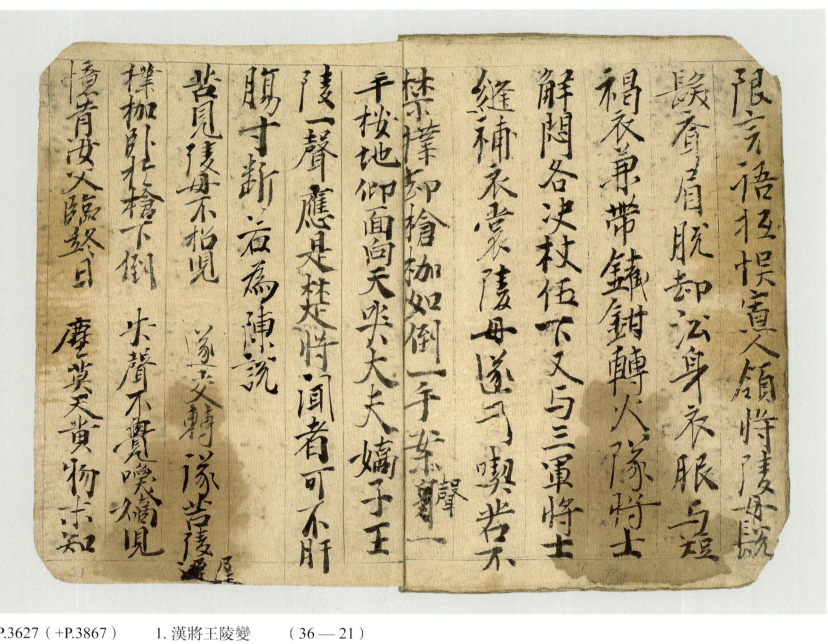

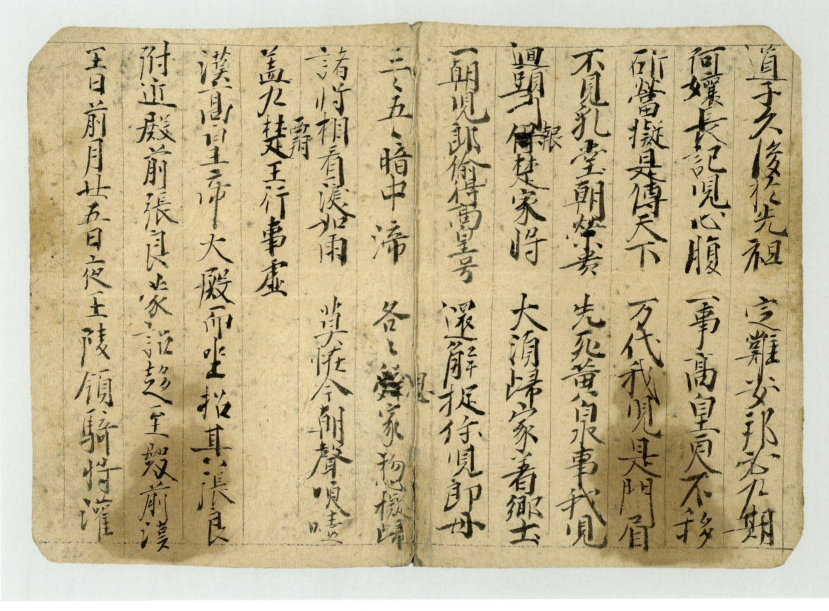

P.3627（+P.3867）　　　1. 漢將王陵變　　　（36—22）

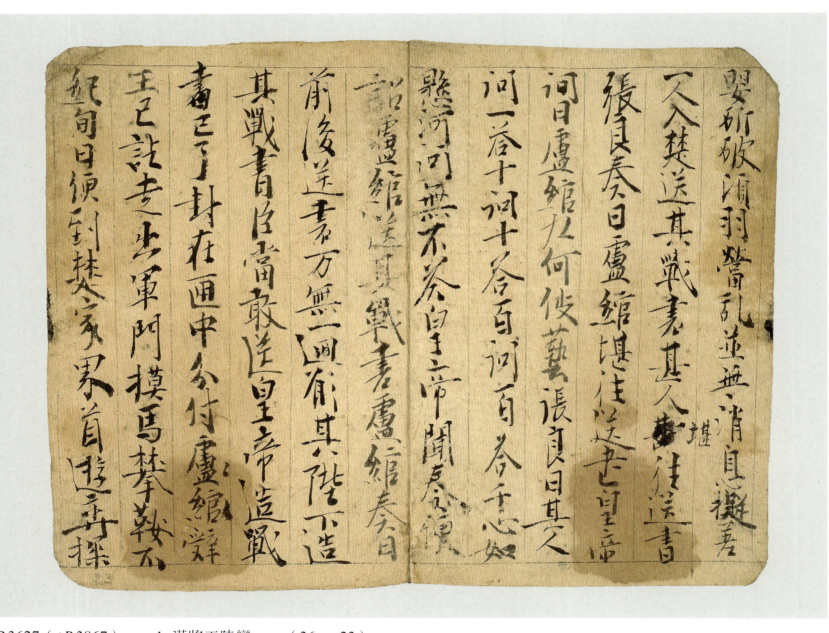

P.3627（+P.3867）　　　　1.漢將王陵變　　　（36—23）

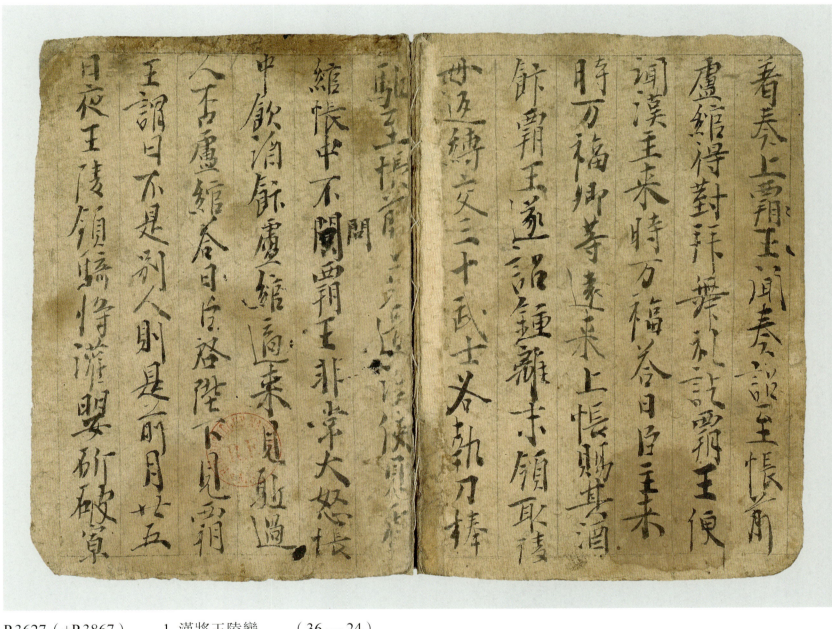

看奏上霸王聞奏詔王帳前

盧綰得對拜舞礼訖霸王便

詞漢王来時万福呑曰臣羊未

時万福卿等遠来上帳賜其酒

訖霸王遂詔鍾離末領取後

世迊縛交三十武士各執刀棒

　　　　　　　　　　　　問

驅王帳前

縚帳中不聞霸王非常大怒帳

中飲洒餘盧綰過来見馳過

人吾盧綰咨曰臣路阶下見霸

王詔曰不是別人則是前月廿五

日夜王陵領驕特滯嬰所破寨

P.3627（+P.3867）　　　1. 漢將王陵變　　（36 — 24）

第一二〇册　伯三六〇〇至伯三六二八

·389·

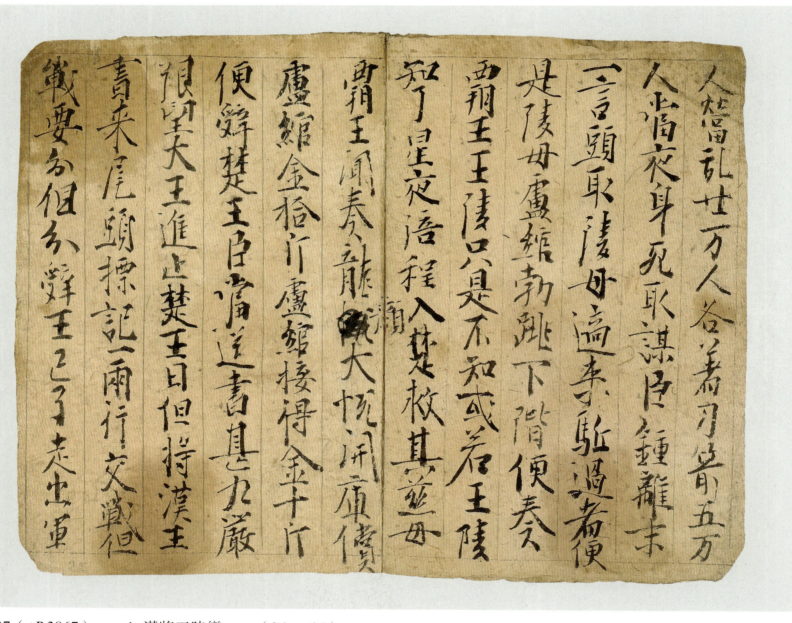

人煙當亂廿一万人各着弓箭前五万
人並當衣身死取謀臣鍾離末
三言頭取陵母遍李駞過着便
是陵母盧綰勃跳下階便奏
霸王陵只是不知或若王陵
知了星夜語程入楚救其藍母
霸王聞奏龍𣏌大悅訊頏債
盧綰金橋行盧綰接得金十斤
便辭楚王臣當道書甚九嚴
跟望大王進止楚王曰但將漢王
責朱尾頭標記一雨行文戰但
戰要为但尒辤王己了走出軍

P.3627（+P.3867） 1. 漢將王陵變 （36 — 25）

法國國家圖書館藏敦煌文獻

·390·

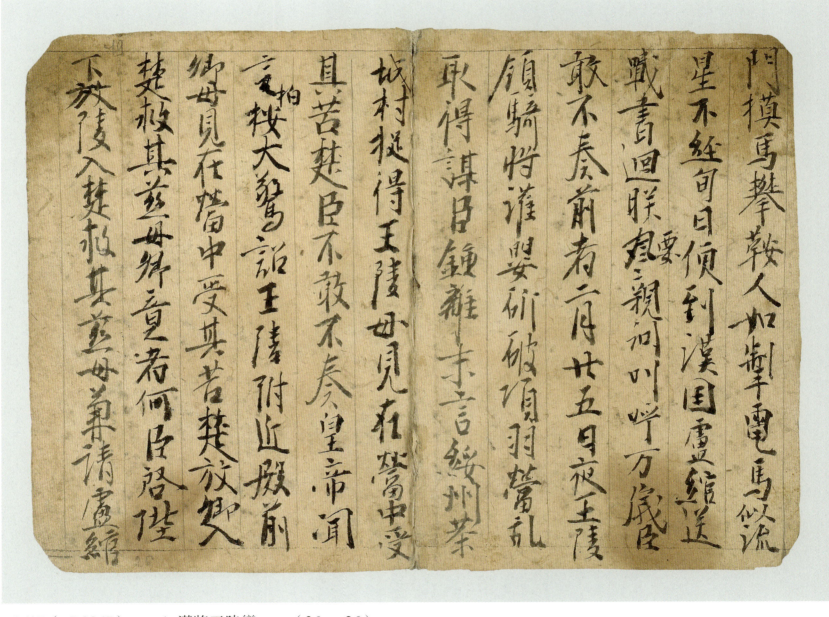

P.3627（+P.3867）　　　1. 漢將王陵變　　（36—26）

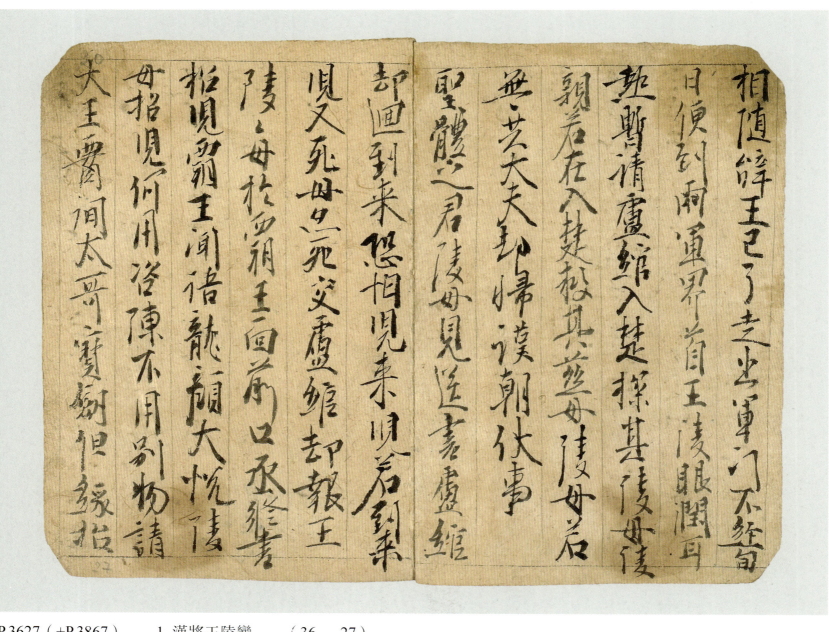

相隨辭王已了走出軍門不經旬
日便到兩通界首王陵眼潤耳
熱暫請盧綰入楚採其後母消
朝若在入楚殺其慈母陵母消
無芳夫趶婦漢朝伏事
聖體之君陵母見遣書盧綰

却迴到来您相見来明若到来
見又死母立死交盧綰却報王
陵母枝砍相王回前口承從書
招見霸王聞譜龍顏大悅陵
母招見何用澄陳不用別物請
大王賜間太哥寶劍但緣招

P.3627（+P.3867）　　1. 漢將王陵變　　（36—27）

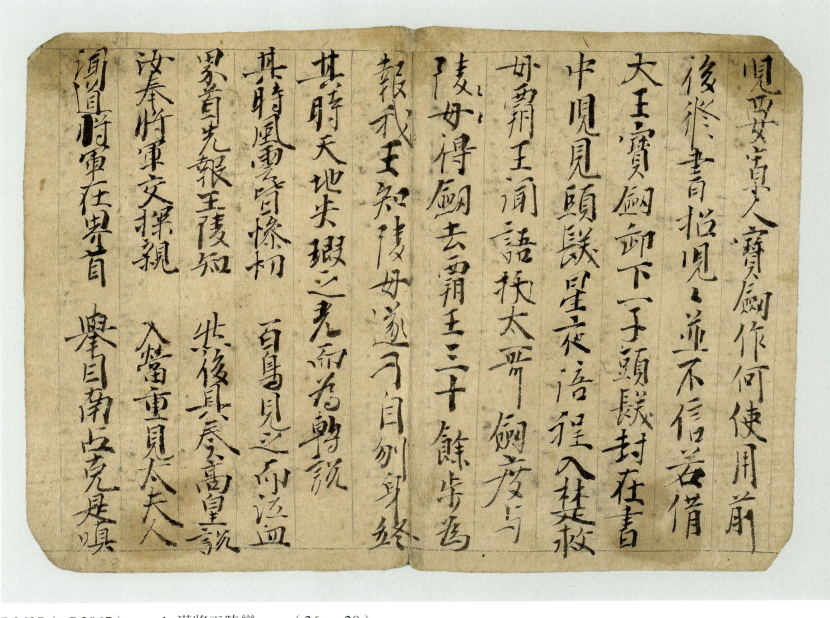

見要真大寶劍作何使用前
後從書招見並不信若借
大王寶劍卸下一手頭鬉封在書
中見頭鬉星夜語程入楚救
妳霸王聞語抎太尉劍度与
陵母得劍去霸王三十餘步為

報我王知陵母遂了自刎身終
其時天地失瑕之老而為軻說
其時風雷皆悚初　百萬見之所迤血
眾首先報王陵知　此後具秦冨皇訖
汝秦竹軍文採親　入當重見太夫人
聞道將軍在學首　舉目南山亮是嗔

P.3627（+P.3867）　　　1. 漢將王陵變　　　（36 — 28）

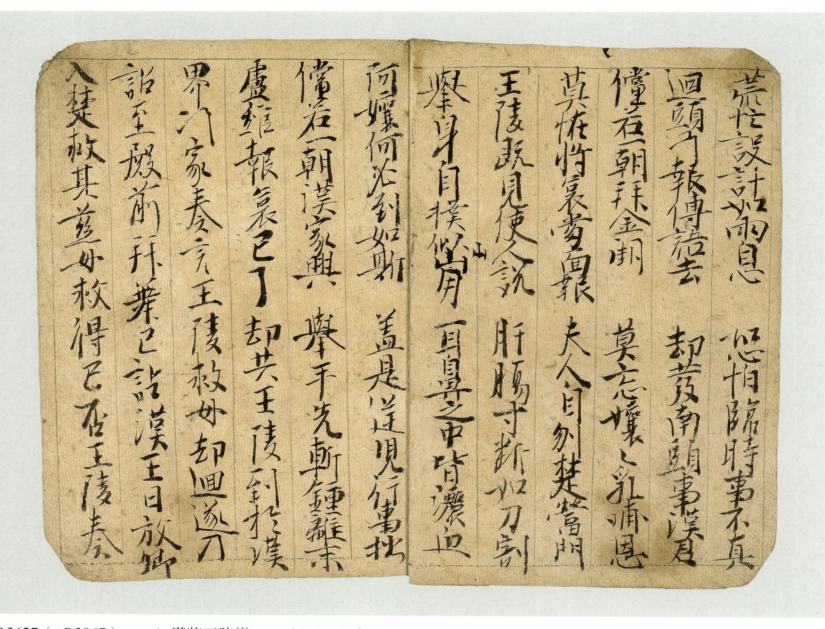

荒忙設計覓消息　　恐怕臨時事不真
迴頭可報傳噵去　　却發南頭書漢君
僮至一朝珠金開　　莫忘孃之乳哺恩
莫怖惜衷賣面報　　夫人目勿楚當門
王陵旣見使人說　　肝腸寸斷如刀割
縱身自撲山　　耳鼻之申皆瀝血

阿孃何泣到如斯　　盖是逢見行書批
僮在一朝漢家興　　舉手先斬鍾離末
慮雞報裏已了　　却其王陵剗札漢
界入家奏言王陵救母却迴遂刀
詔至廠前拜舞已　　詔漢王曰放鄉
入楚敕其慈母救得已否王陵奏

P.3627（+P.3867）　　1.漢將王陵變　　（36—29）

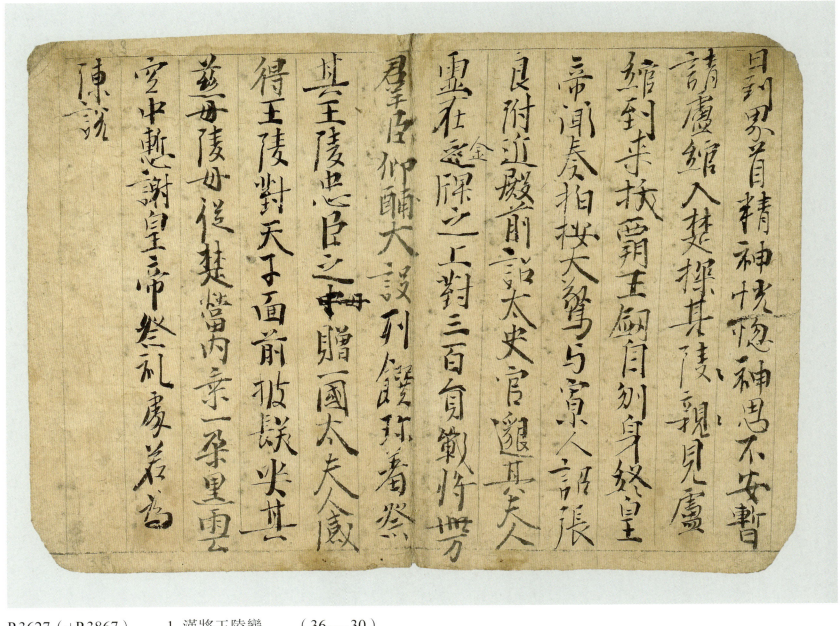

旦到界首精神恍惚神思不安暫
請盧綰入楚探其陵親見盧
綰到寺枝霸王卸目別身終皇
帝聞奏拍桉大驚与京人語張
良附近殿前詔太史官遍其夫人
靈在延[金]牌之上對三百員戰将勞
君臣仰酺大設列饌珎着燃
其王陵忠臣之中贈國太夫人[庫]
得王陵對天子面前披髮尖其
蓋母陵母從楚當內柔一柔里雲
空中愁謝皇帝終礼盧若曹

陳說

P.3627（+P.3867）　　1. 漢將王陵變　　（36—30）

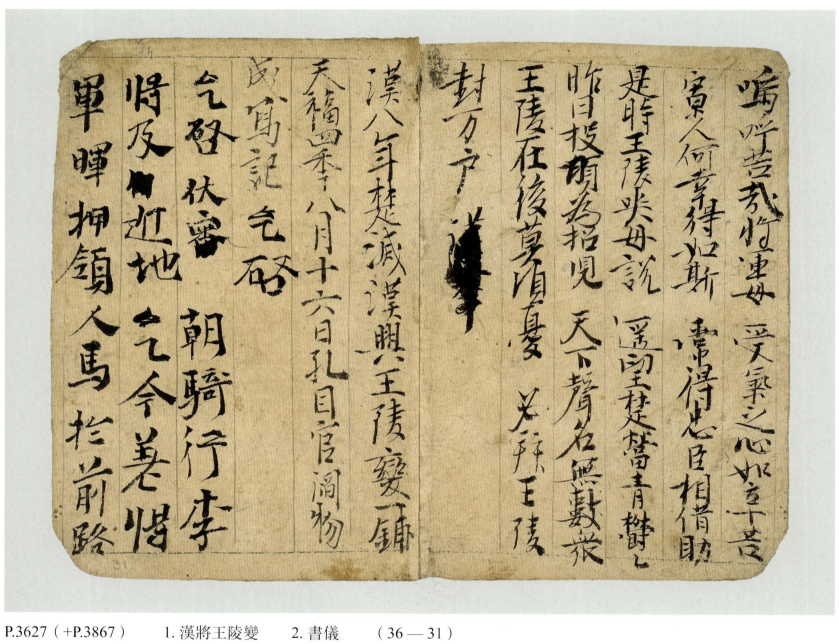

P.3627（+P.3867）　　1. 漢將王陵變　　2. 書儀　　（36—31）

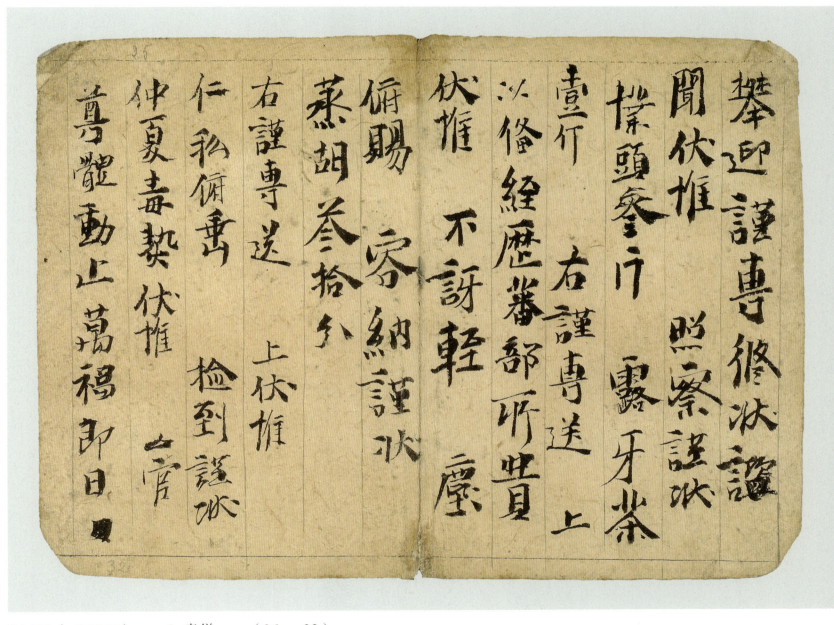

攀迎謹專修狀謹
聞伏惟　　照察謹狀
慚頭鏊斤　露牙茶
壹斤　右謹專送上
汝俗經歷蕃部所豐貴
伏惟　不訝輕屢

蒸胡叁拾介
俯賜　容納謹狀
右謹專送　上伏惟
仁私俯垂　檢到謹狀
仲夏毒熱 伏惟
善體動止萬福即日

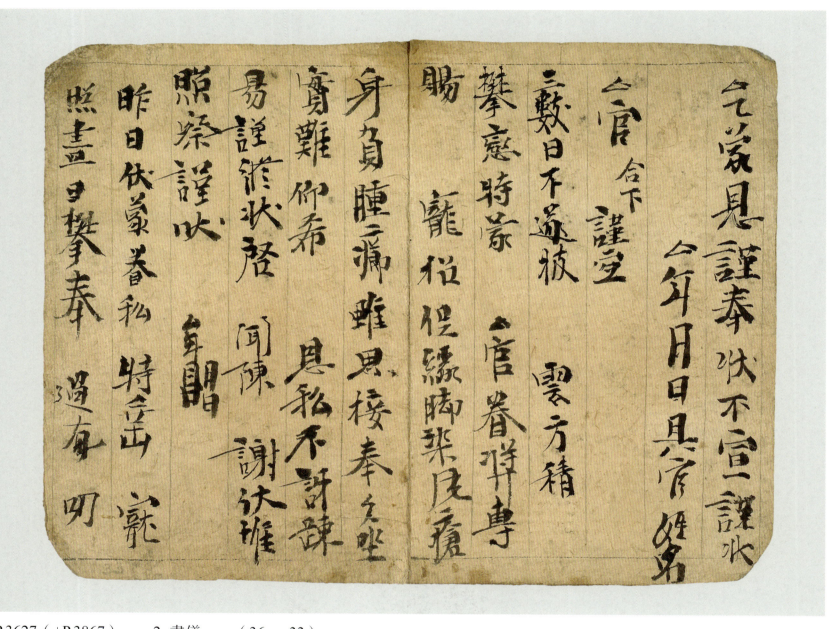

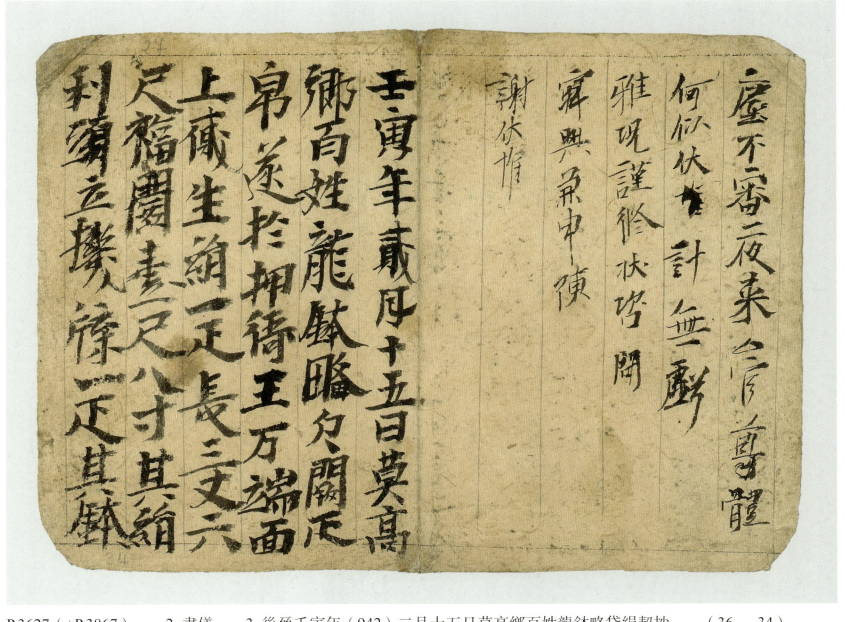

P.3627（+P.3867）　　2. 書儀　　3. 後晉壬寅年（942）二月十五日莫高鄉百姓龍鉢略貸絹契抄　　（36—34）

Pelliot chinois 3628

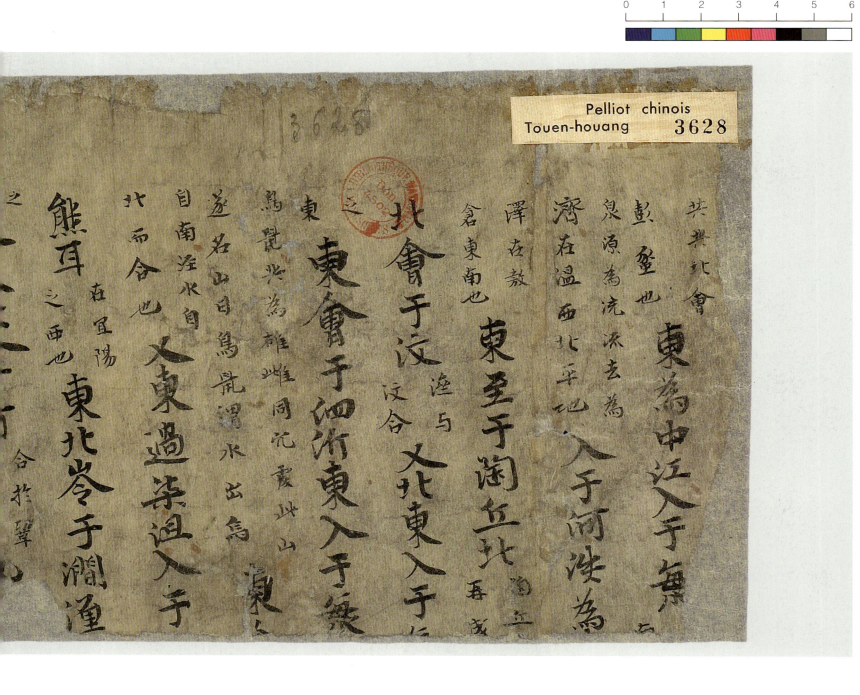

共興北會

彭澤也　東為中近入于無□
泉源為流派去為
濟在溫西北平地　入于河洪為

澤在教
倉東南也　東至于閩立北再戎
北會于汶　汶合　又北東入于□
東會于泗沂東入于無□
鳥鼠興為雄雌同穴震此山
遂名山曰鳥鼠謂水出為
自南涇水自
北而合也　又東過柒迫入于
熊耳　在宜陽　東北岑于瀾洹
之西也
北而合也

·404·

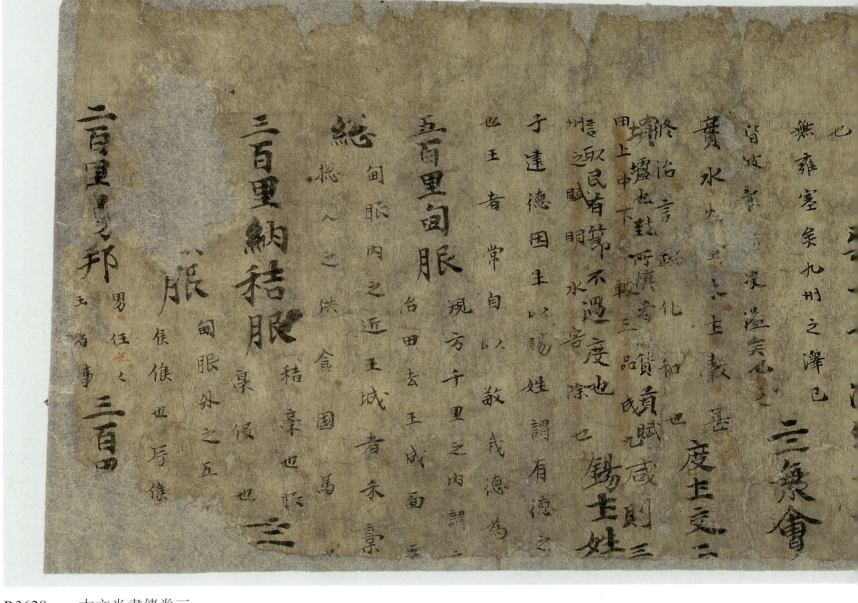

P.3628　　　古文尚書傳卷三

MANUSCRITS DE DUNHUANG CONSERVÉS À LA BIBLIOTHÈQUE NATIONALE DE FRANCE

VOLUME 120

Directeur par
RONG Xinjiang
Publiés par
Les Éditions des Classiques Chinois, Shanghai
(Bâtiment A 5F, No.1-5, Haojing Route 159, Minhang Régions, Shanghai, 201101, China)
Téléphone : 0086-21-64339287
Site Web : www.guji.com.cn
E-mail : guji1@guji.com.cn
www.ewen.co
Imprimé par
Impression artistique Yachang de Shanghai S.A.R.L.

787×1092mm 1/8   54.5 feuilles in-plano   4 encart
Premiére édition : Mai 2025   Premiére impression : Mai 2025
ISBN 978-7-5732-1603-8/K.3857
Prix : ¥3800.00

DUNHUANG MANUSCRIPTS IN THE BIBLIOTHÈQUE NATIONALE DE FRANCE

VOLUME 120

Editor in Chief
RONG Xinjiang
Publisher
Shanghai Chinese Classics Publishing House
(Block A 5F, No.1-5, Haojing Road 159, Minhang District, Shanghai, 201101, China)
Tel : 0086-21-64339287
Website : www.guji.com.cn
Email : guji1@guji.com.cn
www.ewen.co
Printer
Shanghai Artron Art Printing Co., Ltd.

8 mo 787×1092mm   54.5 printed sheets   4 insets
First Editon : May 2025   First Printing : May 2025
ISBN 978-7-5732-1603-8/K.3857
Price : ¥3800.00

圖書在版編目（CIP）數據

法國國家圖書館藏敦煌文獻. 120 / 榮新江主編. --
上海 ：上海古籍出版社，2025. 5. -- ISBN 978-7-5732-
1603-8

Ⅰ. K870.6

中國國家版本館 CIP 數據核字第 20257FD203 號

法國國家圖書館藏敦煌文獻　第一二〇册

主　編

榮新江

出　版　發　行

上海古籍出版社

上海市閔行區號景路 159 弄 1-5 號 A 座 5F

郵編 201101　傳真（86 - 21）64339287

網址：www.guji.com.cn

電子郵件：guji1@guji.com.cn

易文網：www.ewen.co

印　刷

上海雅昌藝術印刷有限公司

開本：787×1092　1/8　印張：54.5　插頁：4

版次：2025 年 5 月第 1 版　印次：2025 年 5 月第 1 次印刷

ISBN 978-7-5732-1603-8/K.3857

定價：3800.00 元